新编财务管理实务

主　审　曹玉珊

主　编　陈　玲　晏　斌

副主编　马　娟　陈　燕　张美忠
　　　　邓　湧　谢计生

参　编　熊小军　吴素瑶　骆　莎
　　　　李　杨　冯云景　黄　莹
　　　　丁宛露　王　征　何　畅

北京理工大学出版社

BEIJING INSTITUTE OF TECHNOLOGY PRESS

内 容 提 要

本书是省级精品在线开放课程配套教材。本书突出职业技能，均以财务管理岗位实际工作业务为教学工作领域，依据企业财务管理岗位能力要求将每个工作领域分为多个工作任务，每个工作任务都依托企业财务管理业务典型真实案例或仿真任务作为任务实施场景供学生进行财务管理业务技能操作训练，每个任务还设置了"任务评价"指导学生完成技能操作及测评。本书主要包括拥抱大数据——新时代背景下财务管理创新、运筹帷幄——企业筹资管理、投资论道——企业投资管理、平稳为王——营运资金管理、守望初心——利润分配管理、健康体检——企业财务分析6大工作领域25个工作任务。

本书可作为高等院校大数据与会计、大数据与财务管理、大数据与审计、会计信息管理、财富管理、税务等相关专业的财务管理教材，也可作为会计从业人员学习用书。

图书在版编目（CIP）数据

新编财务管理实务 / 陈玲，晏斌主编. -- 北京：
北京理工大学出版社，2023.2
ISBN 978-7-5763-2153-1

Ⅰ.①新…　Ⅱ.①陈…　②晏…　Ⅲ.①财务管理－教
材　Ⅳ.①F275

中国国家版本馆CIP数据核字（2023）第032209号

出版发行 / 北京理工大学出版社有限责任公司
社　　址 / 北京市海淀区中关村南大街 5 号
邮　　编 / 100081
电　　话 / （010）68914775（总编室）
　　　　　（010）82562903（教材售后服务热线）
　　　　　（010）68944723（其他图书服务热线）
网　　址 / http：//www.bitpress.com.cn
经　　销 / 全国各地新华书店
印　　刷 / 河北鑫彩博图印刷有限公司
开　　本 / 787 毫米 × 1092 毫米　1/16
印　　张 / 14
字　　数 / 346 千字　　　　　　　　　　　　　　　　责任编辑 / 吴　欣
版　　次 / 2023 年 2 月第 1 版　2023 年 2 月第 1 次印刷　责任校对 / 周瑞红
定　　价 / 78.00 元　　　　　　　　　　　　　　　　责任印制 / 施胜娟

P前言
reface

大数据、数字经济时代背景下，企业对财务人员提出了更高要求。为进一步提升会计人才培养质量，提高学生的实践能力、创新能力与就业能力，根据《国家职业教育改革实施方案》等相关政策文件精神，秉承"坚持以学生发展为中心，以就业为导向"的理念，本书设计着眼于产业数字化转型需求，遵循新专业目录调整方向、新财税法规及企业财务管理实践，依托全国注册会计师、会计师专业技术资格考试标准，结合大数据在财务管理岗位工作内容分析的应用，对2018年编写的《财务管理》教材进行了立体式、全方位升级，充分吸收省级精品在线开放课的建设与改革成果，以企业财务管理活动为主线，以筹资、投资、营运、分配及报表分析财务管理业务操作为主体，并在每个工作领域的最后一个任务都将财务管理工作应用场景与大数据相融合，突出大数据背景下财务管理岗位职业能力与职业综合素质的培养。

本书是校企"双元"合作开发的大数据与财务管理融合的岗课赛证新形态一体化教材，是江西外语外贸职业学院国家优质校、国家双高专业群、新一轮省双高专业群开展"三教改革"的重要成果之一，是江西外语外贸职业学院"财务管理实务"省级精品在线开放课程建设的一项成果，也是江西省重点教改课题"'专创融合'视角下高职财务管理课程教学改革与实践探究"建设的重要成果。

为了更好地落实教育部"三教"改革试点工作，江西外语外贸职业学院会计金融学院副院长陈玲与厦门科云信息科技有限公司通过校企合作方式，提前谋划、系统规划，将财经大数据分析与财务管理内容相融合，共同开发课程和教材，以期完善高职财经类专业的课程体系，提升实践教学效果。及时编写出的《新编财务管理实务》"岗课赛证"新形态一体化教材旨在培养学生财务管理综合业务操作能力，提升学生大数据思维与数据分析能力、专业实践能力。本书主要有以下特色：

1. 充分体现基于工作过程的人才培养模式

本书打破了传统教材编排理念，按照基于企业财务管理岗位实际工作过程进行总体教学设计，以岗位工作任务及工作内容为主线，形成了以筹资、投资、营运、分配、财务报表分析及大数据在财务应用场景分析中的应用编排新体系，遵循学生认知规律，形成以学生为主体，在"做中学，学中做"，形成"教、学、做"一体化。

2. 内容新颖，引入大数据 Python 工具

本书立足大数据新时代背景下企业财务管理岗位能力、专业升级及数字化改造对会计人才培养的需求，及时将新技术、新规范、典型生产案例融入教材中，在每个工作领域中最后一个工作任务，将大数据 Python 与财务管理工作场景相融合，通过数据挖掘、数据分析和数据可视化等大数据技术，构建财务管理分析模型，并提供了丰富的代码示例，针对每段代码均配有详细解释，便于学生清晰理解代码含义，内容由浅入深，帮助学生掌握大数据 Python 在财务管理实际业务分析方面的思维及应用能力，积累实战操作经验。

3. 充分体现"岗课赛证"综合育人模式

本书通过对接全国职业技能大赛及世界技能大赛新理念，将新经济、新业态、新技术、新职业紧密联系，结合 Python 大数据在财务管理工作场景中的应用，模拟企业在日常经营过程中发生的筹资决策、投资决策、经营决策、全面预算和业绩考核评价等业务，完成投融资项目决策、企业资金流管理、销售预测数据多维度分析与数据洞察等，有效培养学生的大数据思维，掌握运用财务管理方法及工具解决企业实际问题的能力，有效提升学生的专业技能水平及竞赛水平。

4. 省级教学团队与企业专家联合，具有丰富的理论教学及实践经验

江西外语外贸职业学院会计专业省级教学团队教师与企业专家强强联合，作为本书编写主力。教学团队均为教学和科研一线的"双师型教师"，具有丰富的教学经验。本书主编长期致力于财税领域的前沿理论问题及实务问题的研究，为高职教授（会计专业）、高级双师，参与国家骨干专业建设、中特高专业群建设，主持建设《财务管理实务》《管理会计实务》省级精品在线开放课程，主持或参与省级重点教改课题、省级重点教育科学规划课题等多项，主持或参与省级教学成果奖两项。

5. 配套数字资源，内容生动、有趣

本书以习近平新时代中国特色社会主义思想为指导，充分体现党的二十大精神。本书融入了课程思政案例，以期培养学生良好的职业道德和素养。配套开发有课程资源动画视频、微课视频、教学课件、操作流程图、题库等相关数字化教学资源，学生可通过扫描书中二维码获取相关课程思政学习资源，进行学习讨论及观看线上视频。本书可作为高职院校大数据与会计、大数据与财务管理、大数据与审计、会计信息管理、财富管理、税务等专业的财务管理教材，还可作为会计从业人员的学习用书。

本书由江西财经大学会计学院副院长、博士生导师曹玉珊担任主审，总体把控编写质量。江西外语外贸职业学院会计金融学院副院长陈玲、江西外语外贸职业学院党委书记晏斌担任主编。江西外语外贸职业学院马娟、陈燕、张美忠、邓湧，厦门科云信息科技有限公司董事长谢计生担任副主编。江西外语外贸职业学院熊小军、吴素瑶、骆莎、李杨、冯云景、黄莹、丁宛露、王征、何畅参加编写。全书英文由吴素瑶老师提供，陈玲、晏斌进行了全书的修改和总纂。本书在编写过程中得到了江西洪都航空工业股份有限公司总会计师、正高级会计师、全国高端会计人才邱洪涛，南昌市交通投资集团财务总监、正高级会计师、江西省会计领军人才胡江华及江西威特科技有限公司的大力支持及帮助，在此一并表示感谢。

相信本书能对全国各高职院校财经类专业财务管理教学产生一定帮助和指导作用，欢迎各位师生积极使用，并提出宝贵建议，我们将不胜感激！

本书配套的课程资源由江西外语外贸职业学院《财务管理实务》省级精品在线开放课课程组团队及厦门科云信息科技有限公司提供。在此，向所有支持和帮助我们的人表示衷心的感谢！

尽管我们在教材特色方面做了很多努力，但会计职业教育的改革与探索是一个漫长过程，本书只是我们的阶段性探索总结，以后会动态完善和调整修订，敬请期待！

编 者

立体化教学资源

1. **爱课程网络学习资源——《财务管理实务》**

课程网址：https://www.icourse163.org/course/JXCFS－1460377164

课程资源：微课、视频、教学课件、例题、作业、考试

2. **国家高等教育智慧教育平台学习资源——《财务管理实务》**

课程网址：https://higher.smartedu.cn/course/6323a9b6325d39c27c41a134

课程资源：微课、视频、教学课件、题库、作业、考试

3. **学银在线（超星）平台网络学习资源——《财务管理实务》**

课程网址：https://www.xueyinonline.com/detail/205708373

课程资源：微课、视频、教学课件、题库、作业、考试

目录 Contents

目录 Contents

工作领域一

拥抱大数据——新时代背景下财务管理创新

知识目标 ▶

1. 了解大数据对财务管理的影响。
2. 熟悉财务管理的内容。
3. 理解财务管理的目标。
4. 掌握计算资金时间价值的方法。
5. 掌握衡量风险有关指标的计算方法。

技能目标 ▶

工作领域	工作任务	技能点	重要程度
拥抱大数据——新时代背景下财务管理创新	资金时间价值计算	能计算复利终值	★★☆☆☆
		能计算复利现值	★★★☆☆
		能计算普通年金的终值	★★★☆☆
		能计算普通年金的现值	★★★☆☆
		能计算先付年金的终值	★★★☆☆
		能计算先付年金的现值	★★★☆☆
		能计算递延年金的终值	★☆☆☆☆
		能计算递延年金的现值	★★★☆☆
	风险指标的计算	能计算期望收益率	★★★★☆
		能计算离散程度	★★★☆☆
		能计算风险价值	★★★☆☆
		能计算资产组合的必要收益率	★★☆☆☆

素养目标 ▶

1. 培养学生严肃认真、严谨细致的工作态度；

2. 能通过智能化管理工具构建资金时间价值模型，培养学生通过多种智能分析工具进行财务管理的能力；

3. 增强学生了解时间价值的规律，树立珍惜时间的意识；

4. 树立踏实做事、终身学习的工作理念。

思政案例导入 ▶

和孔子学习：如何珍惜时间

孔子曰："逝者如斯夫，不舍昼夜。"（《论语·子罕》）

孔子在年轻的时候，对于时间就有特殊的认知。别人恭维他是"天纵之圣"，孔子说，不是这样的，一方面"我非生而知之者，好古，敏以求之者也"（《论语·述而》），是靠着努力向古代的圣贤学习，逐渐温故知新、融会贯通，才取得眼前的成绩；另一方面是因为"吾少也贱，故多能鄙事"，年轻时家里贫困，没有什么社会地位，为了养家糊口，不得不学会一些琐碎的技艺。据孟子的记载，孔子曾替人看管仓库，把账目写得清清楚楚；后来被派去管理牧场，一年下来，牛羊健壮，繁殖很多，因此受到别人的信赖。尽管做了这么多零碎、卑微的工作，但孔子从来没有忘记一件事——学习。他利用一切时间学习知识，提高自己的文化修养。在他生活的时代，普通人家的子弟到十五岁就不能再念书了，大学是专门为贵族子弟开设的。孔子不仅自学了所有大学的内容，而且比一般贵族子弟还学得好，以至于鲁国的贵族孟氏请孔子当家教，教他的孩子礼仪。到了"三十而立"之后，孔子仍不放弃自我成长的机会。他说："吾不试，故艺。"我不曾被国家所用，所以学得一些技艺。学习技艺的目的是谋得一官半职，可以发挥所长，贡献社会人群；现在所谋未遂，所以只好继续培养各种专长，等待时机成熟。这种态度对我们现代人深具启发。一个人在年轻的时候，必须了解生命是有阶段的，你要先充实自己；如果没有机会，要先自己培养好条件，等机会一出现，自然可以把握。孔子说，富与贵是每个人都要的。但问题是，你够这个条件吗？如果条件不够，时机不成熟，那你就要安分，把自己的事情先做好。怎么做呢？珍惜时间，修炼自己，"不患人之不己知，患其不能也"。孔子提到两种浪费时间的情况是"难矣哉"，很难走上人生的正路。第一种是：饱食终日，无所用心，难矣哉！不有博弈者乎！为之，犹贤乎已（《论语·阳货》）。整天吃饱了饭，对什么事都不花心思，这样很难走上人生正途啊！第二种是：群居终日，言不及义，好行小慧，难矣哉！（《论语·卫灵公》）一群人整天相处在一起，说的是无关道义的话，又喜欢卖弄小聪明，实在很难走上人生正途。

孔子非常了解时间在生命发展上所具有的意义，人都有一种潜能，只要活着就可能登上更高的境界。因此，走上人生正路的第一步，就是要懂得珍惜时间。

任务 1

大数据与财务管理

任务导入

目前，世界已经进入了大数据发展的黄金时期，各国已纷纷制定推动大数据发展的规划，从政策上引导企业重视并利用这一技术，将其作为一种新的生产要素和商业资本，提升企业经济效益和核心竞争力。对于在企业中占据重要地位的财务管理来说，大数据时代一方面提供了更具价值性的信息和分析技术，另一方面也必将颠覆传统的财务管理模式，引起创新和变革。因此，如何积极应对这一挑战，提升企业财务管理的水平则显得尤为重要。

任务分析

1. 了解大数据的概念及对财务管理的影响。
2. 大数据背景下，如何创新财务管理模式？

相关知识

一、大数据的概念及其特征（Big Data Concept and Its Characteristics）

（一）大数据的概念

大数据是指在一定时间内，传统数据库或传统软件工具无法捕获、管理和处理的大型、大规模和复杂的数据集合。由此可见，它需要新的排序方法和处理模式，以更好地发挥其在决策信息供应和流程优化中的作用。大数据的出现与信息技术革命以来大量电子信息设备的使用密切相关。这些痕迹记录了用户的地点、频率和使用模式。随着互联网的融合，它们成为一个巨大的数据源，为国家和社会的发展提供了更多的信息。目前，通过不断发展，大数据已逐渐演变为一种从海量数据中获取、提取价值信息并有效处理和分析数据的技术。

（二）大数据的基本特征

大数据的概念尚未统一。然而，人们普遍认为它具有以下四个特点：

（1）大规模。大规模主要是指大数据的巨大容量和处理的数据规模相对较大，通常超过 TB 级别，甚至达到 PB 和 EB。根据相关数据，2012 年全球生成

数据哪里来？
爬虫帮你爬！

的数据总量为 2.7～3.5 ZB，而在当前时代，过去 2 万年开发的数据只在两天内就可以生成。从长期来看，未来全球大数据数量将持续上升，呈现快速扩张趋势。

（2）多样化。多样化主要是指大数据源和数据类型的复杂性与多样性。数据源不仅限于常用的数据库，还包括社交网络、在线交易、传感器设备和其他工具的数据信息。数据类型也突破了传统的结构化数据，向具有更丰富语义和语音的半结构化与非结构化数据迈进，这些数据以视频、音频和图片的形式呈现。

（3）速度和及时性。速度和及时性主要是指大数据改变了过去数据存储和处理的方式，以数据的形式快速生成，能够实时处理和分析大量数据资源，提供有效的决策信息。然而，这也意味着由于容量和快速变化的影响，大数据的处理时间相对较短。

（4）信息密度低。信息密度低主要是指虽然大数据容量大，类型多样，但有效和有价值的信息不多，可用密度低。这也对大数据技术提出了挑战，需要从海量信息和材料中进一步挖掘与提炼，并通过专业处理来使用。

二、大数据对企业财务管理的积极影响及挑战（The Positive Impact and Challenge of Big Data on Enterprise Financial Management）

（一）大数据对企业财务管理的积极影响

大数据是新信息革命的产物，它给传统企业的财务管理带来了冲击，并使它们在财务信息收集、数据处理和反馈方面发生了变化。然而，它也可以被视为促进其积极变化和更适应信息时代步伐的积极催化剂。

（1）提高财务数据处理和信息获取的效率。传统的财务管理工作主要是通过手工记账，存在文件繁杂杂乱、耗时费力、准确性低、数据处理出错概率高等缺陷，不仅管理成本高，而且极大地影响了财务工作的有效性，导致其无法快速、高效、准确地为企业提供决策和价值信息，无法发挥财务数据的辅助和指示作用。另外，财务数据具有一定的传导性，在流程复杂、工作量大的情况下处理效率过低，容易影响其他部门的正常运营，增加企业的运营成本。在大数据时代，其强大的数据集成能力和先进的数据处理与分析技术可以大大提高财务数据的处理效率，使实时有效的财务数据报告成为可能。云计算和存储功能的使用使财务数据信息的分析更加结构化，处理更加标准化，提高了财务信息的准确性，大大降低了人力成本，实现了内部信息共享，并为决策提供了有效的依据。

（2）提高财务分析和预算管理能力。目前，大多数企业缺乏科学的预算管理，在编制过程中缺乏具体规划，数据处理的准确性和可靠性不高；在分析过程中，技术不强，仅限于线性观测，缺乏交叉处理和设计；控制过程中缺乏信息手段，往往导致财务预测水平较低，无法为企业提供有针对性的财务信息，实现财务资源的合理配置。在大数据时代，通过技术处理，企业一方面可以获得更大规模、更有价值的财务信息；另一方面可以通过大数据、云计算等技术建立财务预算管理系统，高效、快速地获取当前的真实数据，并在此基础上，分析和预测企业未来的资金流，为下一步预算编制提供可靠的依据，提高预算管理的实际效果，提高财务部门的预测和分析能力。

（3）加强企业财务风险管理和内部控制。当前，企业面临的风险日益多样，内外部环境存在不确定性，难以确保企业能够有效应对资源竞争，实现内部控制。内部控制机制建设是风险管理的前提，应紧密结合，积极应对金融风险挑战。在信息时代，大数据技术的引入和信息共享平台的建设，不仅可以为企业提供高度集成、准确、真实的系统财务数据，还可以通过智能处理系统帮助企业有效识别和判断风险，降低风险发生的概率。其主要体现在两个方面：一是风险预警和防控。大数据处理系统可以实现财务信息的动态观察和实时跟踪，并通过智能分析明确企业资金流向，发挥风险预警和防控作用。二是风险管理。通过大数据技术和信息处理系统，企业可以在财务风险发生后及时有效地进行科学管理，进一步缩小影响范围，降低成本损失，为企业未来决策提供经验依据。

（4）促进企业财务人员的角色和职能转变。对于传统的企业财务管理来说，财务人员的作用主要基于记账和财务报表分析的会计核算职能，管理职能不突出，主要是企业经营者直接命令的执行者。在大数据时代，财务管理要求财务人员不仅要有扎实的专业基础，还要掌握海量数据中的分析和信息处理知识，将财务与其他业务部门的实际运营联系起来，向管理会计转型。目前，市场竞争日趋激烈，谁能有效利用信息资产，提高企业价值，谁就很有可能在市场上立足并获得长期发展。一方面，大数据技术的应用可以帮助财务人员处理多维度、大规模的数据，解决传统财务报表整合的复杂问题；另一方面，有助于他们更好地理解财务数据与企业经营之间的因果链，掌握财务信息对企业发展的影响，在分析中做出更准确的判断，及时发现问题，为财务管理的方向提供依据（图1-1-1）。

图1-1-1　大数据与财务管理

（二）大数据对企业财务管理的挑战

大数据技术大大缩短了数据处理时间，提高了财务信息的使用效率，增强了企业财务预算管理能力，改善了内部控制环境，增强了风险控制意识，促进了财务人员进一步转变角色，大大提高了企业财务管理的信息化水平。同时，它也带来了财务管理内涵、管理机制、管理技术和信息安全等方面的变化与挑战。

不吃土的锦囊
妙计——现金
预算

（1）财务管理的价值内涵发生了变化。在大数据时代，企业的财务管理理念也发生了根本性的变化。传统的财务管理模式主要侧重于票据会计、报表分析及记账和预算编制。随着大数据技术的发展和影响，财务管理的内涵逐渐扩大，并逐渐渗透业务部门乃至整个行业。它已经开始从海量数据中收集、提取、分析和处理财务数据，为生产、研发、销售和流通提供更具决定性和价值性的财务信息。另外，随着信息资产日益成为企业的重要生产要素，财务部门也从最初的服务性和辅助职能部门转变为集财务风险管理、成本控制和融资于一体的综合管理部门。一方面，有利于金融信息与非金融信息的高度融合，保障资金流动的稳定，实现与物流的对接；另一方面，扩大了财务管理对象的范围，增加了数据收集和处理的难度，也增加了财务管理的工作量，对财务人员提出了更高的要求。能否改变传统的管理理念，树立战略思维，提高业务能力，打破数据边界，拓展财务信息处理的深度和广度，成为企业在竞争中取得胜利的关键。

（2）财务管理机制和组织结构改革。财务数据是企业财务管理的基础和核心。它通过对企业资本收支的详细记录，反映企业的经营状况，在充分处理和分析的前提下，识别企业的财务风险，为企业进一步决策提供依据。在大数据时代，财务信息收集和处理的复杂性在很大程度上给企业的财务管理机制带来了挑战。其主要体现在两个方面：一是金融数据规模扩大，采集处理难度加大。在大数据背景下，金融数据来源广泛，类型复杂多样，变化速度快。如何收集和整理数据，并对其进行有效的分类和处理，已成为管理机制面临的新问题。二是财务信息和商业信息的整合扩大了管理范围。财务数据不仅应侧重于传统的会计信息，还应将来自各个业务部门、行业和社会方面的信息纳入数据系统，从而增加财务管理的工作量，这需要通过进一步创新财务管理方法来解决。另外，由于大数据技术的影响，财务部门内部分工日益细化，这也将带来组织结构调整的重大变化，以明确岗位要求和人员职责，为提高财务管理水平创造条件。

（3）财务管理的技术难度增加。在信息时代，大数据的多样性和复杂性为企业财务管理提供了掌握更多信息和提高数据处理效率的机会。但与此同时，大数据本身的规模巨大、类型多样、价值密度低等特点也对企业财务信息的管理和技术水平要求提出了挑战。其主要体现在两个方面：一是金融数据来源广泛，结构复杂，信息采集和挖掘技术难度大。在大数据时代，财务数据打破了国家、行业和地区的限制，来源渠道更加多样化，呈现出网络化、层次化的特点。语义、语音和其他方面的变化也会导致更复杂的数据结构。如何在海量数据中收集和挖掘财务信息，需要进一步提高技术水平，向更动态、更智能的分析方法发展。二是大数据价值密度低，信息准确度不高，区分金融数据的技术要求提高。财务数据的真实性和准确性极大地影响着企业的战略决策和发展方向。如果不能区分财务数据的真实性，就很难在市场竞争中占据主动地位。大数据的低价值密度对企业的财务管理技术提出了更高的要求。它需要创新的分析工具和新的技术手段来解决这一问题，为企业决策提供基础。

（4）财务管理信息的安全性降低。对于传统的财务管理，财务数据的使用和处理一般采用实名制。在进入系统和应用数据之前，需要验证个人信息。用户跟踪可以通过使用跟踪来实现。因此，财务数据的安全系数非常高，成功盗窃的概率很低。在大数据时代，由于互联网等技术的广泛应用，财务数据具有来源丰富、类型复杂的特点。除开放使用、更新速度快、链接增加外，不仅容易造成信息失真，还会给企业财务管理的安全带来风险。其主要体现在两个方面：一是更容易获取用户信息。在大数据时代，用户在使用互联网和电子信息设备收集与使用数据的过程中，也泄露了一些关键的个人信息。数据供应商很可能"钻空子"，给企业带来财务风险。二是破解金融信息的难度降低。大数据的使用使得金融信息流的交互频率增加，在交易过程中容易造成源代码丢失和密码破解。另外，企业防火墙等信息软件更新速度慢，导致企业财务管理信息安全性降低。迫切需要创新安全工具和保护软件，严格维护企业财务信息安全。

三、财经大数据时代的通行证——Python（Pass in the Era of Financial Big Data——Python）

（一）财务 RPA 取代会计核算，你还不转型吗

财务的未来是信息化、自动化、数字化和智能化，"大智移云"——大数据、人工智能、移动互联网、云计算和物联网等技术的快速发展，促使未来成为一个"万物互联、无处不在、虚实结合、智能计算、开放共享"的智能时代，在这样的时代背景之下，财务技术工具逐步革新，财务工作模式也悄然改变，传统财务将逐步向自动化、数字化和智能化转型。在财经大数据时代，财务人员也应积极尝试新兴技术，促进财务数字化转型，帮助企业提升经营能力、洞察商机并预测未来。随着财务共享中心的出现，产生了大量规则明确的重复性流程，为财务的自动化转型提供了基础，RPA 技术也应运而生。

RPA 即机器人流程自动化（Robotic Process Automation），是在人工智能和自动化技术的基础上建立的，以机器人作为虚拟劳动力，依据预先设定的程序与现有用户系统进行交互并完成预期任务的技术。RPA 旨在代替人工处理大量复杂、烦琐、重复的事务，从而大大减少企业的人力成本，提升整体工作效率，也可辅助发现工作流程中不必要的环节，实现流程自动化。财务 RPA 是 RPA 技术在财务领域的具体应用，主要是针对财务的业务内容及流程特点，以自动化代替手工操作，辅助财务人员完成交易量大、重复性高、易于标准化的基础业务，从而优化

流程，提高业务处理效率和质量，减少财务合规风险，使资源分配在更多的增值业务上，促进财务转型。财务 RPA 可以完成哪些财务工作呢？财务初级工作可以总结为"票、账、表、钱、税"，例如，发票的开具及审核查验、费用单据审核、记账、报表出具、收付款、纳税申报等，这些初级财务工作最大的特征就是重复、程式化、规则统一并且工作量巨大，这些特征正是财务 RPA 所擅长的领域。财务 RPA 可以高效处理大量初级财务工作，只要自动化过程符合标准，就能以短期、准确、有效的方式完成任务，并且能够实现 7×24 小时工作模式，弥补人工操作容忍度低等缺点。也就是说，这些初级财务工作内容将逐步被 RPA 所替代。

为了不被淘汰，财务人员要怎么办？不可否认，随着财务 RPA 的出现，一部分简单、基础、重复性高、规则性强的财务工作都将被取代，但这并不意味着，所有财务人员都将被淘汰。实际上，RPA 的出现为初级财务工作者向高端财务管理人才的迈进提供了一个良好的促进作用。财务 RPA 的兴起与应用，必将推动财务人员的转型，未来需要更多精通数据分析和预测、具备跨职能部门知识且善于与业务部门构建合作的各类复合型管理人才。所以，为应对"大智移云"时代的发展，财务人员应积极向管理会计转型，通过深入分析财务数据改进企业的经营决策，在投资评估与决策、预算制定与分析、成本核算与控制、绩效管理与提升等方面发挥更大的价值。

随着大数据时代的到来，数据量的暴涨成为许多行业面临的严峻挑战，企业之间的竞争日趋激烈，企业经营决策也不再局限于内部财务及业务信息，越来越多的企业经营者期望通过大数据来帮助企业做出更加明智的决策，企业对数据的要求越来越高，Excel 的功能就显得捉襟见肘了。财务人员想从海量的数据和复杂的计算逻辑中解脱出来，必须思考是否有更行之有效的解决方案。

> **想一想**
>
> 大数据时代，财务人员该如何转型？

（二）大数据时代必备技能——Python

大数据分析 Python 是近年来比较热门的词汇，我们可以看到各行各业都在谈 Python，甚至在微信朋友圈也能看到 Python 的身影，那么到底什么是 Python？财务人员为什么要学习 Python？ Python 是一门动态的、面向对象的脚本语言。同时，也是一门简约、通俗易懂的编程语言。大家听到编程可能会觉得这也太难了吧，财务人员又不是程序员，为什么还要学习编程？

随着财务 RPA 的兴起，简单、重复的初级财务工作将被逐渐取代，财务会计转型势在必行。在信息科技高速发展的今天，大数据成为当今最具价值的商品。在大数据时代，企业需要关联和分析大量数据，传统的财务信息已经不能完全准确地反映企业的财务状况，财务指标反映的情况也具有相对性，单从账面信息分析意义不大。例如，资产负债率、流动比率、速动比率这些常见的财务分析指标究竟越高越好还是越低越好不能一概而论，财务人员必须结合业务数据及行业的整体状况进行分析。在这样的背景之下，传统的 Excel 已经无法满足财务人员对大数据分析的需求。这时候，Python 出现在财务人员的视野之中，Python 与其他编程语言不同，学习 Python 入门简单、代码可读性强。另外，Python 是开源的，拥有非常多优秀的库，具有强大的数据分析及数据可视化能力，简直就是财务人员前往大数据分析时代的通行证。使用 Python 进行大数据财务分析具有以下优势：

（1）Python 代码可读性强，易于学习。Python 是一种面向对象的、解释型的、通用的、开源的脚本编程语言，可以写一句就运行一句，直接查看运行结果和状态，适合初学者逐步尝试。另外，Python 语法简单，接近自然语言，代码可读性高，易于学习。

（2）Python 数据分析库全面。Python 拥有数百个不同的库和框架，许多 Python 库对于数据分析和机器学习特别有用，这些库为处理大数据提供了大量支持，这是选择 Python 进行大数据财务分析的原因之一。在大数据财务分析中使用比较多的库包括科学计算基础包 NumPy、数据处理分析利器 Pandas、数据可视化呈现 Matplotlib，当掌握并熟悉这些数据分析库的使用方法后，Python 将成为大数据分析的最优选择。

（3）处理数据高效快捷。Python 具有较高的数据处理速度，这使它很适合与大数据一起使用，尤其是 Python 中 Pandas 库内置了大量库和一些标准的数据模型，提供了快速便捷地处理结构化数据的大量数据结构和函数，对大型数据处理更加高效快捷，使用 Pandas 仅需几行代码就可以轻松处理一个几千万行的 Excel 数据。

（4）可视化功能强大、灵活。可视化是理解数据中隐藏模式和层的一个非常重要的部分。对于财务分析来说，可视化呈现自然是必不可少的，Python 可视化功能强大、灵活，并且适合各种特殊需求，能够非常方便地创建海量类型的 2D 图表和一些基本的 3D 图表，借助 Matplotlib 专属库，只需编写简单的 Python 代码就可以输出可视化结果。其实，对于财务人员来说，Python 和 Excel 是相同的，只是一个非常有用的工具软件，与 Excel 不同的是，Python 的功能更加强大，在大数据处理、分析及可视化呈现等方面性能更优越，可以帮助人们更加轻松地完成各种常见的财务数据分析任务。

近年来，Python 以其独有的优越性逐渐成为最受欢迎的数据分析工具之一，也是最适合财务人员使用的大数据分析工具。在"大智移云"时代，财务人员面临着越来越严峻的考验，只有不断谋求转型与突破，才能立于不败之地，而 Python 就是财务人员在财经大数据时代的通行证，是一项必备技能，让我们手握 Python 这张通行证，在大数据时代乘风破浪。

任务评价

工作任务清单	掌握情况	
	会做	熟练
大数据的概念		
大数据的基本特征		
大数据对企业财务管理的积极影响		
大数据对企业财务管理的挑战		
财务 RPA 取代会计核算，财务人员的转型		
使用 Python 进行大数据财务分析的优势		

任务 2 财务管理基础理论

任务导入

光明照明有限公司业务快速扩张成为国内较大照明产品供应商。为实现业务增长，该公司先后引入外部投资者，在解决资金问题的同时带来资源优势。光明照明与供应商良好的合作关系也为公司稳步发展奠定了基础。一方面供应商的材料供应是公司生产的基本保障，另一方面公司对供应商会提供一定的财务支持。该公司的发展还得益于与经销商的合作关系，公司形成了直接对接运营中心、运营中心管理区域内规模较小的经营商的模式。可见，企业与供应商、经销商的业务关系与财务关系，对企业财务管理和经济利益的实现具有重要的影响。

任务分析

1. 公司财务关系主体利益不一致时，如何协调矛盾？
2. 企业财务管理目标如何影响利益的实现？

相关知识

作为一个优秀的企业，力求能在市场竞争的大环境中站稳脚跟，谋得一席之地，就必须明确自身的使命、价值观和愿景。使命代表着公司的目的、方向、责任，规定着公司的发展目的、发展方向、奋斗目标、基本任务和指导原则。真诚的使命能激励员工努力工作，指导企业向正确的道路发展。要想使企业稳定持续发展，就必须权衡好企业利益相关者的关系。1929 年，美国某电器公司经理首次提出："股东、员工、顾客和社会都在公司中拥有某种利益，公司经理有义务保护这种利益。"而其中哪种利益是最重要的一直成为学者们研究和争论的焦点。因此，当财务关系主体的利益发生冲突时，如何协调这种矛盾变得至关重要。

一、财务管理概述（Overview of Financial Management）

（一）财务管理的概念

企业要进行生产经营活动，必须通过人力、物资、资金及信息等各项要素来开展。企业在生产经营过程中的资金不停地流转变化即资金运动。财务管理与企业资金运动分不开，如企业在生产经营中运用各种方式筹集资金用于必要的投资和维持日常运转，企业盈利后对投资人进行合理的利润分配。

财务管理就是在一定的企业管理目标下，有关资产的购置、资金的融通、对维持日常经营活动资金的管理及利润分配等的一系列活动。财务管理是企业管理的一个重要组成部分。它是根据财经法律法规，按照财务管理的原则，组织企业财务活动，处理财务关系的。简单地说，财务管理是组织企业财务活动，协调企业财务关系并为企业实现价值增值的一项经济管理工作。

（二）财务管理的基本内容

公司基本活动包括筹资活动、投资活动和日常营业活动，筹资活动分为长期筹资和短期筹资，长期筹资在财务管理中叫作长期筹资管理，投资活动分为长期投资和短期投资，长期投资在财务管理中叫作长期投资管理，短期筹资和短期投资在财务管理中叫作营运资本管理，日常营业活动是经营活动。长期筹资管理和长期投资管理、营运资本管理是财务管理最重要的内容。具体内容如图 1-2-1 所示。

（1）筹资活动。企业进行生产经营活动，首先必须筹集一定数量的资金，也就是说，企业必须从各种渠道以各种形式筹集资

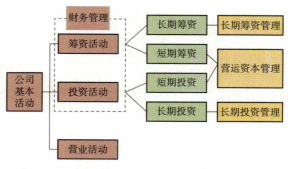

图 1-2-1　公司基本活动

，它是财务活动的起点。通过筹资，企业可以形成两种不同性质的资金来源：一是企业权益资金；二是企业债务资金，它包括资金需求量的预测、资金筹集渠道和方式、筹资决策的有关理论和方法等内容。

（2）投资活动。企业取得资金后，必须将资金投入使用，以谋求最大的经济效益。企业投资可分为广义投资和狭义投资两种。广义投资是指企业将筹集的资金投入使用的过程，包括企业内部资金的使用和外部资金的投放；狭义投资仅指对外投资。财务管理学中指狭义概念。它包括投资项目与投资方式的选择、投资额的确定、投资的成果与投资风险的分析等。资金的运用是资金运动的中心环节，是资金利用效果的关键所在，它不仅对筹资提出要求，而且决定了企业未来长时期的财务经济效益。

（3）资金营运活动。企业在日常生产经营过程中会发生一系列的资金收付，如采购材料、支付工资、销售商品、取得收入等，即营运资金周转。这种因企业日常生产经营而引起的财务活动，就叫作资金营运活动。

企业营运能力
分析

营运资金管理的基本任务是短期资金来源的筹措和短期资金周转效率的提高。其基本目标是通过有效地进行资金管理和调剂，合理配置资金，以提高资金使用效率，增强短期资金流动性。

（4）利润分配活动。资金的分配即对已实现的销售收入和其他货币收入的分配过程。其内容包括成本费用的补偿、企业纯收入分配和税后利润分配等各个层次。分配是资金一次运动的终点，同时，又是下一次运动的前提。由于资金分配是企业经济效益的体现，关系到各方面的经济利益，因而具有很强的现实性和政策性。

利润分配管理需要解决的问题包括：股利对分红的要求；企业发展对留存赢利的要求；影响利润分配政策的各种具体因素分析；股利政策连续性问题。

（三）财务关系

财务关系是指企业在组织财务活动的过程中与有关方面所发生的经济关系。这些联系归根结底体现了企业与各个利益集团之间的经济利益关系，包括内部和外部两个方面。例如，企业与内部员工关系、企业各部门之间的关系就是内部财务关系，企业与投资人、债权人、政府等之间的关系就是外部财务关系。

（1）企业与内部员工的关系。企业与内部员工的关系职工是企业的劳动者，他们以自身提供的劳动作为参加企业分配的依据。企业根据劳动者的劳动情况，向职工支付工资、津贴和奖金等，体现了在劳动成果上的分配关系，短期关系是付出劳动支付薪酬，长期关系是获得股票期权。

（2）企业各部门之间的财务关系。企业各部门之间的财务关系体现为在企业总部统一管理下的分工协作关系。企业与企业内部各经济责任主体的财务关系是指企业内部各单位之间在生产经营各环节中相互提供产品或劳务所形成的经济关系。企业在实行内部经济核算制的条件下，企业供、产、销各职能部门及各生产单位之间，相互提供产品和劳务要进行计价结算。这种在企业内部形成的资金结算关系，体现了企业内部各单位之间的经济利益关系。

（3）企业与政府之间的财务关系。政府在行使行政职能时与企业发生的联系属于纯行政上的管理与被管理，不属财务关系。以税收方式体现的分配关系，具有强制性和无偿性的特点。政府代表国家进行投资所形成的财务关系，包含在投资与受投资关系中。

（4）企业与往来客户之间的财务关系。企业与往来客户之间的财务关系体现着经济往来结算关系、社会成员之间分工协作关系、债权债务关系。企业除利用资本金进行经营活动外，还要借入一定数量的资金，以便降低企业资本成本，扩大企业经营规模。企业利用债权人的资金，要按约定的利息率及时向债权人支付利息，债务到期时要按时向债权人归还本金。

（5）企业与投资人的关系。企业与投资人的关系体现为所有权关系、资本收益分配关系。企业作为投资者认缴出资、参与决策、享受收益等。企业作为受资者接受投资，按所有者的出资比例进行利润分配等。企业利用资本进行营运，实现利润后，应该按照出资比例或合同、章程的规定，向其所有者支付投资报酬。如果同一企业有多个投资者，他们的出资比例不同，这就决定了他们各自对企业所承担的责任不同，相应的对企业享有的权利和利益也不同。但他们通常要与企业发生以下财务关系：一是投资者可以对企业进行一定程度的控制或施加影响；二是投资者可以参与企业净利润的分配；三是投资者对企业的剩余资产享有索取权；四是投资者对企业承担一定的经济法律责任。

（四）财务管理的目标

财务管理的目标又称理财目标，是指企业进行财务活动所要达到的根本目标。企业财务管理的目标应该与企业的生产经营目标一致，并为实现企业的生产经营目标服务。财务管理目标随着人们认识的加深持续在变革。其变革过程如图1-2-2所示。

图1-2-2　财务管理目标变革过程

（1）利润最大化。利润最大化是社会财富最大化的基础，企业是以盈利为目的的经济组织，财务管理应以利润最大化为目标。在自由竞争的资本市场中，资本使用权最终属于获利最多的企业。

利润最大化作为财务目标存在以下优点：

1）目标明确。与企业的根本目标一致。企业是以营利为目标的经济组织，可以说"盈利"是企业存在的最根本的目的，是企业发展的"原动力"。

2）"利润最大化"作为理财约束，作为评价标准也是客观的。利润是"所得"和"所费"相互配比的结果，只有企业具备一定的生产能力、营销能力与管理水平，才会在最终的财务成果中反映出来。可见，良好的会计信息系统是构成"利润最大化"目标有效作用的基础设施。

3）"利润最大化"目标的实现能大体反映企业资金处于较优的流转状态，也反映企业的较强的获利能力，尤其是长期视角下的企业盈利的持续增长最能说明问题。另外，也能实现对企业各利益方满意的回报。

4）对中小企业来说，以"利润最大化"目标来规划企业生产、营销与理财活动，简单、明确且操作性强。

利润最大化作为财务目标存在以下缺点：

1）没有考虑投入与产出的关系，忽略规模与效率的关系，没有考虑时间因素的影响。例如，现在100元与将来5年后的100元等值与否的关系。

2）没有考虑风险因素的影响。利润是收入与费用配比以后的结果，在会计上只要符合收入的条件就确认收入，可是，收入中有赊销的，赊销形成的应收账款等可能产生坏账损失，在以利润为目标时没有充分考虑未来的风险因素。

3）易产生短期行为及弄虚作假，没有考虑中长期的公司未来发展的收益能力。

（2）股东财富最大化。从我国会计基本准则对财务报告目标的明确定位：将保护投资者利益、满足投资者进行投资决策的信息需求放在了突出位置。基本准则规定，财务报告的目标是向财务报告使用者提供与企业财务状况、经营成果和现金流量等有关的会计信息，反映企业管理层受托责任履行情况，有助于财务报告使用者作出经济决策。财务报告使用者主要包括投资者、债权人、政府及其有关部门和社会公众等。满足投资者的信息需要是企业财务报告编制的首要出发点。投资者出资委托企业管理层经营，希望获得更多的投资回报，实现股东财富的最大化，从而进行可持续投资。

"股东财富最大化"对于中小企业而言，就显得烦琐，如在具体指标的量化上没有合理的价值参考，中小企业很多没有进行股份制改组，即使发行股票的中小企业，由于股票不上市流通，市场对企业价值合理的评价也处于缺位状态，从而导致该目标在实践中运用起来比较抽象，可操作性较差。它体现了资本投入与获利之间的关系，考虑了时间价值与风险因素。但只考虑股东利益，存在不可控因素的影响。

（3）企业价值最大化。企业价值最大化是指通过合理的财务管理，充分考虑资金的时间价值和风险与报酬的关系，使企业总价值达到最大。其基本思想是既考虑企业长期稳定发展，又强调在企业价值增长中兼顾各关系人的利益，该观点体现了对经济效益的深层次认识，它是现代财务管理的最优目标。

企业价值是指企业的市场价值，是社会公众对企业总价值的市场评估。追求企业价值最大化目标，其最大困难就是企业价值量化的问题。一般来说，企业价值可以通过其未来现金流量的现值来反映。

企业价值最大化的优点如下：

1）考虑了货币的时间价值；

2）考虑了报酬与风险之间的关系；

3）考虑了短期利益与长期发展的关系。

该目标反映了企业资产的保值、增值要求，股东财富越多企业价值越大，能避免企业的短期行为，有利于社会资源的合理配置，社会资本通常流向企业价值最大或股东财富最大的企业或行业。

企业价值最大化的缺点：以企业价值最大化作为财务管理目标过于理论化，实际操作困难。对上市公司而言，假设资本市场是非常有效的，企业的价值，也就是股票的价值可用股票的价格来衡量。但一定要注意前提条件是资本市场是非常有效的。所以，在资本市场是非常有效的前提下，追求企业价值最大化应该追求每股价格最大化，而影响股价的因素很多。

（4）每股收益最大化。每股收益是企业实现的利润与投入资本或股本数的比值，可以反映投资者投入的资本获取回报的能力。因此，每股收益最大化目标是投资者进行投资决策时需要考虑的一个重要标准。但与利润最大化目标一样，该指标仍然没有考虑资金的时间价值和风险因素，也不能避免企业的短期行为，还会导致与企业发展的战略目标相背离。

（五）财务管理的环境

财务管理的环境又称理财环境，是指对企业财务活动产生作用的企业外部环境。进行财务决策时，企业外部环境是难以改变的，一般应该适应其要求和变化。财务管理的外部环境涉及的范围很广，其中最重要的是经济环境、法律环境和金融市场环境。

企业财务管理作为一种社会行为，也要受法律规范的约束。不同社会制度下的法律反映着不同阶级的意志，具有各自的特征，所以，不同社会制度下的法律，会给企业财务管理带来不同的影响。同样，在同一社会制度下，法律环境及其具体内容的变化，也会给企业财务管理带来影响。随着社会的发展，法律越来越健全，其在上层建筑中的地位也越来越重要。在我国，随着经济改革的深化，国家管理经济也已并将继续越来越多地采用法律手段，因而，企业财务管理受法律规范的约束也表现得日益显著。

1. 经济环境

（1）经济周期。经济发展的周期性，即有时繁荣有时衰退，对企业财务管

> **想一想**
>
> 企业所处环境如何影响财务管理活动呢？

理有极大的影响。国民经济处于高速增长时期，企业就要跟上其发展并维持自己在市场中的地位。要保持与国民经济同样的增长速度，企业一般要进行扩大规模的投资，相应增加配套的厂房、设备及专业人员等，这需要有足够规模的资金作为保证。国民经济处于减缓或衰退期时，企业的销售额就会急剧下降，产成品出现积压，资金周转不畅，必须筹集足够的资金以维持其正常运营。

（2）经济政策。国家各项的经济政策，对企业财务管理活动有直接或间接的重大影响，如经济规划、产业政策、财税政策、金融政策、货币政策、外汇政策、外贸政策、物价政策等。国家经济政策具有宏观调控和导向作用，如扩张性经济政策和紧缩性经济政策。

1）扩张性经济政策是指为了刺激投资和消费，国家通过减少收入、扩大支出来增加社会总需求，以便对整个经济起到推动作用，防止或延缓经济萎缩。采取的财政经济措施是减少税收，减少上缴利润，扩大投资规模，增加财政补贴，实行赤字预算，发行公债，增加财政支出，从而刺激社会有效需求，促进经济的增长。

2）紧缩性经济政策是指为了抑制投资和消费，国家通过增加财政收入、减少财政支出来降低社会总需求，以便对整个经济起到紧缩的作用，避免或缓解经济过热的出现。采取的财政经济措施是开发新的税种和调高税率，提高国有企业上缴利润的比例，降低固定资产折旧率，缩小投资规模，削减财政补贴，压缩政府开支，减少财政支出，以实行盈余预算，从而压缩社会有效需求，控制经济的增长。

企业财务管理人员要认真研究国家经济政策，顺应国家经济政策的导向，实现企业财务管理目标。

（3）通货膨胀。通货膨胀对企业财务管理的影响是多方面的，如利率上升、资金供应紧张、有价证券价格下跌及利润虚增等。这些影响会对企业财务管理造成很大困难，不仅使成本费用增加，还会为产品的定价与销售带来一定的困难。在管理过程中，应尽可能利用各种财务管理的方法规避通货膨胀的风险，减少企业损失。

（4）竞争。竞争广泛存在于市场经济之中，任何企业都不能回避。企业之间、各产品之间、现有产品和新产品之间的竞争，涉及技术、管理、产品等各个方面。对企业来说，竞争既是威胁，也是机遇。竞争能促使企业用低成本、新技术来生产更好的产品，在竞争中处于优势地位，对经济发展起推动作用。竞争就是商业战争，企业财务管理的综合能力，会在竞争中得到全方位的体现。

2. 法律环境

财务管理的法律环境是指企业和外部发生经济关系时所应遵守的各种法律、法规和规章。市场经济是法制经济，越来越多的经济关系和经济活动的准则已用法律的形式固定下来。同时，国家管理经济的手段也在逐步做到有法可依，国家管理的法治化日趋明显。

企业的财务管理活动，无论是筹资、投资，还是利润分配，都要与企业外部发生经济关系，在处理这些经济关系时，应当遵守有关的法律规范。

（1）企业组织法规。企业组织必须依法成立。组建不同的企业要依照不同的法律规范，它们既是企业的组织法，又是企业的行为法。例如，《中华人民共和国公司法》（以下简称《公司法》）对公司企业的设立条件与程序、组织机构与变更、终止的条件与程序等都做了规定。只有按相应规定的条件和程序建立的企业，才能称为"公司"。《公司法》还对公司生产经营的主要方面做出了规定，包括股票的发行和交易、债券的发行和转让、利润的分配等。公司的财务管理活动都要按照《公司法》的规定来进行。

（2）财务法规。影响企业财务活动的法规主要包括《中华人民共和国会计法》（以下简称

《会计法》)、《企业财务会计报告条例》。《会计法》明确了《会计法》的调整对象、适用范围、基本特征、作用，规范了《会计法》的主要内容、违反《会计法》的行为和法律责任等。《企业财务会计报告条例》规范了企业财务报告的种类、内容和编制要求等。

3. 金融环境

影响企业财务管理的金融环境主要有金融机构和金融市场。

（1）金融机构主要是银行与非银行金融机构。银行是指经营存款、放款、汇总、储蓄等金融业务，承担信用中介的金融机构。非金融机构主要包括保险公司、信托投资公司、证券公司、财务公司、金融租赁公司等机构。

（2）金融市场的形成进一步促进了企业生产的发展和信用形式的完善，在企业经济活动中起到融通资金和宏观调控的双重作用。金融市场对企业财务管理的影响：第一，金融市场为企业融资和投资提供了场所；第二，金融市场使企业的长短期资金相互转换；第三，金融市场提供的信息是企业财务管理的重要依据。党的二十大报告指出要"深化金融体制改革，建设现代中央银行制度，加强和完善现代金融监管，强化金融稳定保障体系，依法将各类金融活动全部纳入监管，守住不发生系统性风险底线。"金融市场作为资金融通的场所，是企业向社会融通资金必不可少的条件。企业理财人员必须熟悉金融市场的类型和管理规则，有效地利用金融市场来组织资金的供应和使用，同时，还要遵守国家金融主管机关对金融市场的宏观调控和指导，发挥金融市场的积极作用。

时间就是
金钱——货币
时间价值

（六）财务管理的原则

财务管理的原则也称理财原则，是人们对财务活动的共同认识，是经过长期实践检验的理财行为规范，是在企业财务管理工作中必须遵循的准则。

（1）货币时间价值原则。货币时间价值是客观存在的经济范畴，它是指货币经历一段时间的投资和再投资所增加的价值。从经济学的角度看，即使在没有风险和通货膨胀的情况下，一定数量的货币资金在不同时点上也具有不同的价值。因此，在数量上货币的时间价值相当于没有风险和通货膨胀条件下的社会平均资本利润率。今天的一元钱要大于将来的一元钱。货币时间价值原则在财务管理实践中得到广泛的运用。长期投资决策中的净现值法、现值指数法和内含报酬率法，都要运用到货币时间价值原则；筹资决策中比较各种筹资方案的资本成本、分配决策中利润分配方案的制定和股利政策的选择，营业周期管理中应付账款付款期的管理、存货周转期的管理、应收账款周转期的管理等，都充分体现了货币时间价值原则在财务管理中的具体运用。

（2）资金合理配置原则。拥有一定数量的资金，是企业进行生产经营活动的必要条件，但任何企业的资金总是有限的。资金合理配置是指企业在组织和使用资金的过程中，应当使各种资金保持合理的结构和比例关系，保证企业生产经营活动的正常进行，使资金得到充分有效的运用，并从整体上（不一定是每个局部）取得最大的经济效益。在企业的财务管理活动中，资金的配置从筹资的角度看表现为资本结构，具体表现为负债资金和所有者权益资金的构成比例、长期负债和流动负债的构成比例，以及内部各具体项目的构成比例。企业不但要从数量上筹集保证其正常生产经营所需的资金，而且必须使这些资金保持合理的结构比例关系。从投资或资金的使用角度看，企业的资金表现为各种形态的资产，各形态资产之间应当保持合理的结构比例关系，包括对内投资和对外投资的构成比例。对内投资包括流动资产投资和固定资产投资的构成比例、有形资产和无形资产的构成比例、货币资产和非货币资产的构成比例等；对外投资包括债权投资和股权投资的构成比例、长期投资和短期投资的构成比例等及各种资产内部的结构比例。上述这些资金构成比例的确定，都应遵循资金合理的配置原则。

（3）成本—效益原则。成本—效益原则就是要对企业生产经营活动中的所费与所得进行分析比较，将花费的成本与所取得的效益进行对比，使效益大于成本，产生"净增效益"。成本—效益原则贯穿于企业的全部财务活动中。企业在筹资决策中，应将所发生的资本成本与所取得的投资利润率进行比较；在投资决策中，应将与投资项目相关的现金流出与现金流入进行比较；在生产经营活动中，应将所发生的生产经营成本与其所取得的经营收入进行比较；在不同备选方案之间进行选择时，应将所放弃的备选方案预期产生的潜在收益视为所采纳方案的机会成本与所取得的收益进行比较。在具体运用成本—效益原则时，应避免"沉没成本"对我们决策的干扰。"沉没成本"是指已经发生、不会被以后的决策改变的成本。因此，我们在做各种财务决策时，应将其排除在外。

（4）风险—报酬均衡原则。风险与报酬是一对孪生兄弟，形影相随，投资者要想取得较高的报酬，就必然要冒较大的风险，而如果投资者不愿承担较大的风险，就只能取得较低的报酬。风险—报酬均衡原则是指决策者在进行财务决策时，必须对风险和报酬作出科学的权衡，使所冒的风险与所取得的报酬相匹配，达到趋利避害的目的。在筹资决策中，负债资本成本低，财务风险大，权益资本成本高，财务风险小。企业在确定资本结构时，应在资本成本与财务风险之间进行权衡。任何投资项目都有一定的风险，在进行投资决策时必须认真分析影响投资决策的各种可能因素，科学地进行投资项目的可行性分析，在考虑投资报酬的同时考虑投资的风险。在具体进行风险与报酬的权衡时，由于不同的财务决策者对风险的态度不同，有的人偏好高风险、高报酬，有的人偏好低风险、低报酬，但每个人都会要求风险和报酬相对等，不会去冒没有价值的无谓风险。

（5）收支积极平衡原则。财务管理实际上是对企业资金的管理，量入为出、收支平衡是对企业财务管理的基本要求。资金不足，会影响企业的正常生产经营，坐失良机，严重时，会影响到企业的生存；资金多余，会造成闲置和浪费，给企业带来不必要的损失。收支积极平衡原则要求企业一方面要积极组织收入，确保生产经营和对内、对外投资对资金的正常合理需要；另一方面，要节约成本费用，压缩不合理开支，避免盲目决策。保持企业一定时期资金总供给和总需求动态平衡和每一时点资金供需的静态平衡。要做到企业资金收支平衡，在企业内部，要增收节支，缩短生产经营周期，生产适销对路的优质产品，扩大销售收入，合理调度资金，提高资金利用率；在企业外部，要保持与资本市场的密切联系，加强企业的筹资能力。

（6）利益关系协调原则。企业是由各种利益集团组成的经济联合体。这些经济利益集团主要包括企业的所有者、经营者、债权人、债务人、国家税务机关、消费者、企业内部各部门和职工等。利益关系协调原则要求企业协调、处理好与各利益集团的关系，切实维护各方的合法权益，将按劳分配、按资分配、按知识和技能分配等多种分配要素有机结合起来。只有这样，企业才能营造一个内外和谐、协调的发展环境，充分调动各有关利益集团的积极性，最终实现企业价值最大化的财务管理目标。

二、货币时间价值（Time Value of Money）

（一）货币时间价值的概念

货币时间价值是指资金在使用过程中，随着时间的变化所发生的增值，也称为资金的时间价值。西方经济学家对时间价值的解释：投资者进行投资就必须推迟消费，对投资者推迟消费的耐心应给予报酬，这种报酬的量应与推迟的时间成正比，因此，单位时间的这种报酬对投资的百分率称为时间价值。时间

> **思政课堂**
>
> 培养学生了解时间价值的规律，树立珍惜时间的意识。

价值是不可能由"时间"创造，也不可能由"耐心"创造，而只能由工人的劳动创造，即时间价值的真正来源是工人创造的剩余价值。马克思认为，货币只有当作资本投入生产和流通后才能增值。因此，只有将货币作为资金投入生产经营才能产生时间价值。由此可见，资金时间价值的真正来源是工人创造的剩余价值。资金时间价值是在生产经营中产生的。

影响资金时间价值的 4 个因素如下：

（1）资金的使用时间。在单位时间的资金增值率一定的条件下，资金使用时间越长，则资金的时间价值越大；使用时间越短，则资金的时间价值越小。

（2）资金数量的大小。在其他条件不变的情况下，资金数量越大，资金的时间价值就越大；反之，资金的时间价值则越小。

（3）资金投入和回收的特点。在总资金一定的情况下，前期投入的资金越多，资金的负效益越大；反之，后期投入的资金越多，资金的负效益越小。在资金回收额一定的情况下，离现在越近的时间回收的资金越多，资金的时间价值就越大；反之，离现在越远的时间回收的资金越多，资金的时间价值就越小。

（4）资金周转的速度。资金周转越快，在一定的时间内等量资金的时间价值越大；反之，资金的时间价值越小。

资金时间价值的表示形式有两种：一种是相对数形式即资金成本，通俗来讲就是利率；另一种是绝对数形式即资金成本额，又称利息额。绝对数形式是资金在生产经营过程中带来的真实增值额，即一定数额的资金与时间价值率的乘积。相对数形式是指扣除风险报酬和通货膨胀贴水后的利率或平均报酬率。从使用方便的角度看，相对数形式更具有实用性，但需要注意的是代表货币时间价值的利率与借款利率、债券利率等不同，因为借款利率、债券利率除包含时间价值因素外，还考虑了风险价值和通胀因素。

（二）货币时间价值的计算

1. 利息

利息是借贷活动中借款人付给贷款人的报酬，按本金的一定比例计算而得。利息主要发生在金融机构的存贷款业务中，可分为存款利息和贷款利息。存款利息是金融机构对企业和城乡居民的各种存款所支付的报酬；贷款利息是金融机构对借款单位收取的报酬。

利息的计算可分为单利和复利两种。单利是指每期都按初始本金计算利息，当期利息即使不取出也不计入下期本金，计算基础不变，单利只对本金计提利息，计息基础就是本金，每期利息相同；复利是指以当期末本利和为计息基础计算下期利息，即利上加利，复利不仅要对本金计息，而且要对前期的利息计提利息，计息基础是前期的本利和，每期利息不相等。

设本金为 P，利息率为 i，计息期数为 n，本金与利息的总和 F，则

单利利息公式 $\qquad\qquad\qquad I=P \times n \times i$

复利利息公式 $\qquad\qquad\qquad I=P \times (1+i)^n - P$

【例 1-2-1】如果存入银行本金为 10 000 元，月利率为 1%，期限为 5 年，问期满时能获得单利为多少？

解： $\qquad\qquad I=P \times n \times i = 10\ 000 \times 1\% \times 12 \times 5 = 6\ 000$（元）

【例 1-2-2】如果存入银行本金为 10 000 元，年利率为 5%，期限为 5 年，问期满时能获得复利为多少？

解： $\qquad\qquad I=P \times (1+i)^n - P = 10\ 000 \times (1+5\%)^5 - 10\ 000 = 2\ 763$（元）

2. 一次性收付款的终值和现值

货币时间价值的计算涉及两个重要的概念——终值和现值。终值是现在一定量现金在未来

某一时间点上的价值，俗称"本利和"；现值是未来某一时点上一定量现金折合为现在的价值。终值和现值的计算涉及利息计算方式的选择，两种计息方式分别是单利计息和复利计息。财务管理中一般采用复利方式计算终值与现值。另外，资金时间价值的计算还与资金的收付方式有关。资金的收付方式主要可分为一次性收（付）款项、分期等额收付款项和分期不等额收付款项等。其中，一次性收（付）款项是指在某一特定时点上一次性支付（或收取），经过一段时间后再相应地一次性收入（或支付）的款项。这种性质的款项在日常生活中十分常见。

（1）单利终值和现值。画出时间轴有助于货币时间价值的计算，如图1-2-3所示。第1期期初记作0时点，第1期期末记作1时点。本金为P，利息率为i，计息期数为n，本金与利息的总和为F，利率一般为年利率，计息期一般以年为单位。则

第一年的本利和 $F_1 = P \times (1+i)$

第二年的本利和 $F_2 = P \times (1+2i)$

第三年的本利和 $F_3 = P \times (1+3i)$

……

第n年的本利和 $F_n = P \times (1+ni)$

单利的计算

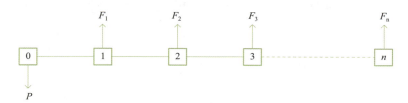

图1-2-3 货币时间价值计算时间轴

【例1-2-3】某人现在一次存入银行10 000元，年利率为10%，时间为5年，按单利计算5年期满的本利和是多少？

解：$$F = 10\,000 \times (1 + 10\% \times 5) = 15\,000（元）$$

单利现值计算与单利终值计算是互逆的，已知终值（本利和）求现值（本金）的过程称为贴现。

$$P = F/(1+ni)$$

【例1-2-4】某人为了5年期满得到60 000元，年利率为10%，按单利计算目前应存入多少元？

解：$$P = 60\,000/(1 + 10\% \times 5) = 40\,000（元）$$

（2）复利终值和现值。复利是计算利息的另一种方法，是指每经过一个计算期，将所生利息计入本金重复计算利息，逐期累计，俗称"利滚利"。复利的计算包括复利终值、复利现值和复利利息。

复利终值是按复利计息方式，经过若干个计息期后包括本金和利息在内的未来价值。设本金为P，利息率为i，计息期数为n，本金与利息的总和为F，则复利终值公式：

$$F = P \times (1+i)^n$$

其中，$(1+i)^n$称为复利终值系数或1元复利终值，用符号$(F/P, i, n)$表示，可通过"复利终值系数表"得知其数值。式中的n可以年计算，也可以月或季计算，只要注意i是同期的利率即可。式中的i是月利率，那么n就要以月表示；式中的i是季度利率，那么n就要以季表示。

复利的计算

【例1-2-5】某人有资金10 000元，年利率为10%，试计算3年后的终值。

解：$$F=P\times(1+i)^n=10\ 000\times(1+10\%)^3=13\ 310\ （元）$$

复利现值是指未来一定时期的资金按复利计算的现在价值，是复利终值的逆运算，也称贴现。复利现值公式：$P=F\times(1+i)^{-n}$，其中 $(1+i)^{-n}$ 称为复利现值系数或1元复利现值，用符号 $(P/F, i, n)$ 表示，可通过"复利现值系数表"得知其数值。

【例1-2-6】甲企业销售货物1 000万元，3年以后如数收到货款，这3年内物价平稳，无风险的社会资金平均收益率为10%。考虑时间价值，试计算甲企业赊销产生的损失。

解：$$P=1\ 000\times(P/F, 10\%, 3)=1\ 000\times0.751=751\ （万元）$$
$$损失 =1\ 000-751=249\ （万元）$$

3. 年金终值和现值的计算

（1）普通年金终值和现值的计算。年金是指一定时期内等额、定期的系列收付款项。租金、利息、养老金、分期付款赊购、分期偿还贷款等通常都采取年金的形式。年金按发生的时点不同，可分为普通年金、预付年金、递延年金和永续年金。

普通年金又称后付年金，是指发生在每期期末的等额收付款项。其计算包括终值和现值计算。普通年金终值是指每期收付款项的复利终值之和。其计算示意如图1-2-4所示。

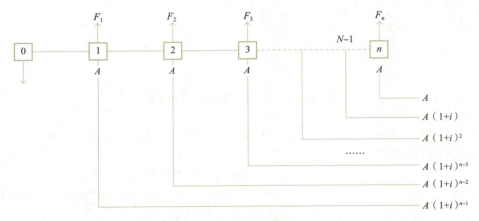

图1-2-4　普通年金终值计算示意

普通年金终值公式推导过程如下：$F=A(1+i)^0+A(1+i)^1+\cdots+A(1+i)^{n-2}+A(1+i)^{n-1}$，等式两端同乘以 $(1+i)$ 得到 $F(1+i)=A(1+i)+A(1+i)^2+\cdots+A(1+i)^{n-1}+A(1+i)^n$，上述两式相减得 $F=A\dfrac{(1+i)^n-1}{i}$，其中 $\dfrac{(1+i)^n-1}{i}$ 称为普通年金终值系数或1元年金终值，它反映的是1元年金在利率为 i 时，经过 n 期的复利终值，用符号 $(F/A, i, n)$ 表示，可通过"年金终值系数表"得知其数值。

【例1-2-7】某企业在10年内每年年末在银行借款200万元，借款年复利率为5%，则该公司在10年年末应支付银行本息为多少？

解：$$F=A(F/A, i, n)=200\times(F/A, 5\%, 10)=200\times12.578=2\ 515.6\ （万元）$$

偿债基金是指为了使年金终值达到既定金额，每年年末应支付的年金数额。其中，偿债基金的计算实际上是年金终值的逆运算，其计算公式 $A=F\dfrac{i}{(1+i)^n-1}$，其中 $\dfrac{i}{(1+i)^n-1}$ 是普通年金终值系数的倒数，称为偿债基金系数，记作 $(A/F, i, n)$，它可以把年金终值折算为每年需要支付的金额。

【例1-2-8】某企业有一笔10年后到期的借款，偿还金额为100万元，为此设立偿债基金。如果年复利率为5%，问从现在起每年年末需存入银行多少万元，才能到期用本利和偿清借款？

解：$A=100\times(A/F, 5\%, 10)=100\times0.079\,5=7.95$（万元）

即每年年末需存入银行7.95万元，才能到期用本利和偿清借款。

普通年金现值是指每期期末等额系列收付款项的现值之和，计算如图1-2-5所示。

普通年金现值公式推导过程如下：$P=A(1+i)^{-1}+A(1+i)^{-2}+\cdots+A(1+i)^{-(n-1)}+A(1+i)^{-n}$，等式两端同乘以$(1+i)$得到$P(1+i)=A+A(1+i)-1+\cdots+A(1+i)-(n-2)+A(1+i)-(n-1)$，上述两式相减得$P=A\dfrac{1-(1+i)^{-n}}{i}$，其中$\dfrac{1-(1+i)^{-n}}{i}$称为

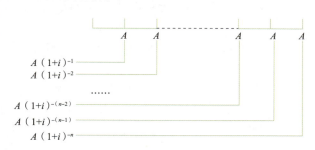

图1-2-5　普通年金现值计算示意

年金现值系数或1元年金现值，它表示1元年金在利率为i时，经过n期复利的现值，记为$(P/A, i, n)$，可通过"普通年金现值系数表"查得其数值。

月供知
多少——普通
年金现值系数

【例1-2-9】某公司扩大生产，需租赁一套设备，租期为4年，每年租金为10 000元，设银行存款复利率为10%，问该公司现在应当在银行存入多少元才能保证租金按时支付？

解：$P=A(P/A, 10\%, 4)=10\,000\times3.169\,9=31\,699$（元）

年资本回收额是指为使年金现值达到既定金额，每年年末应收付的年金数额，它是年金现值的逆运算，计算公式$A=P\dfrac{i}{1-(1+i)^{-n}}$，其中$\dfrac{i}{1-(1+i)^{-n}}$称为投资回收系数，记为$(A/P, i, n)$，它与$(P/A, i, n)$互为倒数。

【例1-2-10】某企业现在借得1 000万元的贷款，在10年内以年利率为6%均匀偿还，每年应付的金额是多少？

解：$A=P(A/P, 6\%, 10)=135.87$（万元）

（2）预付年金终值和现值的计算。预付年金又称先付年金或即付年金，是指发生在每期期初的等额收付款项。预付年金终值是指每期期初等额收付款项的复利终值之和，计算如图1-2-6所示。

预付年金终值公式推导过程如下：$F=A(1+i)^1+A(1+i)^2+\cdots+A(1+i)^n$，根据等比数列求和公式可得$F=A\left[\dfrac{(1+i)^{n+1}-1}{i}-1\right]$，提出公因子$(1+i)$，可得下式：

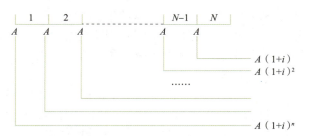

图1-2-6　预付年金终值计算示意

$$F=(1+i)[A+A(1+i)^1+A(1+i)^2+\cdots+A(1+i)^n]=F=A\dfrac{(1+i)^n-1}{i}(1+i)$$

其中$\dfrac{(1+i)^{n+1}-1}{i}-1$是预付年金终值系数，记为$[(F/A, i, n+1)-1]$，与普通年金终值

系数相比,期数加 1,系数减 1。$\frac{(1+i)^n-1}{i}(1+i)$ 是预付年金终值系数,记作 $(F/A, i, n) \cdot (1+i)$,是普通年金终值系数的 $(1+i)$ 倍。

【例 1-2-11】某人每年年初存入银行 100 元,银行年复利率为 8%,计算第 10 年年末的本利和。

解: $F = 100 \times (F/A, i, n) \times (1+8\%) = 100 \times 14.487 \times 1.08 = 1\,564.5$(元)

或 $F = 100 \times [(F/A, 8\%, 11) - 1] = 100 \times (16.645 - 1) = 1\,564.5$(元)

预付年金现值是指每期期初等额收付款项的复利现值之和,计算如图 1-2-7 所示。

预付年金现值公式推导过程如下:

$P = A + A(1+i)^{-1} + A(1+i)^{-2} + \cdots + A(1+i)^{-(n-1)}$,根据等比数列求和公式可得 $P = A\left[\frac{1-(1+i)^{-(n-1)}}{i} + 1\right]$,在 $P = A + A(1+i)^{-1} + A(1+i)^{-2} + \cdots + A(1+i)^{-(n-1)}$ 两边同时乘以 $(1+i)$ 得 $(1+i)P = A(1+i) + A + A(1+i)^{-1} + \cdots + A(1+i)^{-(n-2)}$,上述两式相减得 $i \times P = A(1+i) - A(1+i)^{-(n-1)}$,进而 $P = A\frac{1-(1+i)^{-n}}{i}(1+i)$,$\frac{1-(1+i)^{-(n-1)}}{i} + 1$ 与 $\frac{1-(1+i)^{-n}}{i}(1+i)$ 都是预付年金系数,分别记作 $[(P/A, i, n-1) + 1]$ 和 $(P/A, i, n)(1+i)$,与普通年金现值系数的关系可表述为:预付年金现值系数是普通年金现值系数期数减 1,系数加 1;或预付年金现值系数是普通年金现值系数的 $(1+i)$ 倍。

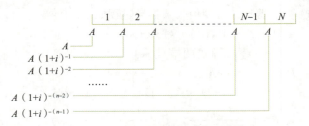

图 1-2-7 预付年金现值计算示意

【例 1-2-12】某企业租用房屋,在 10 年每年年初要支付 4 000 元的租金(假定租用时就先付 1 年的租金),年利率为 10%,这些租金的现值是多少?

解: $P = 4\,000 \times (P/A, 10\%, 10) \times (1+10\%) = 4\,000 \times 6.145 \times 1.1 = 27\,038$(元)

$P = 4\,000 \times [(P/A, 10\%, 9) + 1] = 4\,000 \times (5.759 + 1) = 27\,036$(元)

(3)递延年金终值和现值的计算。递延年金是等额系列收付款项发生在第一期以后的年金,即最初若干期没有收付款项。没有收付款项的若干期称为递延期。递延年金示意如图 1-2-8 所示。图中的递延期数为 m 期,从 $m+1$ 期开始发生正常的年金收付。

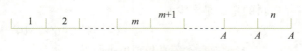

图 1-2-8 递延年金计算示意

递延年金终值的计算与递延期无关,故递延年金终值的计算不考虑递延期,$F = A(F/A, i, n)$。递延年金现值的计算有两种方法,公式一:$P = A(P/A, i, n) \times (P/F, i, m)$,公式二:$P = A[(P/A, i, m+n) - (P/A, i, m)]$。

【例 1-2-13】某企业向某单位借入款项,借款利率为 20%,按协议规定,前 10 年不需要还本付息,但从第 11 年至第 20 年,每年年末偿还本息 1 000 元,这笔借款的现值是多少(或为购房问题,是一次性付款,还是分期付款)?

解:$P = 1\,000 \times (P/A, 20\%, 10) \times (P/F, 20\%, 10) = 1\,000 \times 4.193 \times 0.163 = 683.459$(元)

或 $P = 1\,000 \times [(P/A, 20\%, 20) - (P/A, 20\%, 10)] = 1\,000 \times (4.87 - 4.193) = 677$(元)

(4)永续年金现值的计算。永续年金是指无限期定额支付的年金先股股利。其现值可通过普通年金现值公式推导:$P = A\frac{1-(1+i)^{-n}}{i}$,当 $n \to \infty$ 时 $P = A\frac{1}{i}$。

【例 1-2-14】某人持有优先股的价值为 5 000 元,利息率为 15%,若转让此股票,其转让价格至少是多少？

解：
$$P=5\,000/15\%=33\,333.33（元）$$

三、货币时间价值计算中的特殊问题（Special Problems in Calculating the Time Value of Money）

（一）复利计息方法下的利率的计算（插值法的运用）

一般情况下，计算利息率时，首先应该计算相关的时间价值系数。如果表中有对应的系数，那么对应的利率即为要求的利率。如果没有对应的系数，此时就需要利用插值法计算利率，插值法的步骤如下：

（1）求出换算系数；

（2）根据换算系数和有关系数表寻找相邻一大一小的两个系数。

【例1-2-15】现在向银行存入20 000元，问银行利息为多少时，才可以保证以后9年每年从银行取出4 000元。

解：年金现值系数 $=20\,000/4\,000=5$，即 $(P/A,\ i,\ 9)=5$。

查年金现值系数表，可知 $(P/A,\ 12\%,\ 9)=5.328\,2>5$；$(P/A,\ 14\%,\ 9)=4.946\,4<5$，故

$$\frac{i-12\%}{14\%-12\%}=\frac{5-5.328\,2}{4.946\,4-5.328\,2},\ i=13.72\%。$$

（二）计息期短于1年时时间价值的计量

r 为名义年利率，i 为实际年利率，n 为以年为单位的期数，m 为每年的复利次数。当计息期短于一年，使用或已知的利率是年利率时，此时的年利率其实是名义年利率。根据名义年利率计算出来的计息期利率和每年实际计息期数计算出来的年利息全额除以年初的本金，此时得到的利率为实际年利率。显然当计息期短于一年时，实际年利率高于名义年利率。二者的换算关系如下：

$$i=\left(1+\frac{r}{m}\right)^{m}-1$$

【例1-2-16】资本金为10 000元，投资4年，年利率为8%，每季度复利一次，则4年后所得的利息为多少？

解：每季度复利率 $=8\%\div4=2\%$，投资期内复利次数 $=4\times4=16$，4年后的终值为 $F=P(F/P,\ i,\ n)=10\,000\times1.372\,8=13\,728（元）$，显然4年后的利息为 $13\,728-10\,000=3\,728（元）$，很显然，当1年内复利几次时，实际得到的利息比按名义利率计算的利息高。如上例中，假如按名义利率计算利息，结果为 $I=F-P=10\,000(F/P,\ 8\%,\ 4)-10\,000=3\,605（元）$。

任务评价

工作任务清单	掌握情况	
	会做	熟练
财务管理的目标、环境、原则		
复利现值和复利终值的计算		
普通年金现值和终值的计算		
预付年金现值和终值的计算		
递延年金现值和终值的计算		
永续年金现值的计算		

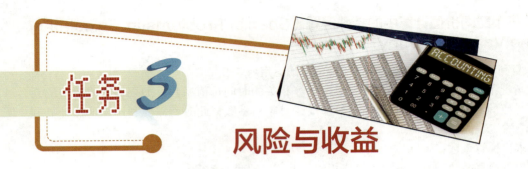

任务 3

风险与收益

任务导入

中国资本市场迎来重磅改革。2023年2月1日，中国证监会就全面实行股票发行注册制涉及的《首次公开发行股票注册管理办法》等主要制度规则草案向社会公开征求意见。全面实行股票发行注册制改革正式启动。从A股市场结构来看，专业机构投资者正在发挥越来越大的作用，外资机构也看好中国经济发展和A股市场，积极布局中国资产，市场估值也将更趋于理性。在此背景下，注册制将为不同行业、不同发展阶段、不同发展模式的企业优化上市门槛，让更多优质企业得到市场的认可，为投资者财富管理提供更多、更好的标的，提升资本市场服务实体经济发展的效率和成果。同时，对投资者提出了更高的要求，缺乏专业知识的投资者入市风险将加大。

任务分析

1. 什么是风险？我们如何衡量风险？
2. 如何用风险去衡量报酬呢？

相关知识

在风险与报酬的基本原则之下，不同估值对象适应不同的折现率，就像不同工种的工人，其计件工资适用不同工资率一样。如果是借款，利率就是折现率；对股票进行评估时，折现率就是投资者期望的最低收益率；对债券进行估值时，应该选择市场的利率作为折现率；对投资项目进行评估时，应该选择项目的必要报酬率作为折现率；对企业进行估值时，一般选择加权平均资本成本作为折现率。

传统的认识，风险是纯粹的，完全是危险的意思。现代对风险有了重新定义，认为风险包括危险和机会两重含义，是一种不确定性。

资产的风险是资产收益率的不确定性，其大小可以用资产收益率的离散程度来衡量。离散程度是指资产收益率的各种可能结果与预期收益率的偏差。一般来说，离散程度越大，风险越大；离散程度越小，风险越小。

一、风险概述（Risk Profile）

（一）风险的概念

"风险"一词由来已久，相传在远古时期，以打鱼捕捞为生的渔民们，每次出海前都要祈祷，祈求神灵保佑自己能够平安归来，其中祈祷的主要内容就是让神灵保佑自己在出海时能风平浪静、满载而归。但是，一旦出现大风兴起大浪，就有可能造成船毁人亡。捕捞活动使他们深刻认识到"风"会给他们带来无法预测、无法确定的灾难性危险，有"风"就意味着有"危险"，这就是"风险"一词的由来。可见，"风险"是一个与不确定性密切相关对实现目标不"吉利"的事件。这一名词传承下来，慢慢延伸到许多领域。如用于投资方面，有可能不能收回本金，就意味着有风险，称为"投资风险"。

风险是指资产未来实际收益相对预期收益变动的可能性和变动幅度。从财务管理角度来说，是指未来无法预料的不利因素发生的机会及其对经营项目价值影响的大小，实际收益无法达到预期收益的可能性。风险具有客观性，一旦某一特定方案被确定下来，风险总是无法回避和忽视的，但决策主体是否愿意去冒风险及冒多大风险，是可以选择的。风险虽然与不确定性有关，但与不确定性也是有区别的。不确定性是指人们事先不知道采取某种行动可能形成的各种结果，并不知道它们出现的概率的大小。而风险是事先可以知道某一行动所有可能的后果及每一种后果出现的概率。风险具有双向性，即可能给投资者带来超出预想的损失，也可能带来意外的惊喜。一般来说，决策者对意外损失的关注比对意外收益的关注要大得多。

（二）风险的种类

（1）按照风险的来源，可分为经营风险和财务风险。

1）经营风险。经营行为（生产经营和投资活动）给公司收益带来的不确定性。经营风险源于公司内部条件的变动和外部条件的变动两个方面。如员工操作不当、竞争对手增加、政策变化等，这些内外因素，使企业的生产经营产生不确定性，最终引起收益的变化。经营风险衡量息税前利润的变动程度（标准差、经营杠杆等指标）。

2）财务风险。财务风险又称筹资风险，是指由于举债而给企业财务成果带来的不确定性。财务风险来源利率、汇率变化的不确定性及公司负债比重的大小。财务风险衡量净资产收益率（ROE）或每股收益（EPS）的变动（标准差、财务杠杆等）。

（2）按风险是否可以分散，可分为系统风险和非系统风险。

1）系统风险。系统风险又称市场风险、不可分散风险，由于政治、经济及社会环境等企业外部某些因素的不确定性而产生的风险，如战争、经济衰退、通货膨胀等。其特点是由综合的因素导致的，这些因素是个别公司或投资者无法通过多样化投资予以分散的。

2）非系统风险。非系统风险又称公司特有风险、可分散风险。由于经营失误、消费者偏好改变、劳资纠纷、工人罢工、新产品试制失败等因素影响了个别公司所产生的个别公司的风险。其特点是它只发生在个别公司中，由单个的特殊因素所引起的。由于这些因素的发生是随机的，因此可以通过多样化投资来分散。

（三）风险对策

在进行风险分析的基础上，投资者必须清醒认识到风险和收益是相伴的，不能将风险应对行动视为资源浪费，而应将其作为会产生收益的一种投资。通常情况下，有以下几种风险对策。

想一想

风险能否被完全规避呢？

1. 风险规避

任何经济单位对风险的对策，首先考虑的是规避风险。当风险所造成的损失不能由该项目可能获得的利润予以抵偿时，规避风险是最可行的简单方法。规避风险对投资项目可行性研究而言，意味着可能彻底改变甚至否定项目建设方案，在某种程度上意味着丧失项目可能获利的机会，因此，只有当风险可能造成的损失相当严重或采取措施防范的代价过于昂贵时，才采用完全规避风险的对策。

2. 风险降低

风险降低主要有两个方面的含义：一方面是要控制风险因素，减少风险发生；另一方面是要控制风险发生的概率和降低风险损害的程度。对于风险降低通常可采取以下措施：一是对从事风险分析的人员进行教育和培训以提高其风险意识与警觉性；二是与他方分担风险，以减少风险损失；三是采取减低风险的保护措施，预先防范风险；四是建立使项目建设前后保持一致的信息系统；五是进行多方案的比较与优选，使风险降到最低程度。

3. 风险转移

风险转移是将投资项目可能发生的风险部分转移出去的风险防范方式。风险转移一般可分为保险转移和非保险转移两种。保险转移是向保险公司投保，将项目部分风险损失转移给保险公司承担；非保险转移是将项目的一部分风险损失转移给项目承包方，如项目技术、设备、施工等可能存在风险，可在签订合同中将部分风险损失转移给合同方承担。

4. 风险自留

风险既有风险收益，又有风险损失的存在。有些风险造成损失较小、重复性较高、企业能够承受，或者进行风险转移是很不经济时一般最适合于风险自留。另外，投资者也会将那些可获得高额回报的风险项目留给自己，以便获得更大的收益。

二、单项资产的风险和报酬（Risks and Rewards of Individual Assets）

在阐述时间价值时，我们提出资金的时间价值是在不存在风险和通货膨胀条件下的投资报酬率。所以，以前讨论的问题都是没有风险的。但是风险是客观存在的，按风险的程度，可将企业财务决策分为以下三种类型：

（1）确定性决策。决策者对未来的情况是完全确定的或已知的决策，称为确定性决策。例如，某公司将100万元投资于利息率为10%的国库券，由于国家实力雄厚，到期得到10%的报酬几乎是肯定的，因而，一般认为这种投资为确定性投资。

（2）风险性决策。决策者对未来的情况不能完全确定，但是它们出现的可能性——概率的具体分布是已知的或可以估计的，这种情况下的决策称为风险性决策。例如，该公司将100万元投资于大华玻璃制造公司的股票，已知这种股票在经济繁荣时只能获得5%的报酬。现根据各种资料分析，认为明年经济繁荣的概率为30%，经济状况一般的概率为40%，经济萧条的概率为30%。这种决策便属于风险性决策。

（3）不确定性决策。决策者对未来的情况不仅不能完全确定，而且对其可能出现的概率也不清楚，这种情况下的决策称为不确定性决策。例如，假设时代公司把100万元投资于东北煤炭开发公司（以下简称"东北公司"）的股票，如果东北公司能顺利找到煤矿，则时代公司可获得100%的报酬；反之，如果东北公司找不到煤矿，则时代公司即获得 –100% 的报酬。但找到煤矿与找不到煤矿的可能性各为多少，事先无法知道，也就是说，事先并不能知道有多大的可能性获得100%的报酬，有多大的可能性获得 –100% 的报酬，这种投资决策便属于不确定性决策。

一般来说，投资者都讨厌风险，并力求回避风险。那么，为什么还有人进行风险投资呢？这是因为风险投资可以获得额外报酬——风险报酬。风险报酬率有风险报酬额和风险报酬率两种表示方法。所谓风险报酬率，是指投资者因冒风险进行投资而获得的超过时间价值率的那部分额外报酬率，即风险报酬额与原投资额的比率。在财务管理中，讲到风险报酬，通常是指风险报酬率。如果把通货膨胀因素抽象掉，投资报酬率就是时间价值率和风险报酬率之和。因此，时间价值和风险报酬便成为财务管理中两项基本因素。

一种资产的风险可以从两个方面加以分析：从独立性角度来说，认为资产是单独持有的。因此，单项资产的独立性风险是指投资者只持有该种资产时，所需应对的风险。从投资组合的角度来说，该项资产作为一组资产中的一项而持有。大部分资产显然都是组合持有的。为了更好地理解投资组合情况下的风险，有必要先了解单项资产的独立性风险。

（一）确定概率分布

一个事件的概率是指这一事件可能发生的机会。例如，一个企业的利润有 60% 的机会增加，有 40% 的机会减少。如果把所有可能的事件或结果都列示出来，且每一事件都给予一种概率，把它们列示在一起，便构成了概率分布。概率分布必须符合以下两个要求：

（1）所有的概率即 P 都在 0 和 1 之间，即 $0 \leqslant P_i \leqslant 1$。

（2）所有结果的概率之和应等于 1，$\sum\limits_{i=1}^{n} P_i$，$n$ 为可能出现的结果的个数。

【例 1-3-1】曙光集团有 A、B 两个投资项目，两个投资项目的概率分布及期望收益情况见表 1-3-1。

表 1-3-1　项目 A 和项目 B 投资收益概率分布

项目实施情况	A 项目		B 项目	
	报酬率	概率	报酬率	概率
好	15%	30%	20%	30%
一般	10%	50%	15%	40%
差	2%	20%	−10%	30%

（二）确定期望收益

期望收益是某一方案各种可能的报酬，以其相应的概率为权数进行加权平均所得到的报酬，也称预期收益。它是反映随机变量取值的平均化或是反映集中趋势的一种量度。计算公式如下：$K=\sum\limits_{i=1}^{n} K_i P_i$，其中 K 表示某项目期望收益，K_i 和 P_i 分别表示第 i 种结果的报酬率和可能性，n 表示可能结果的个数。

【例 1-3-2】B 公司持有甲公司股份和乙公司股份，两种股份的报酬率的概率分布见表 1-3-2，试计算两种股份的期望报酬率。

表 1-3-2　甲公司股份和乙公司股份的报酬率的概率分布

项目实施情况	甲公司		乙公司	
	报酬率	概率	报酬率	概率
好	10%	20%	0%	20%
一般	30%	60%	30%	60%
差	50%	20%	60%	20%

解：　　　甲公司期望报酬率 $=0.2 \times 0.1+0.6 \times 0.3+0.2 \times 0.5=30\%$

乙公司期望报酬率 $=0.6 \times 0.3+0.2 \times 0.6=30\%$

分析：甲、乙两个公司股份的期望报酬率是相等的。但甲公司股份的投资报酬率的变化范围为 10%～50%，而乙公司股份的投资报酬率的变化范围为 0～60%。这就说明甲公司股份的投资报酬率相对于乙公司股份的投资报酬率是集中的，所以甲公司股份的投资风险较小，而乙公司股份的投资风险较大。

（三）离散程度的衡量

实际生活中存在着很多投资机会，它们的期望收益相同，但是它们的收益率的概率分布差别很大，也就是说它们能否达到期望收益的可能性相差很大，这就是我们所说的投资风险。为了定量地衡量风险大小，还需要使用统计学中衡量概率分布离散程度的指标。统计学中表示随机变量离散程度的指标很多，包括平均差、方差、标准差和全距。风险衡量中通常使用标准差。

标准差是由各种可能值（随机变量）与期望值之间的差距决定的，差距越大，说明随机变量的可变性越大，就意味着风险越大；反之越小。所以，标准差的大小可以用来衡量投资风险的大小。标准差也称均方差，是反映各种概率下的报酬偏离期望报酬的一种综合差异量度，是方差的平方根。其计算公式如下：

$$\sigma = \sqrt{\sum_{i=1}^{n}(K_i - \overline{K})^2 P_i}$$

其中，K 表示某项目期望收益，K_i 和 P_i 分别表示第 i 种结果的报酬率和可能性，n 表示可能结果的个数。

计算例 1-3-2 两个投资项目的标准差。

$$\sigma_甲 = \sqrt{(10\% - 30\%)^2 \times 0.2 + (30\% - 30\%)^2 \times 0.6 + (50\% - 30\%)^2 \times 0.2} = 12.65\%$$

$$\sigma_乙 = \sqrt{(0\% - 30\%)^2 \times 0.2 + (30\% - 30\%)^2 \times 0.6 + (60\% - 30\%)^2 \times 0.2} = 18.97\%$$

（四）标准离差率

标准差是反映不同概率下报酬或报酬率偏离期望报酬的程度，标准差越小，表明离散程度越小，风险也就越小。但标准差是反映随机变量离散程度的绝对指标，只能用于期望值相同时不同方案的决策；如果各方案期望值不同，则需要计算标准离差率。

标准离差率是标准差与期望报酬的比值，是反映不同概率下报酬或报酬率与期望报酬离散程度的一个相对指标，可用来比较期望报酬不同的各投资项目的风险。如果期望收益相同，则采用标准差和标准离差率所做的风险决策相同；如果期望收益不同，则必须采用标准离差率来衡量风险大小。其计算公式如下：

$$V = \frac{\sigma}{K}$$

接例 1-3-2，计算甲、乙两个公司的标准离差率。

$$V_甲 = \frac{12.65\%}{30\%} = 0.421\ 7$$

$$V_乙 = \frac{18.97\%}{30\%} = 0.632\ 3$$

股票的辩解——资产的风险与收益

（五）单项资产的收益率衡量

投资报酬率由无风险报酬率和风险报酬率组成。其中，无风险报酬率是加上通货膨胀补偿率的资金时间价值。其计算公式如下：

$$R = R_f + R_r = R_f + b \times V$$

式中，R 为必要收益率；R_f 为无风险收益率；R_r 为风险收益率；b 为风险价值系数；V 为标准离差率。风险价值系数 b 取决于投资者对风险的偏好，两者成正比关系。

接例 1-3-2，假设投资甲公司的风险报酬系数为 0.1，投资乙公司的风险报酬系数为 0.12，计算投资甲、乙两公司的风险报酬率为多少？

解：　　　　投资甲公司的风险报酬率：$R_甲 = 0.1 \times 0.421\ 7 = 4.22\%$

　　　　　　投资乙公司的风险报酬率：$R_乙 = 0.12 \times 0.632\ 3 = 7.59\%$

三、投资组合的风险与报酬（Risk and Reward in a Portfolio）

1952 年，马科维茨（Markowitz）提出了投资组合理论（Portfolio Theory）。投资组合理论观点：若干种证券组成的投资组合，其收益是这些证券收益的加权平均数，但是其风险不是这些证券风险的加权平均风险，投资组合只能降低非系统性风险。理性投资者在给定期望风险水平下对期望收益进行最大化，或者在给定期望收益水平下对期望风险进行最小化。

（一）投资组合的期望报酬率

投资组合的期望报酬率就是组成投资组合的各种资产的期望报酬率的加权平均数。其计算公式如下：

$$K = \sum_{i=1}^{n} W_i P_i$$

式中，K 为投资组合的期望报酬率；W_i 和 P_i 分别表示第 i 项资产在投资组合中所占比重、第 i 项资产的预期收益率。

【例 1-3-3】假设有 A、B、C 三种证券报酬率的期望报酬率、投资比例及标准差资料见表 1-3-3。

表 1-3-3　例 1-3-3 表

类型	A	B	C
投资权重	15%	12%	10.5%
期望报酬率	0.3	0.3	0.4

则这种证券的投资组合的期望报酬率：$K = 0.3 \times 15\% + 0.3 \times 12\% + 0.4 \times 10.5\% = 12.3\%$。

（二）投资组合的风险

（1）协方差的计算。影响投资组合预期收益率的因素包括单个证券的预期收益率、单个证券的方差、每个证券在投资组合中的权重、各个证券之间的相互关系（协方差）。协方差是两个随机变量相互关系的一种统计测度，即它测度两个随机变量，如证券 A 和 B 的收益率之间的互动性。两种投资组合协方差的计算公式如下：

$$\sigma_{AB} = COV(A, B) = E[R_{Ai} - E(R_A)][R_B - E(R_B)]$$

多种投资组合协方差计算的公式如下：

$$\sigma^2 = \sum_{i=1}^{n} W_i \sigma_i^2 \sum_{i=1}^{n} \sum_{i \neq j}^{n} W_i W_j \sigma_{ij}$$

【例 1-3-4】假设有 A 和 B 两种证券，A 是高科技企业，所处的领域竞争非常激烈，B 项目生产生活必需品，销售前景可以准确预测，假设未来经济有繁荣、正常和衰退三种，项目收益的概率分布见表 1-3-4。

表 1-3-4　项目收益的概率分布

经济情况	繁荣	正常	衰退
P	0.3	0.4	0.3
A 项目报酬率	0.9	0.15	−0.6
B 项目报酬率	0.2	0.15	0.1

已知两个项目的期望报酬率均为 0.15，求两个项目的协方差。

解：$\sigma_{AB} = 30\% \times (90\% - 15\%) \times (20\% - 15\%) + 40\% \times (15\% - 15\%) \times (15\% - 15\%) +$
$30\% \times (-60\% - 15\%) \times (10\% - 15\%) = 0.022\,5$

协方差为正值表明证券的回报率倾向于向同一方向变动。例如，一个证券高于预期收益率的情形很可能伴随着另一个证券的高于预期收益率的情形。一个负的协方差则表明证券与另一个证券相背变动的倾向，例如，一种证券的高于预期收益率的情形很可能伴随着另一个证券的低于预期收益率的情形。一个相对小的或0值的协方差则表明两种证券之间只有很小的互动关系或没有任何互动关系。

（2）相关系数的计算。与协方差密切相关的另一个统计测量度是相关系数。事实上，两个随机变量间的协方差等于这两个随机变量之间的相关系数乘以它们各自的标准差的积。证券 A 与 B 的相关系数为

$$\rho_{AB} = \frac{\sigma_{AB}}{\sigma_A \sigma_B}$$

接例 1-3-3，经计算 $\sigma_A = 0.580\,9$，$\sigma_B = 0.038\,73$，$\sigma_{AB} = 0.022\,5$，$\rho_{AB} = 1$。

需要说明的是，总风险 = 系统性风险 + 非系统性风险。对于一个好的分散化组合，非系统性风险可以忽略，几乎所有的风险都是系统性风险造成的。系统性风险不能通过分散化去除。因为非系统性风险能够没有成本的消除，所以对它没有回报。具体如图 1-3-1 所示。

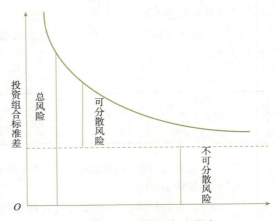

图 1-3-1 投资组合总风险

（3）系统风险的衡量。不可分散风险又称系统性风险或市场风险，指的是由于某些因素给市场上所有的证券都带来经济损失的可能性，如宏观经济状况的变化、国家税法的变化、国家财政政策和货币政策变化、世界能源状况的改变都会使股票报酬发生变动。这些风险影响到所有的证券，因此，不能通过证券组合分散掉。换而言之，即使投资者持有的是经过适当分散的证券组合，也将遭受这种风险。因此，对投资者来说，这种风险是无法消除的，故称不可分散风险。但这种风险对不同的企业也有不同的影响。不可分散风险的程度，通常用 β 系数来计量。β 系数有多种计算方法，实际计算过程十分复杂，但幸运的是 β 系数一般不需要投资者自己计算，而由一些投资服务机构定期计算并公布。作为整体的证券市场的 β 系数为 1。如果某种股票的风险情况与整个证券市场的风险情况一致，则这种股票的 β 系数也等于 1；如果某种股票的 β 系数大于 1，说明其风险大于整个市场的风险；如果某种股票的 β 系数小于 1，说明其风险大于整个市场的风险。

以上说明了单种股票系数的有关情况。证券组合系数怎样计算呢？证券组合的系数是单个证券系数的加权平均，权数为各种股票在证券组合中所占比重。其计算公式如下：

$$\bar{\beta} = \sum_{i=1}^{n} \beta_i$$

式中，$\bar{\beta}$ 为投资组合的 β 系数；β_i 为第 i 项投资的 β 系数；n 为投资组合中含有的投资总数。

（三）资本资产定价模型

资本资产定价模型（CAPM）是在理想的，称之为完善的资本市场中建立的。它的基本假设如下：

（1）投资者对一个投资组合以一期的期望回报率和方差来评价此组合；

资产的风险与报酬

（2）投资者具有不满足性，风险相同时，期望收益率越大越好；

（3）投资者都是风险回避者，期望相同时，风险越小越好；

（4）任何一种证券都是无限可分割的；

（5）存在无风险资产，所有投资者都可按无风险利率不受限制地借贷资金；

（6）资本市场是有效的。

某一特定资产的期望报酬由下面三个因素决定：

（1）纯粹的资金的时间价值（无风险报酬）；

（2）承受系统风险的补偿（风险溢价）；

（3）该种资产系统风险的大小（β 系数）。

$$R = R_f + \beta (R_m - R_f)$$

其中 R_f 表示为无风险收益率，R_m 表示为市场组合的平均收益率，$R_m - R_f$ 指市场组合的风险收益率；β 系数度量单个证券的系统风险，非系统风险没有风险补偿，采用一定的数学模型计算得出，通常由金融服务公司提供。

任务评价

工作任务清单	掌握情况	
	会做	熟练
风险的概念		
风险的种类		
单项资产收益率的计算		
单项资产风险的衡量		
投资组合风险标准差		
资本资产定价模型		

任务 4

Python 在资金时间价值分析中的应用

一、实施场景

我们买房贷款时银行通常会提供等额本息和等额本金两种还款方式。我们就以在商业贷款的背景下，分别介绍这两种还款方式，然后进行对比和验证。

例如，公司要在北京买一套房，商业贷款300万元，假设贷款年利率为4.9%，期限为30年。

（一）等额本金

等额本金是指每个月还的本金都是一样的，但是利息是动态变化的，随着我们每期归还本金而不断递减。

（二）等额本息

等额本息是指还款总额（本金＋利息）均等地分摊到每个月，即每个月的本息还款额都是一样的。

本案例应用Python建立资金时间价值分析模型。该模型的主要功能为通过读取公司的贷款方案数据，计算等额本金和等额本息的每期还款金额、每期还款利息等指标，综合分析该公司的贷款方案，并对分析结果进行可视化呈现。

二、实施要求

（1）读取公司的贷款方案数据，并进行数据清洗；
（2）DataFrame的创建、读写、筛选、计算和输出；
（3）使用Matplotlib对分析结果进行可视化呈现。

> **思政课堂**
> 培养学生严肃认真、严谨细致的工作态度。

三、实施步骤（图1-4-1）

确定需求 → 数据采集及处理 → 数据分析 → 数据可视化

图1-4-1　实施步骤

（一）确定需求

读取公司的贷款方案等资料，对等额本息进行计算，对分析结果进行可视化呈现。引入相关库：数据分析工具、画图工具等，代码如下：

```
# 引入相关库
import numpy as np
import pandas as pd
# 引入画图工具
import matplotlib.pyplot as plt
plt.rcParams['font.sans－serif']=['SimHei']
```

（二）数据采集及处理

案例背景：某公司在北京购买一处房产，商业贷款总额为300万元，期限为30年，年利率为4.9%。根据案例资料进行参数设置，代码如下：

```
# 参数设置
loan = 3000000              # 贷款金额
y_Rate = 0.049             # 贷款年利率
m_Rate = y_Rate/12         # 贷款月利率
y_period = 30              # 贷款年限
m_period = y_period*12     # 贷款总月份
```

（三）数据分析

1. 等额本金计算示例

（1）输入代码。代码如下：

```
# 等额本金计算示例
# 每月应还本金 m_capital
m_capital = [loan/(m_period)]*m_period
# 每月应还利息 m_interest
m_interest = [(loan − loan/m_period*(n−1))*m_Rate for n in range(1,m_period+1)]
# 还款期数
month = [n for n in range(1,m_period+1)]
# 转化为 DataFrame
data={' 月份 ':month,' 每月应还本金 ':m_capital,' 每月应还利息 ':m_interest}
df1 = pd.DataFrame(data)
df1[' 每月还款合计 ']=df1[' 每月应还本金 ']+df1[' 每月应还利息 ']
df1[' 累计还款金额 '] = round(df1[' 每月还款合计 '].cumsum(),2)
print(' 采用等额本金还款方式下 , 还款金额总计：',df1.iloc[m_period−1,4],' 元 ')
```

（2）计算结果如图 1−4−2 所示。

采用等额本金还款方式，还款金额总计 5 211 125.00 元。

	月份	每月应还本金	每月应还利息	每月还款合计	累计还款金额
0	1	8333.333333	12250.000000	20583.333333	20583.33
1	2	8333.333333	12215.972222	20549.305556	41132.64
2	3	8333.333333	12181.944444	20515.277778	61647.92
3	4	8333.333333	12147.916667	20481.250000	82129.17
4	5	8333.333333	12113.888889	20447.222222	102576.39
...	...	...	...	...	...
355	356	8333.333333	170.138889	8503.472222	5177451.39
356	357	8333.333333	136.111111	8469.444444	5185920.83
357	358	8333.333333	102.083333	8435.416667	5194356.25
358	359	8333.333333	68.055556	8401.388889	5202757.64
359	360	8333.333333	34.027778	8367.361111	5211125.00

图 1−4−2　等额本金还款计算表

2. 等额本息计算示例

（1）输入代码。代码如下：

```
# 等额本息计算示例
# 每月应还本息
m_Payment = (loan*m_Rate*(1+m_Rate)**360)/((1+m_Rate)**360−1)
loanPI = [loan*(1+m_Rate)−m_Payment]
# 每期应还利息
loanInterest = [loan*m_Rate]
```

```
for n in range(1, m_period):
    loanPI.append((loanPI[n-1]*(1+m_Rate)-m_Payment))
    loanInterest.append(round(loanPI[n-1]*m_Rate,2))
    # 每期应还本金
    loanPrincipal = [m_Payment-loanInterest[n] for n in range(0,len(loanInterest))]
# 还款期数
month = [n for n in range(1,m_period+1)]

# 转化为 DataFrame
data={' 月份 ':month,' 每月应还本金 ':loanPrincipal,' 每月应还利息 ':loanInterest,' 每月还款合计 ':m_Payment}
df2 = pd.DataFrame(data)
df2[' 累计还款金额 '] = round(df2[' 每月还款合计 '].cumsum(),2)
print(' 采用等额本息还款方式，还款金额总计为：',df2.iloc[m_period-1,4],' 元 ')
df2
```

（2）计算结果如图 1-4-3 所示。

采用等额本息还款方式，还款金额总计为 5 731 848.58 元。

	月份	每月应还本金	每月应还利息	每月还款合计	累计还款金额
0	1	3671.801619	12250.00	15921.801619	15921.80
1	2	3686.791619	12235.01	15921.801619	31843.60
2	3	3701.851619	12219.95	15921.801619	47765.40
3	4	3716.961619	12204.84	15921.801619	63687.21
4	5	3732.141619	12189.66	15921.801619	79609.01
...	...	...	...	...	...
355	356	15600.671619	321.13	15921.801619	5668161.38
356	357	15664.381619	257.42	15921.801619	5684083.18
357	358	15728.341619	193.46	15921.801619	5700004.98
358	359	15792.561619	129.24	15921.801619	5715926.78
359	360	15857.051619	64.75	15921.801619	5731848.58

图 1-4-3　等额本息还款计算表

（四）数据可视化

1.等额本金每月还款图示

（1）输入代码。代码如下：

```
# 等额本金每月还款金额图
f,ax = plt.subplots(figsize=(20,8))
y1 = np.array(m_capital)
y2 = np.array(m_interest)
plt.bar(month,y1,color='b', label=' 本金 ',width=0.4)
plt.bar(month,y2, bottom=y1,color='r', label=' 利息 ',width=0.4)
# 设置标题、标签等
```

```
plt.title(' 等额本金每月还款金额 ', size=20)
plt.xlabel(' 还款期数（月）', size=20)
plt.ylabel(' 还款金额（元）', size=20)
plt.tick_params(labelsize=20)
plt.legend(loc = 'best',fontsize=20)
plt.tight_layout()
plt.show()
```

（2）等额本金运行结果如图 1-4-4 所示。

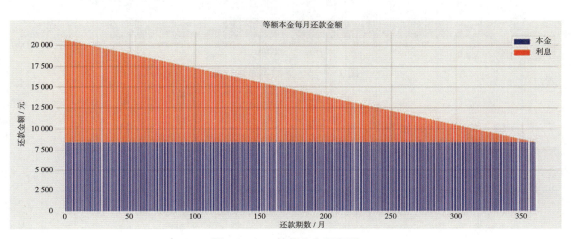

图 1-4-4 等额本金运行图

2. 等额本息每月还款图示

（1）输入代码。代码如下：

```
# 等额本息每月还款金额图
f,ax=plt.subplots(figsize=(20,8))
y2 = np.array(loanInterest)
y1 = np.array(loanPrincipal)
plt.bar(month,y1,color='b', label=' 本金 ',width=0.4)
plt.bar(month,y2, bottom=y1,color='r', label=' 利息 ',width=0.4)
# 设置标题、标签等
plt.title(' 等额本息每月还款金额 ', size=20)
plt.xlabel(' 还款期数（月）', size=20)
plt.ylabel(' 还款金额（元）', size=20)
plt.tick_params(labelsize=20)
plt.legend(loc = 'best',fontsize=20)
plt.tight_layout()
plt.show()
```

（2）等额本息运行结果如图 1-4-5 所示。

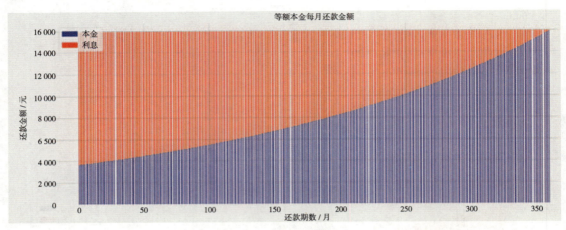

图1-4-5 等额本息运行图

3. 等额本金与等额本息每月还款金额对比图

（1）输入代码。代码如下：

```
# 等额本金与等额本息每月还款金额对比图
f,ax = plt.subplots(figsize=(20,8))
plt.plot(month,df1[' 每月还款合计 '],label=' 等额本金 ',linewidth=2,marker='s')
plt.plot(month,df2[' 每月还款合计 '],label=' 等额本息 ',linewidth=2,marker='s')
# 设置标签、标题
plt.xlabel(' 还款期数（月）', size=20)
plt.ylabel(' 还款金额（元）', size=20)
plt.title(' 等额本金与等额本息每月还款金额对比图 ')
plt.tick_params(labelsize=20)
plt.legend(loc = 'best',fontsize=20)
plt.tight_layout()
plt.show()
```

（2）运行结果如图1-4-6所示。

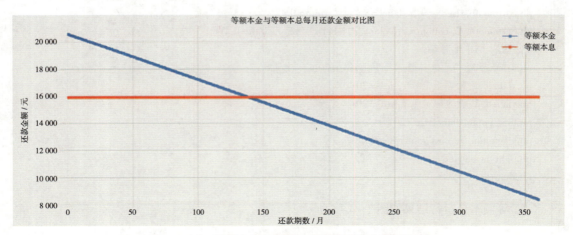

图1-4-6 等额本金与等额本息每月还款金额对比图

工作领域小结

1. 大数据对企业财务管理的积极影响体现在可以提高财务数据处理和信息获取的效率，可以改善财务分析和预算管理的能力，可以加强企业财务的风险管理和内部控制，可以促进企业财务人员的角色和职能转变。

2. 财务管理的目标是企业进行财务活动所要求达到的根本目的，它决定着企业财务管理的基础，财务管理的目标是所有者的目标，但也应当兼顾其他利益相关者的目标。

3. 财务管理环境会影响企业的财务活动和财务管理，对企业财务管理影响较大的环境有技术环境、法律环境、经济环境和金融环境。

4. 资金时间价值的计算指标有单利现值和终值、复利现值和终值、年金现值和终值。年金又可分为普通年金、预付年金、递延年金和永续年金。

5. 资产组合的必要收益率为无风险收益率和风险收益率之和。

工作领域思维导图

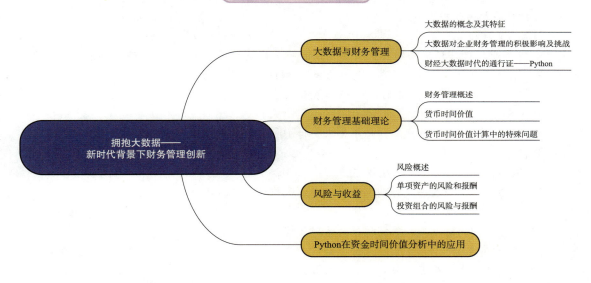

实施效果检测

一、单项选择题

1. 大数据的特征不包括（　　　）。

    A. 规模大　　　　　　　　　　　　B. 多元化

    C. 快速和时效性　　　　　　　　　D. 信息密度高

2. 下列各项中，关于货币时间价值的说法不正确的是（　　　）。

    A. 用相对数表示的货币时间价值也称为纯粹利率

    B. 没有通货膨胀时，短期国库券的利率可以视为纯利率

    C. 货币的时间价值用增加的价值占投入货币的百分数来表示

    D. 货币时间价值是指在没有风险的情况下货币经历一定时间的投资和再投资所增加的价值

3. 财务管理的核心工作环节为（　　　）。

　　A. 财务预测　　　　　　　B. 财务决策　　　　　　　C. 财务预算　　　　　　　D. 财务控制

4. 企业与政府的财务关系体现为（　　　）。

　　A. 债权债务关系　　　　　　　　　　　　B. 强制和无偿的分配关系

　　C. 资金结算关系　　　　　　　　　　　　D. 风险收益对待关系

5. 某人目前向银行存入 1 000 元，银行存款年利率为 2%，在复利计息的方式下，5 年后此人可以从银行取出（　　　）元。

　　A. 1 100　　　　　　　B. 1 104.1　　　　　　　C. 1 204　　　　　　　D. 1 106.1

6. 某人进行一项投资，预计 6 年后会获得收益 880 元，在年利率为 5% 的情况下，这笔收益的现值为（　　　）元。

　　A. 4 466.62　　　　　　　B. 656.66　　　　　　　C. 670.56　　　　　　　D. 4 455.66

7. 某人将 10 000 元存入银行，银行的年利率为 10%，按复利计算，则 5 年后此人可从银行取出（　　　）元。

　　A. 17 716　　　　　　　B. 15 386　　　　　　　C. 16 105　　　　　　　D. 14 641

8. 某人分期购买一套住房，每年年末支付 40 000 元，分 10 次付清，假设年利率为 2%，则该项分期付款相当于现在一次性支付（　　　）元〔已知（P/A，2%，10）＝8.982 6〕。

　　A. 400 000　　　　　　　B. 359 304　　　　　　　C. 43 295　　　　　　　D. 55 265

9. 甲企业拟对外投资一项目，项目开始时一次性总投资 500 万元，建设期为 2 年，使用期为 6 年。若企业要求的最低年投资报酬率为 8%，则该企业每年应从该项目获得的最低现金流入为（　　　）万元（已知年利率为 8% 时，8 年的年金现值系数为 5.746 6，2 年的年金现值系数为 1.783 3）。

　　A. 83.33　　　　　　　B. 87.01　　　　　　　C. 126.16　　　　　　　D. 280.38

10. 某人分期购买一辆汽车，每年年末支付 10 000 元，分 5 次付清，假设年利率为 5%，则该项分期付款相当于现在一次性支付（　　　）元。

　　A. 55 256　　　　　　　B. 43 259　　　　　　　C. 43 295　　　　　　　D. 55 265

11. 普通年金是指在一定时期内每期（　　　）等额收付的系列款项。

　　A. 期初　　　　　　　B. 期末　　　　　　　C. 期中　　　　　　　D. 期内

12. 一定时期内每期期初等额收付的系列款项是（　　　）。

　　A. 即付年金　　　　　B. 永续年金　　　　　C. 递延年金　　　　　D. 普通年金

13. 下列各项中，代表即付年金现值系数的是（　　　）。

　　A.〔（P/A，i，$n+1$）＋1〕　　　　　　　　B.〔（P/A，i，$n+1$）－1〕

　　C.〔（P/A，i，$n-1$）－1〕　　　　　　　　D.〔（P/A，i，$n-1$）＋1〕

14. 已知（F/A，10%，9）＝13.579，（F/A，10%，11）＝18.531，则 10 年、10% 的即付年金终值系数为（　　　）。

　　A. 17.531　　　　　　　B. 15.937　　　　　　　C. 14.579　　　　　　　D. 12.579

15. 根据资金时间价值理论，在普通年金现值系数的基础上，期数减 1，系数加 1 的计算结果，应当等于（　　　）。

　　A. 递延年金现值系数　　　　　　　　　　B. 后付年金现值系数

　　C. 即付年金现值系数　　　　　　　　　　D. 永续年金现值系数

16. 某公司决定连续 5 年每年年初存入银行 10 万元以备 5 年后使用，假设银行存款利率为 2%，则 5 年后该公司可以使用的资金额为（　　　）万元〔已知（F/A，2%，5）＝5.204 0〕。

　　A. 53.08　　　　　　　B. 51.22　　　　　　　C. 52.04　　　　　　　D. 51.00

17. 甲方案在三年中每年年初付款 500 元，乙方案在三年中每年年末付款 500 元，若利率为 10%，则两个方案第三年年末时的终值相差（　　　）元。

    A. 105　　　　　　　　B. 165.50　　　　　　　　C. 665.50　　　　　　　　D. 505

18. 在财务管理中，经常用来衡量风险大小的指标有（　　　）。

    A. 标准离差　　　　　B. 边际成本　　　　　　C. 风险　　　　　　　D. 价值

19. 对于多方案择优，决策者的行动准则应是（　　　）。

    A. 权衡期望收益与风险，而且要视决策者对风险的态度而定

    B. 选择高收益项目

    C. 选择高风险高收益项目

    D. 选择低风险低收益项目

20. 甲方案的标准离差是 2.11，乙方案的标准离差是 2.14，如甲、乙两方案的期望值相同，则甲方案的风险（　　　）乙方案的风险。

    A. 大于　　　　　　　B. 小于　　　　　　　　C. 等于　　　　　　　D. 无法确定

二、多项选择题

1. 对于资金时间价值概念的理解，下列表述正确的有（　　　）。

    A. 货币只有在投资和再投资才会增值，不投入生产经营过程的货币不会增值的基础上，才能进行大小的比较和比率的计算

    B. 一般情况下，资金的时间价值应按复利方式来计算

    C. 资金时间价值不是时间的产物，而是劳动的产物

    D. 不同时期的收支不宜直接进行比较，只有把它们换算到相同的时间基础上，才能进行大小的比较和比率的计算

2. 资金时间价值可以用（　　　）来表示。

    A. 纯利率　　　　　　　　　　　　　　B. 社会平均资金利润率

    C. 通货膨胀率极低情况下的国债利率　　D. 不考虑通货膨胀下的无风险报酬率

3. 下列表述正确的有（　　　）。

    A. 当利率大于零，计息期一定的情况下，年金现值系数一定都大于 1

    B. 当利率大于零，计息期一定的情况下，年金终值系数一定都大于 1

    C. 当利率大于零，计息期一定的情况下，复利终值系数一定都大于 1

    D. 当利率大于零，计息期一定的情况下，复利现值系数一定都小于 1

4. 关于年金的表述中，下列正确的有（　　　）。

    A. 年金既有终值又有现值

    B. 递延年金是第一次收付款项发生的时间在第二期或第二期以后的年金

    C. 永续年金是特殊形式的普通年金

    D. 永续年金是特殊形式的即付年金

5. 下列选项中，（　　　）可以视为年金的形式。

    A. 直线法计提的折旧　　　　　　　　　B. 租金

    C. 利滚利　　　　　　　　　　　　　　D. 保险费

三、判断题

1. 如果在 3 年内每年年初存入 1 000 元，年利率为 10%，单利计息，则 3 后可以取出的本利和为 3 300 元。（　　　）

2. 某人拟购房，开发商提出两个方案：方案一是现在一次性付 80 万元；方案二是 5 年后付

100 万元。若目前银行贷款利率为 7%（复利计息），则选择方案一付款较为有利［已知（F/P，7%，5）＝1.402 6］。（　　　）

3. 购买股票，投资收益一定是最大的。（　　　）

4. 在期望收益不同的情况下，标准差越大的项目，其风险越小。（　　　）

5. 复利的终值与现值成正比，与计息期数和利率成反比。（　　　）

6. 财务是指企业生产经营过程中的资金运动。（　　　）

7. 宏观财务环境是企业无法改变的，所以在做财务管理工作时无须考虑。（　　　）

8. 货币的时间价值是由时间创造的，因此所有的货币都有时间价值。（　　　）

9. 货币时间价值的表现形式通常是用货币的时间价值率。（　　　）

10. 年资本回收额与普通年金现值互为逆运算，资金回收系数与普通年金现值系数互为倒数。（　　　）

四、计算题

1. 某公司拟购置一处房产，房主提出三种付款方案：

（1）从现在起，每年年初支付 20 万元，连续支付 10 次，共 200 万元；

（2）从第 5 年开始，每年年末支付 25 万元，连续支付 10 次，共 250 万元；

（3）从第 5 年开始，每年年初支付 24 万元，连续支付 10 次，共 240 万元。

假设该公司的资金成本率（即最低报酬率）为 10%，你认为该公司应选择哪一种方案？

2. 某公司准备租赁办公设备，期限是 10 年，假设年利率是 10%，出租方提出以下几种付款方案：

（1）立即付全部款项共计 20 万元；

（2）从第 4 年开始每年年初付款 4 万元，至第 10 年年初结束；

（3）第 1 到 8 年每年年末支付 3 万元，第 9 年年末支付 4 万元，第 10 年年末支付 5 万元。

要求：通过计算请你代为选择哪一种付款方案比较合算？

3. 下表给出了四种状况下两项资产相应可能的收益率和发生的概率，假设对两种股票的投资额相同。

经济状况	出现概率	A 方案	B 方案
差	0.1	−3%	2%
稳定	0.3	3%	4%
适度增长	0.4	7%	10%
繁荣	0.2	10%	20%

要求：

（1）计算两个方案预期收益率的期望值；

（2）计算两个方案预期收益率的标准差；

（3）计算两个方案预期收益率的标准离差率；

（4）说明哪个方案的风险更大。

4. 某公司持有 A、B、C 三种股票组成的投资组合，权重分别为 20%、30%、50%，三种股票的 β 系数分别为 2.5、1.2、0.5。市场平均报酬率为 10%，无风险报酬率为 5%。试计算：

（1）投资组合的 β 系数；

（2）该投资组合的风险报酬率；

（3）该投资组合的必要报酬率。

工作领域二

运筹帷幄——企业筹资管理

知识目标

1. 了解筹资的目的、筹资渠道与动机。
2. 了解权益筹资、债务筹资的各种方式，掌握不同方式的优缺点。
3. 理解并掌握资金需要量的测定方法。
4. 理解并掌握杠杆原理。
5. 理解并掌握资本成本的计算。
6. 理解并熟悉企业资本结构决策的内容。

技能目标

工作领域	工作任务	技能点	重要程度
运筹帷幄——企业筹资管理	资金需要量的预测	掌握企业采用不同的筹资渠道的区别及联系	★★☆☆☆
		掌握权益性资金筹资以及对应的优缺点	★★☆☆☆
		掌握债务资金的种类及其对应的优缺点	★★☆☆☆
		掌握销售百分比法计算资金需要量	★★★☆☆
		掌握智能化工具构建筹资决策模型	★★★☆☆
	企业最佳资本结构决策	掌握个别资金成本的计算	★★★☆☆
		掌握综合资金成本的计算	★★★☆☆
		掌握杠杆系数的计算	★★☆☆☆
		掌握每股收益无差别点法的运用	★★★☆☆

1. 培养学生对筹集资金知识产生兴趣；
2. 培养学生合法筹资的职业素养和节约成本的意识；
3. 培养学生运用资本结构决策的能力；
4. 培养学生遵纪守法的观念，严格执行国家有关借贷款的程序和规定；
5. 培养学生树立严谨的工作作风，培养学生养成良好的职业习惯，培养学生独立处理问题的能力。

思政案例导入

古人金融智慧：缺钱怎么去借贷？

如今，大家对"借贷"这个词已经非常熟悉了，借贷也好像融入了我们的生活，各式各样的大额贷款、小额贷款、住房贷款，借贷让我们的生活更加方便快捷。但是，说起"借贷"两个字，你知道它们是怎么产生的吗？它们在过去是什么样的？今天就来看看古人是如何筹钱的。

秦汉时期，由于生产力水平较低，人们很少有生产剩余来为借贷进行担保，信用借贷是最主要的借贷方式。在当时，这种信用不仅基于债务人的资产和经营能力、社会地位、商业信用与人际关系等，更基于具有崇高社会地位的贵族及与官府联系密切的富豪所拥有的对借款人的强大威慑力量。而交通不便和严格的户籍制度的限制，使人们的社会流动性很差，不容易产生逃债的情况。至于质（抵）押借贷，可分为物质和人质。"物质"是指用财物作为担保以保证债务的履行，多指"以物质钱"，又可分为动产担保和不动产担保两种。例如，《后汉书》记载了一个动产担保的例子，东汉大外戚梁冀将四匹马抵押给扶风人士孙奋，想向他借五千万钱，可是孙奋只借给了他三千万钱。这就是一种质押借贷的形式，质押物是马匹。

唐朝作为一个强盛的王朝，国内商业和对外贸易都很发达。随着商业的繁荣，都城长安的西市形成了中国最早的金融市场。西市面积约为1平方千米，遍布各种店铺和作坊，其中借贷机构提供各种借贷服务，有提供抵押借贷的质库，有提供普通借贷的公廊，有收受存款或提供保管便利的柜坊和各种商店。在唐朝放款大致可分为信用放款和抵押放款两种。所谓信用放款就是南北朝时开始的举贷，至于抵押放款最常见的则是当铺，唐朝时被称为质库。唐朝对于借贷活动的利率有所限制，虽然允许上下浮动，但对于复利始终是禁止的。

宋朝是古代商业最为发达和繁荣的朝代，《清明上河图》完美地展现了这一景象。在两宋三百年间，也是中国官办借贷与民间借贷快速发展的高速期。在两宋期间，就曾出现过质库、检校库、抵当所、抵当库、长生库、社仓等金融机构，其中官营私营兼有之。从北宋至南宋，也陆续出现过与现代金融产品很类似的东西：便钱类似今天的银行汇票；现钱公据类似现金支票；钞引是茶引、盐引、香药引、矾引的统称，类似现在的有价证券。政府允许商贾贷款或赊货，按规定收取息金，大商人可贷钱，中小商人可赊货，以地产或金银等产业为抵押。

思政课堂

通过古人金融借贷的故事，培养学生对风险、对价值的正确判断：坚守、自信、发展，以及在风险中谋求发展的爱国思想。

明清时期，山西商人顺应商品经济发展、人力资本提高的趋势，大胆地以无形资产——人的劳动能力作为贷款的信任基础，并借助第三方担保，开创了向不熟悉的陌生人进行信用贷款的新局面，致使信用放款的社会化程度大大提高，并由此催生出两个新的金融机构——印局和账局。

筹资管理概述

任务导入

企业为什么要筹资？因为筹资可以大大加速企业的发展，提升竞争力。例如，张先生花50万元开了一家奶茶店，生意不错，每年净利润有10万元。张先生想再开一家店，如果只靠第一家店的利润慢慢攒钱，要等5年。但如果他通过筹资一下子找到50万元，那马上就可以开第二家店了。可见，资金筹集对企业发展非常重要。

任务分析

1. 了解筹资动机与筹资渠道。
2. 掌握销售百分比法和资金习性预测法的计算及运用。

相关知识

企业不同阶段筹集资金的用途不同。种子阶段的创业公司筹集资金通常被用于产品开发和市场调研、招揽管理团队和制订商业计划。早期阶段的公司筹集资金主要用于产品研发。快速扩张阶段的公司筹集资金主要满足于企业的营运资金需求。稳定增长阶段的公司筹集资金被用于追求更稳定的增长率。

一、筹资动机（Financing Motive）

筹资是指企业为了生产经营而筹集所需要的资金。其基本目的是自身的生存与发展，企业只有以较低的成本从不同渠道筹集资金，才能在激烈的市场竞争中获得优势。企业在持续的生存与发展中，其具体筹资活动通常受特定的筹资动机所驱使。企业筹资的具体动机是多种多样的。例如，为购置设备、引进新技术、开发新产品而筹资，为对外投资、为现金周转与调度而筹资，为偿付债务和调整资本结构而筹资，并购其他企业而筹资等。企业筹资的动机对筹资行为及其结果产生着直接的影响。在企业筹资实际工作中，可将筹资动机归纳为以下三种基本类型（图2-1-1）。

（一）扩张性筹资动机

扩张性筹资动机是指企业因扩大生产经营规模或增加对外投资而产生的追加筹资的动机。处于成长时期，具有良好发展前景的企业通常会产生这种筹资动机。例如，企业产品供不应求，需要增加市场供应，开发生产适销对路的

图 2-1-1　筹资动机

新产品，追加有利的对外投资规模，开拓有发展前途的对外投资领域等，往往都需要追加筹资。扩张性筹资动机所产生的直接结果是企业资产总额和资本总额的增加。

（二）调整性筹资动机

调整性筹资动机是企业因调整现有资本结构的需要而产生的筹资动机。资本结构是指企业各种筹资方式的组合及其比例关系。一个企业在不同时期由于筹资方式的不同组合会形成不尽相同的资本结构。随着相关情况的变化，现有的资本结构可能不再合理，需要相应地予以调整，使之趋于合理。企业产生调整性筹资动机的原因有很多。例如，一个企业有些债务到期必须偿付，企业虽然具有足够的偿债能力偿付这些债务，但为了调整现有的资本结构，仍然举债，从而使资本结构更加合理。再如，一个企业由于客观情况的变化，现有的资本结构中债务所占的比例过大，财务风险过高，偿债压力过重，需要降低债权筹资的比例，采取债转股等措施予以调整，使资本结构适应客观情况的变化而趋于合理。

> **想一想**
>
> 企业追加新项目投资属于哪种筹资动机？

（三）混合性筹资动机

企业同时既为扩张规模又为调整资本结构而产生的筹资动机，可称为混合性筹资动机。混合性筹资动机中兼容了扩张性筹资和调整性筹资两种筹资动机。在混合性筹资动机的驱使下，企业通过筹资，既扩大了资产和筹资的规模，又调整了资本的结构。

二、筹资原则（Financing Principle）

企业筹资决策涉及筹资渠道、筹资方式、筹资数量、筹资时机、筹资结构、筹资风险和筹资成本等。其中，筹资渠道受到筹资环境的制约，外部的筹资环境和企业的筹资能力共同决定了企业的筹资方式；筹资数量和筹资时机受到企业筹资战略的影响，反映了企业发展战略目标；筹资结构取决于企业所处的发展阶段，是企业通过控制和利用财务风险来实现企业价值最大化的决策，它与企业的经营风险及财务风险大小有关。企业筹资应有利于企业的健康成长和实现企业价值最大化目标。具体地说，企业筹资应遵循以下原则（图 2-1-2）。

图 2-1-2　筹资原则

（一）规模适当原则

企业筹资规模受到注册资本限制、企业债务契约约束、企业规模大小等多方面因素的影响，且不同时期企业的资金需要量并不是一个常数。财务人员应预测资金需要量，合理确定筹资规模。

（二）筹措及时原则

企业财务人员在筹资时应熟知资金时间价值的原理和计算方法，以便根据

> **思政课堂**
>
> 　树立科学安排资金的意识，培养学生合法筹资的职业素养和节约成本的意识。

资金需求的具体情况，合理安排资金的筹集时间，适时获取所需资金。

（三）来源合理原则

不同来源的资金，对企业的收益和成本有不同影响。财务人员应认真研究资金来源渠道和资金市场，合理选择资金来源。

（四）方式经济原则

企业筹集资金必然要付出一定的代价，不同筹资方式条件下的资金成本有高有低。财务人员需要对各种筹资方式进行分析、对比，选择经济、可行的筹资方式。同时，应确定合理的资金结构，以便降低成本，减少风险。

（五）结构合理原则

企业的资本结构一般由借入资金和自有资金构成。合理负债既能提高自有资金利润率，又能缓解资金紧张的矛盾，若负债过多，则企业会产生较大的财务风险，甚至丧失偿债能力而面临破产。因此，企业要安排合理的资本结构比例，同时，其长期资金和短期资金也应保持适当比例。资金筹集应注意这两个方面的比例关系，减少企业财务风险，优化资金结构。

三、筹资渠道（Financing Channel）

筹资渠道是企业筹集资金的来源方向与通道，即企业可以从哪里取得资金。随着我国市场经济的发展，企业筹资渠道也日益宽泛。不同渠道的资金对企业有着不同的要求与影响。了解不同筹资渠道的特点及适用范围，有助于企业合理地选择和组合筹资渠道。

（一）国家财政资金

国家财政资金包括国家财政拨款资金、国家直接投资、国家税前还贷资金等。国家财政资金是指代表国家投资的政府部门或机构投入企业的国有资金。国家财政资金一直是国有企业主要的资金来源。随着国有资金布局的战略性调整，能够通过这一渠道融资的国有企业范围日益缩小。但对于许多国有企业而言，国家财政资金仍然是一个非常重要的资金筹措渠道。

（二）银行信贷资金

银行信贷资金是指企业从银行借款取得的借入资金。银行信贷资金是企业负债资金的主要来源。银行信贷资金是各类企业非常重要的筹资渠道。尽管随着资金市场的发展，直接筹资在企业中发展很快，但银行信贷资金依然占据主要的地位。我国银行可分为商业性银行和政策性银行。商业性银行包括中国工商银行、中国农业银行、中国建设银行、中国银行四大国有银行和交通银行、招商银行、华夏银行、上海浦东发展银行等股份制银行。它们可以为各类企业提供灵活多样的贷款，是各类企业借入资金的主要筹措渠道。政策性银行有国家开发银行、中国农业发展银行和中国进出口银行。它们主要为特定企业提供各种优惠的政策性贷款。

（三）非银行金融机构资金

非银行金融机构资金是指企业从保险公司、租赁公司、证券公司、信托投资公司、财务公司等非银行金融机构吸收的资金，包括吸收的投资和借款。非银行金融机构是金融市场中非常重要的金融中介，它们既是企业的筹资渠道，又是企业许多筹资方式的中介。非银行金融机构的发展水平在某种程度上反映了金融市场的发展程度。与银行相比，尽管其财力有限，但由于其提供资金的方式灵活多样而逐渐成为众多企业筹资的重要渠道。

（四）其他企业资金

其他企业资金是指企业从其他企业吸收的资金，是指企业之间相互投资及企业之间的商业信用。随着经济发展和企业经营机制的转变，企业之间的横向经济联合日益增多。一方面，企业之间可以通过资金融通，互相调剂资金余缺，以充分利用资金；另一方面，随着金融市场的发展，越来越多的企业开始重视资本运营，也导致企业之间的融资增加。其形式可以包括吸收直接投资、发行股票或债券和商业信用等。

（五）民间资金

民间资金是指我国城乡广大居民手中的闲置资金。改革开放以来，特别是近二十年来，中国经济持续高速发展，城乡人民的收入水平普遍有了巨大提高。考虑到通货膨胀因素和银行实际利率情况，人们已经不再满足于将钱仅存入银行，而是要寻找其他可能投资获益的渠道。而随着我国资本市场的不断发展，人们的投资渠道也越来越多。很多人愿意购买企业股票、企业债券等，以期获得更高的投资回报。民间资金已成为现代企业直接融资的一条重要渠道，为企业筹资提供了广阔的资金来源。

（六）企业自留资金

企业自留资金是指企业通过留存收益而形成的资本。作为一种内源性的筹资渠道，企业自留资金是企业筹资的首要选择。但由于受到企业经营效果的影响，其筹资数量一般是相当有限的。

（七）境外资金

境外资金通常是指我国大陆以外的资金，包括我国香港、澳门、台湾地区的资金，外国银行、国际金融组织及外国厂商的资金。改革开放以来，我国积极稳妥地利用外资。随着我国投资环境的日臻完善，越来越多的外国大公司愿意来我国投资。另外，我国一些著名的大公司、大集团和高科技民营企业也采用多种方式到国际资本市场上去融资。所以，境外资金已成为我国企业重要的资金来源渠道。

不同筹资渠道提供资金的数量和筹资的方便程度不尽相同，有些筹资渠道还只适用于特定的企业。因此，企业需要结合自身情况，在适用的渠道中合理组合，为企业生产经营和发展需要筹集所需的资金。

四、资金需要量预测（Capital Requirement Forecast）

企业在筹资之前，应当采用一定的方法预测资金需要量，只有这样，才能使筹集的资金既能保证满足生产经营的需要，又不会有太多的闲置。企业资金需要量的预测可以采用定性预测法和定量预测法。

（一）定性预测法

定性预测法是指利用直观的资料，依靠个人的经验和主观分析、判断能力，对未来资金需要量做出预测的方法。其预测过程是：首先，由熟悉财务情况和生产经营情况的专家，根据过去所积累的经验进行分析判断，提出预测的初步意见；然后，通过召开座谈会或发出各种表格等形式，对上述预测的初步意见进行修正补充。这样，经过一次或几次以后，得出预测最终结果。定性预测法虽然十分实用，但它不能揭示资金需要量与有关因素之间的数量关系。例如，预测资金需要量应与企业生产经营规模相联系。生产规模扩大，销售数量增加，会引起资金需要量增加；反之，则会使资金需要量减少。

（二）定量预测法

定量预测法是以资金需要量与有关因素的关系为依据，在掌握大量历史资料的基础上选用一定的数学方法加以计算，并将计算结果作为预测值的方法。能用于资金预测的比率很多，如存货周转率、应收账款周转率等，但最常用的是资金与销售额之间的比率，即销售百分比法。

1. 销售百分比法

销售百分比法是指以资金与销售额的比率为基础来预测资金需要量的方法。其基本原理如

图 2-1-3 所示。

（1）应用销售百分比法预测资金需要量时，是以下列假定为前提的：

1）企业某些资产和负债与销售收入之间存在一个稳定的百分比关系。

2）企业各项资产、负债与所有者权益结构已达到最优。

图 2-1-3　销售百分比法原理

（2）应用销售百分比法需要确定敏感项目、敏感资产、敏感负债。

1）敏感项目：随销售收入同比例变化的项目。

2）敏感资产：随销售收入同比例变化的资产。

3）敏感负债：随销售收入同比例变化的负债。

（3）应用销售百分比法预测资金需要量时，通常需经过以下步骤：

1）计算敏感项目的销售百分比 = 基期敏感资产（或负债）/ 基期销售收入。

2）确定需要增加的资金数额。

$$增加的资产 = 增量收入 \times 敏感资产的百分比$$

$$增加的负债 = 增量收入 \times 敏感负债的百分比$$

3）根据有关财务指标的约束确定对内筹资数额。

$$增加的留存收益 = 预计销售收入 \times 销售净利率 \times 收益留存率$$

4）计算外部筹资额。

$$外部筹资需要量 = 增加的资产 - 增加的负债 - 增加的留存收益$$

如何用销售百分比法测算资金需要量？

【例 2-1-1】光华公司 2022 年 12 月 31 日的简要资产负债表见表 2-1-1。假定光华公司 2022 年销售额为 10 000 万元，销售净利率为 10%，利润留存率为 40%。2023 年销售收入预计增长 20%，公司有足够的生产能力，无须追加固定资产投资。计算 2023 年公司需增加的资金和外部筹资需求。

表 2-1-1　光华公司资产负债表（简表）　　　　　　　　　　　　　　　　万元

资产	金额	负债与权益	金额
货币资金	500	短期借款	2 500
应收账款	1 500	应付账款	1 500
存货	3 000	长期借款	1 000
固定资产	3 000	实收资本	2 000
		留存收益	1 000
合计	8 000	合计	8 000

光华公司资产负债表各项目与销售收入关系见表 2-1-2。

表 2-1-2　光华公司资产负债表各项目与销售收入关系（简表）　　　　　万元

资产	金额	与销售关系 / %	负债与权益	金额	与销售关系 / %
货币资金	500	5	短期借款	2 500	N
应收账款	1 500	15	应付账款	1 500	15
存货	3 000	30	长期借款	1 000	N
固定资产	3 000	N	实收资本	2 000	N
			留存收益	1 000	N
合计	8 000	50	合计	8 000	15

解：（1）敏感资产占销售收入的百分比 ＝（500＋1 500＋3 000）/10 000＝50%

（2）敏感负债占销售收入的百分比 ＝1 500/10 000＝15%

（3）增加的资金需要量 ＝10 000×20%×50%－10 000×20%×15%＝700（万元）

（4）外部筹资需求 ＝700－12 000×10%×40%＝220（万元）

一般经营性资产属于敏感资产，包括库存现金、应收账款、存货等项目。同时，随着经营性资产的增加，相应的经营性短期债务也会增加，如存货增加会导致应付账款、应付票据（赊购）的增加，这就是敏感负债。但是不包括短期借款、长期借款、应付债券等筹资性负债，这些是需要筹措的，而敏感负债随着生产经营活动的发生自然就会形成，就会随销售增加而变化。经营性资产（也称敏感资产）项目包括现金、应收账款、存货等项目；而经营性负债（也称敏感负债）项目包括应付票据、应付账款等项目，不包括短期借款、短期融资券、长期负债等筹资性负债。

2. 资金习性预测法

资金习性预测法是指根据资金习性预测未来资金需要量的方法。这里所说的资金习性，是指资金的变动与产销量变动之间的依存关系。按照资金习性，可将资金区分为不变资金、变动资金和半变动资金。

（1）不变资金是指在一定的产销量范围内，不受产销量变动的影响而保持固定不变的那部分资金。也就是说，产销量在一定范围内变动，这部分资金保持不变。这部分资金包括为维持营业而占用的最低数额的现金，原材料的保险储备，必要的成品储备，以及厂房、机器设备等固定资产占用的资金。

（2）变动资金是指随产销量的变动而同比例变动的那部分资金。它一般包括直接构成产品实体的原材料、外购件等占用的资金。另外，在最低储备以外的现金、存货、应收账款等也具有变动资金的性质。

（3）半变动资金是指虽然受产销量变化的影响，但不成同比例变动的资金，如一些辅助料所占用的资金。半变动资金可采用一定的方法划分为不变资金和变动资金两部分。

设产销量为自变量 x，资金占用量为因变量 y，它们之间的关系可用下式表示：

$$y = a + bx$$

式中，a 为不变资金；b 为单位产销量所需变动资金。其数值可采用高低点法求得。

资金预测的高低点法是指根据企业一定期间资金占用的历史资料，按照资金习性原理和 $y = a + bx$ 直线方程式，选用最高收入期和最低收入期的资金占用量之差，与这两个收入期的销售额之差进行对比，先求 b 的值，然后再代入原直线方程，求出 a 的值，从而推测资金发展趋势，如图 2-1-4 所示。

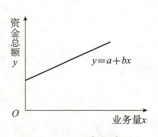

图 2-1-4　高低点法

高低点法计算步骤如下：

选择产销量最高和最低的两点资料，应用下列公式计算 a、b：

$$b = \frac{最高收入期资金占用量 - 最低收入期资金占用量}{最高销售收入 - 最低销售收入}$$

$$a = 最高收入期资金占用量 - b \times 最高销售收入$$

或

$$a = 最低收入期资金占用量 - b \times 最低销售收入$$

【例 2-1-2】甲公司资金占用量与销售收入之间的关系见表 2-1-3。

表 2-1-3　甲公司资金占用量与销售收入　　　　　　　　　　万元

年度	销售收入	资金占用
2018	200	11
2019	240	13
2020	260	14
2021	280	15
2022	300	16

根据以上资料采用高低点法计算甲公司的资金习性，并预测如果该企业 2023 年销售收入为 340 万元，则 2023 年资金需要量为多少？

解：　$b = \dfrac{最高收入期资金占用量 - 最低收入期资金占用量}{最高销售收入 - 最低销售收入} = \dfrac{16-11}{300-200} = 0.05$

将 $b = 0.05$ 代入 2022 年的数据 $y = a + bx$，得

$$a = 16 - 0.05 \times 300 = 1（万元）$$

则可得方程：　　　　　　　　　　　$y = 1 + 0.05x$

当 2023 年预计销售收入 $x = 340$ 元时，则 2023 年的资金需要量：

$$y = 1 + 0.05 \times 340 = 18（万元）$$

任务评价

工作任务清单	掌握情况	
	会做	熟练
企业筹资的动机		
企业筹资的原则		
企业筹资的渠道		
销售百分比法预测资金需要量		
资金习性预测法预测资金需要量		

任务 2　筹资方式

任务导入

某自由媒体平台公司，是把人工智能技术应用于移动互联网场景的科技企业之一，经过了多次融资，筹资金额从天使轮筹集资金数百万人民币，此后又经历数次融资，筹集资金金额不

断增加，经过 E 轮筹资金额达 20 亿美元。

任务分析

1. 了解各筹资方式的内容及优缺点。
2. 掌握债券发行价格的计算及应用。

相关知识

企业的资金来源有很多，不同的资金来源意味着要承担不同的责任和义务，也意味着企业面临不同的风险和机会。其主要有权益资本筹集和债务资本筹集两大方式。

银行贷款，这类筹资的特性是承担的财务费用压力大（还本付息），需要良好的业务（正向现金流）支撑。银行的风控偏保守，风险偏好较低，所以，银行筹资难点在于资产需要足够优质抵押物，或者企业应收账款足够安全。股权筹资（权益资本）通过稀释股东的股权筹集资金，股利支付是税后利润，因此，股权筹资成本是最高的。股权筹资不需要抵押物，同时，也不需要偿还本金。这种方式释放的是长期对公司的控制权，但这也是企业得以生存下来的必要条件，所以，股权筹资是创业者或财务负责人必备的基础能力，是企业能快速做大最有效的方式之一。

一、权益资本筹集（Equity Capital Raising）

（一）吸收直接投资

吸收直接投资是指企业按照"共同投资、共同经营、共担风险、共享收益"的原则，直接吸收国家、法人、个人和外商投入资金的一种筹集方式。投资的形式可以是现金、实物资产或无形资产等。

1. 吸收直接投资的主要出资方式

（1）现金投资：以现金出资是吸收投资中一种最主要的出资方式。有了现金，可获取其他物质资源。因此，企业应尽量动员投资者采用现金方式出资。吸收投资中所需投入现金的数额取决于投入的实物、工业产权之外还需多少资金来满足建厂的开支和日常周转需要。

（2）实物资产：以实物资产出资就是投资者以厂房、建筑物、设备等固定资产和原材料、商品等流动资产所进行的投资。

（3）工业产权出资：以工业产权出资是指投资者以专有技术、商标权、专利权等无形资产所进行的投资。一般来说，企业吸收的工业产权应符合以下条件：一是能帮助企业研究和开发出新的高科技产品；二是能帮助企业生产出适销对路的高科技产品；三是能帮助企业改进产品质量，提高生产效率；四是能帮助企业大幅度降低各种消耗；五是作价比较合理。企业在吸收工业产权投资时应特别谨慎，认真进行技术时效性分析和财务可行性研究。因为以工业产权投资实际上是把有关技术资本化了，把技术的价值固定化了。而技术具有时效性，因其不断老化而导致价值不断减少甚至完全丧失，风险较大。

（4）土地使用权出资：投资者也可以用土地使用权来进行投资。土地使用权是按有关法规和合同的规定使用土地的权利。企业吸收土地使用权投资应符合以下条件：一是确实是企业科研、生产、销售活动所需要的；二是交通、地理条件比较适宜；三是作价公平合理。

2. 吸收直接投资的优点与缺点

（1）优点：

1）有利于增强企业信誉。吸收直接投资所筹集的资金属于企业的股权资本，能增强企业的信誉和借款能力，对扩大企业经营规模、壮大企业实力具有重要的作用。

2）有利于尽快形成生产能力。吸收直接投资可以直接获取投资者的先进设备和先进技术，有利于尽快形成生产能力，尽快开拓市场。

3）有利于降低财务风险。吸收直接投资可根据企业的经营状况向投资者支付报酬，企业经营状况好，可向投资者多支付一些报酬，企业经营状况不好，则可不向投资者支付报酬或少支付报酬，报酬支付较为灵活，所以，财务风险较小。

（2）缺点：

1）资金成本较高。一般来说，采用吸收直接投资方式筹集资金所需负担的资金成本较高。

2）容易分散企业控制权。采用吸收直接投资方式筹集资金，投资者一般都要求获得与投资数量相适应的经营管理权，这是企业接受外来投资的代价之一。如果外部投资者的投资较多，则投资者会有相当大的管理权，甚至会对企业实行完全控制，这是吸收直接投资的不利因素。

3）产权关系有时不明确，不便于产权的交易。

（二）发行股票

股票是股份公司为筹集权益性资本而发行的有价证券，是投资者入股并借以取得股利的凭证，它代表了投资者对股份企业的所有权。发行股票是股份制企业筹措自有资本的基本方式，它是企业直接向社会融资的方式之一。目前，我国已有越来越多的企业选择发行股票进行融资。

1. 股票的种类

（1）股票按股东的权利和义务分类，可分为普通股和优先股。

1）普通股是股份公司依法发行的具有管理权、股利不固定的股票。普通股是最基本的股票，持有普通股股份者为普通股股东。普通股在权利和义务方面的特点是：出席或委托代理人出席股东大会，并依公司章程规定行使表决权。股东持有的股份可以自由转让，但必须符合《公司法》、其他法规和公司章程规定的条件与程序。普通股股东有权参与企业股利的分配，以获得投资收益。当公司增发普通股时，现有股东有权按持有公司股票的比例，优先认购新股。对公司账目和股东大会决议的审查权与对公司事务的质询权。当公司解散、清算时，普通股股东对剩余财产有要求权。

2）优先股是股份公司依法发行的具有一定优先权的股票。相对于普通股，优先股的股利是固定的，股利的发放优先于普通股，并且优先分配股利和剩余财产。

（2）股票按票面有无记名，可分为记名股票和无记名股票。

1）记名股票是指在股票票面上记载股东的姓名或名称，并记入公司的股东名册的股票。记名股票要同时附有股权手册，只有同时具备股票和股权手册，才能领取股息和红利。记名股票的转让、继承都要办理过户手续。《公司法》规定，公司发行的股票，可以为记名股票，也可以为无记名股票公司向发起人、法人发行的股票应当为记名股票。

2）无记名股票是指在股票票面上不记载股东的姓名或名称，且不记入公司的股东名册的股票。公司只记载无记名股票的数量、编号及发行日期，其转让和继承时无须办理过户。公司对社会公众发行的股票可以为记名股票。

（3）股票按投资主体的不同，可分为国家股、法人股、个人股和外资股。国家股是指国家授权投资的机构或者国家授权投资的部门以国有资产向公司投资而形成的股份；法人股是指企业法人以其依法可支配的资产向独立于自己的公司投资而形成的股份；个人股为社会个人或本公司职工以个人合法财产投入公司而形成的股份；外资股是指外国和我国香港、澳门、台湾地区投资者购买我国上市公司股票。

（4）股票按发行时间的先后分类，可分为始发股和新股。始发股是设立时发行的股票；新股是公司增资时发行的股票。始发股和新股发行的具体条件、目的、价格不尽相同，但股东的权利和义务是一致的。

（5）股票按发行对象和上市地区分类，可分为 A 股、B 股、H 股、N 股和 S 股等。A 股是在我国内地上市，以人民币标明票面金额并以人民币认购和交易的股票。B 股是在我国内地上市，以人民币标明票面金额，以外币认购和交易的股票。A 股、B 股在上海、深圳证券交易所上市。H 股、N 股和 S 股是指公司注册地在中国大陆，但上市地分别是我国香港证券交易所、纽约证券交易所和新加坡证券交易所的股票。

2. 股票发行的要求

（1）股份有限公司的资本划分为股份，每股金额相等。

（2）股份采取股票的形式，股票是公司签发的证明股东所持股份的凭证。

（3）股票的发行实行公平、公正的原则，同种类的每一股份应当具有同等权利。

（4）同次发行的同种类股票，每股的发行条件和价格应当相同，任何单位或个人所认购的股份，每股应当支付相同的金额。

（5）股票发行价格既可以按票面金额（即平价）确定，也可以按超过票面金额（即溢价）的价格确定，但不得按低于票面金额（即折价）的价格确定。

3. 股票的发行方式

所谓股票的发行方式，就是发行公司采用什么方法，通过何种渠道或途径将自己的股票投入市场，并为广大投资者所接受。股票的发行方式可分为有偿增资发行、无偿增资发行和有偿无偿并行发行三种。

（1）有偿增资发行。有偿增资是指投资者须按股票面额或市价，用现金或实物购买股票。其又可分为三种：第一，股东配股的股票发行方式，即赋予股东以新股认购权的发行方式。股东拥有这个权利，应认购的股数要按原持有的股数比例进行分配。第二，第三者配股的股票发行方式，即公司在新股票发行时，给予和公司有特定关系的第三者新股认购权。第三，公开招股发行方式，即公募发行，是以不特定的多数投资者为发行对象。它可以是直接公募发行，也可以是间接公募发行。这种方式是股票上市公司的主要发行方式。

（2）无偿增资发行。无偿增资是公司不向股东收取现金或实物资产，而无代价地将公司发行的股票配予股东。这种方式的目的不是增资，而是调整资本结构，提高公司的社会地位，增强股东的信心。无偿增资发行又可分为三种：第一，无偿交付方式，即公司以资本公积转增股本，向股东发行新股票时，股东无须支付现款就可获得股票。第二，股票分红方式，即上市公司以股票形式给股东进行股利分配。第三，股票分割方式，即将原来大额股票实行细分化，使之成为小额股票。股份分割只是增加股份的份额，而公司的资本数额并不发生变化。

（3）有偿无偿并行发行。采用这种方式时，股东只需交付一部分股款，其余部分由公司公积金抵充，即可获得一定量的新股。

4. 股票上市

股票上市流程

股票上市是指股份有限公司公开发行的股票，经批准在证券交易所挂牌交易。经批准在交易所上市交易的股票称为上市股票。股份公司申请股票上市，一般出于这样的目的：一是资本大众化，分散风险。二是提高股票的变现力。股票上市后便于投资者购买，自然提高了股票的流动性和变现力。三是便于筹措新资本。四是提高公司知名度，吸引更多顾客。股票上市公司为社会所知，并被认为经营优良，会带来良好声誉，吸引更多的顾客，从而扩大产品销售量，扩大公司的规模和社会影响力。五是便于确定公司价值。股票上市后，公司股价有市价可循，便于确定公司的价值，有利于促进公司财富最大化。股票上市对公司也有不利之处，不利的方面主要有：上市公司将负担较高的信息披露成本；各种信息的公开可能会暴露公司商业秘密；股价有时会歪曲公司的实际状况，可能会分散公司的控制权，造成管理上的困难。

5. 发行股票筹资的优点与缺点

（1）优点：发行普通股筹措资本具有永久性，无到期日，不需归还，除非公司清算才需偿还；发行普通股筹资没有固定的股利负担，股利的支付与否和支付多少，视公司有无盈利和经营需要而定，公司盈余较少，或虽有盈余但资金短缺，或有更有利的投资机会，就可少支付或不支付股利；普通股筹资风险小，能提升公司的信誉。

（2）缺点：普通股筹资的资金成本较高；以普通股筹资会增加新股东，这可能会分散公司的控制权；如果以后发行新股，会导致股票价格的下跌。

（三）留存收益

留存收益是指企业从税后净利润中提取的公积金及从企业可供分配利润中留存的未分配利润。留存收益是企业将当年利润转化为股东对企业追加投资的过程，是一种股权筹资方式。

1. 留存收益的来源渠道

（1）公积金：包括法定公积金和任意公积金。《公司法》规定，公司分配当年税后利润时，应当提取利润的百分之十列入公司法定公积金。公司法定公积金累计额为公司注册资本的百分之五十以上的，可以不再提取。公司从税后利润中提取法定公积金后，经股东会或者股东大会决议，还可以从税后利润中提取任意公积金。

（2）未分配利润。未分配利润是指未限定用途的留存净利润。这里有两层含义：一是这部分净利润没有分给公司的股东；二是这部分净利润未指定用途。

2. 留存收益筹资的优点与缺点

（1）优点：

1）资金成本比普通股低。运用留存收益筹资，不用考虑筹资费用，资金成本比普通股低。

2）保持普通股股东的控制权。运用留存收益筹资，不用对外发行股票，由此增加的权益资本不会改变企业的股权结构，不会稀释原有股东的控制权。

3）增强公司的信誉。留存收益筹资能够使企业保持较大的可支配的现金流，既可解决企业经营发展的资金需要，又能提高企业的举债能力。

（2）缺点：

1）筹资数额有限制。留存收益筹资最大可能的数额是企业当期的税后利润和上年未分配利润之和。如果企业经营亏损，则不存在这一渠道的资金来源。

2）留存收益的比例常常受到某些股东的限制。他们可能从消费需求、风险偏好等因素出发，要求股利支付比率要维持在一定水平上。留存收益过多，股利支付过少，可能会影响到今后的外部筹资。

3）资金使用受制约。留存收益中某些项目的使用，如法定盈余公积金等，要受国家有关规定的制约。

二、债务资本筹集（Debt Capital Raising）

债务资本筹集是指企业依法筹集的，依约使用并按期偿还的资金，又称之为借入资金或负债资金。

（一）银行借款

1. 银行借款的分类

按照借款的期限可分为短期借款和长期借款。

（1）短期借款是指企业向银行和其他非银行金融机构借入的期限在一年以内的借款。在银行统一管理流动资金的情况下，短期借款主要有流动基金借款、生产周转借款、临时借款、结算借款等。

（2）长期借款是企业向银行等金融机构借入的，期限在一年以上的各种借款。它以企业的生产经营及获利能力为依托，通常用于企业长期资产投资和永久性流动资产投资。

2. 银行借款的程序

企业申请借款必须履行一定的程序，具体如下（图2-2-1）：

（1）企业提出借款申请：企业向银行提出借款申请，须填写《借款申请书》，主要内容包括借款金额、借款用途、偿还能力及还款方式等，并提供以下资料：一是借款人及保证人的基本情况；二是财政部门或会计师事务所审核过的上年度财务报告；三是抵押物的评估报告、权证复印件、清单及同意抵押的证明，保证人同意保证的有关证明文件；四是项目建议书和可行性报告；五是签订的经济合同，缴纳税收的报表、电费和水费发票复印件；六是企业在贷款银行的现金流量状况表；七是贷款银行认为需要提交的其他资料。

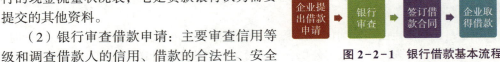

图2-2-1 银行借款基本流程

（2）银行审查借款申请：主要审查信用等级和调查借款人的信用、借款的合法性、安全性，测定风险等级，核实抵押物等。

（3）银企签订借款合同：借款合同的主要内容有基本条款、保证条款、违约条款、其他附属条款。

（4）企业取得借款：企业取得借款后要按照合同的约定用款。

（5）企业还本付息：企业应按借款合同的规定按时足额归还借款本息。

银行借款流程

3. 短期借款筹资的优点与缺点

（1）优点：

1）筹资速度快。企业获得短期借款所需时间要比长期借款短得多，因为银行发放长期贷款前，通常要对企业进行比较全面的调查分析，花费时间较长。

2）筹资弹性大。短期借款数额及借款时间弹性较大，企业可在需要资金时借入，在资金充裕时还款，便于企业灵活安排。

3）银行资金充足，实力雄厚，能随时为企业提供比较多的短期借款。

（2）缺点：

1）筹资风险大。短期借款的偿还期短，在筹资数额较大的情况下，如企业资金调度不周，就有可能出现无力按期偿付本金和利息，甚至被迫破产。

2）与其他短期筹资方式相比，资金成本较高，尤其是在补偿性余额和附加利率情况下，实际利率通常高于名义利率。

4. 长期借款筹资的优点与缺点

（1）优点：

1）借款筹资速度快。长期借款筹资相对于发行股票和债券而言，所需时间较短，程序较简单，可以快速获得资金。

2）借款成本较低。利用长期借款筹资，具有节税效应，但比短期借款成本高。

3）借款弹性较大。在借款时企业与银行直接商定贷款的时间、金额和利率等；在用款期间，企业如因财务状况发生某些变化，亦可与银行再次协商，变更借款条件等。因此，长期借款筹资对企业具有较大的灵活性。

4）企业利用借款筹资，与债券一样可以发挥财务杠杆的作用。

（2）缺点：

1）财务风险较高。借款通常有固定的利息负担和固定的偿付期限，故借款企业的财务风险较高。

2）限制条件较多。这可能会影响企业以后的筹资和投资活动。

3）筹资数量有限。银行一般不愿借出巨额长期贷款，因此利用长期借款都有一定的上限。

（二）商业信用

1. 商业信用的形式

（1）赊购商品。赊购商品是指买卖双方进行商品交易，买方收到商品后不立即支付现金，可以延期到一定时期后才付款。这是一种最典型、最常见的商业信用形式。

（2）预收货款。预收货款是按购销合同的约定，卖方先向买方收取部分或全部货款，但要延期到一定时期后才交货，相当于卖方向买方先借一笔资金。购买单位对于紧俏商品或生产周期长、价格高的商品（如飞机、轮船、建筑物等）常采用此种形式。

（3）商业汇票。商业汇票是单位之间根据购销合同进行延期付款的商品交易时，开出的反映债权债务关系的票据。它是一种期票，是反映应付账款和应收账款的书面证明。商业汇票可分为商业承兑汇票和银行承兑汇票。商业承兑汇票是指由收款人开出，经付款人承兑，或由付款人开出并承兑的汇票；银行承兑汇票是指由收款人或承兑申请人开出由银行审查同意承兑的汇票。商业汇票对于买方而言是一种短期融资方式。

2. 商业信用筹资的优点与缺点

（1）优点：限制条件少，商业信用融资相对于其他筹资方式而言，各种限制条件是最少的；融资便利，商业信用融资与商品买卖同步进行，是一种自然性融资，不必做正规而周密的安排，融资非常便捷；筹资成本低，只要买方不放弃现金折扣或卖方未提供现金折扣，则商业信用筹资没有实际成本。

（2）缺点：融资期限较短，若享受现金折扣则期限更短；放弃现金折扣的资金成本很高。

（三）发行债券

债券是指公司依照法定条件和程序发行的，约定在一定期限内还本付息的有价证券。

1. 债券的种类

（1）按是否在公司债券上记载公司债券人的姓名可分为记名债券与无记名债券。

1）记名债券是指在券面上记有持券人的姓名或名称。对于这种债券，公司只对记名人偿本，持券人凭印鉴支取利息。记名债券在转让时，持有人需要在债券上背书和在公司债权人名册上更换债权人姓名（名称）。

2）无记名债券是指在券面上不记持券人的姓名或名称，还本付息以债券为凭，一般实行剪票付息。其转让由债权持有人将债券交付给受让人后即发挥效力。记名债券丢失后，可以挂失，比较安全。无记名债券转让方便，但是不安全。

（2）按发行债券时有无抵押担保可分为抵押债券和信用债券。

1）抵押债券又称有担保债券，是指发行公司以特定财产作为担保品的债券。它按担保品的不同，又可分为不动产抵押债券、动产抵押债券、信托抵押债券。其中，信托抵押债券是指公司以其持有的有价证券为担保而发行的债券。

2）信用债券又称无担保债券，是指发行公司没有抵押品担保，完全凭信用发行的债券。企业发行信用债券往往具有较多的限制性条款。

（3）按照是否可以转换分为可转换债券和不可转换债券。

1）可转换债券是指在一定时期内，可以按一定的价格或一定比例，由持有人自由选择转换为普通股的债券。

2）不可转换债券是指不可以转换为普通股的债券。

2. 发行债券的方式与条件

（1）发行债券的方式。公司债券可以公开发行，也可以非公开发行。公开发行公司债券筹集的资金，必须按照公司债券募集说明书所列资金用途使用；改变资金用途，必须经债券持有人会议作出决议。非公开发行公司债券，募集资金应当用于约定的用途；改变资金用途，应当履行募集说明书约定的程序。

（2）发行债券的条件。公开发行公司债券，应当符合下列条件：①具备健全且运行良好的组织机构；②最近三年平均可分配利润足以支付公司债券一年的利息；③具有合理的资产负债结构和正常的现金流量；④国务院规定的其他条件。公开发行公司债券，由证券交易所负责受理、审核，并报中国证监会注册。

资信状况符合以下标准的公开发行公司债券，专业投资者和普通投资者可以参与认购：①发行人最近三年无债务违约或者延迟支付本息的事实；②发行人最近三年平均可分配利润不少于债券一年利息的1.5倍；③发行人最近一期末净资产规模不少于250亿元；④发行人最近36个月内累计公开发行债券不少于3期，发行规模不少于100亿元；⑤中国证监会根据投资者保护的需要规定的其他条件。未达到前款规定标准的公开发行公司债券，仅限于专业投资者参与认购。

3. 债券的基本要素

（1）债券面额。债券的票面金额是决定票面发行价格的最基本因素。债券发行价格的高低从根本上取决于债券面额的大小。一般来说，债券面额越大，发行价格越高。

（2）票面利率。债券的票面利率是债券的名义利率，通常在发行债券之前就已确定，并标明在债券票面上。一般来说，债券的票面利率越高，发行价格就会越高。票面利率是揭示将来支付利息的依据，即利息 = 面值 × 票面利率。

（3）市场利率。债券发行时的市场利率是衡量债券票面利率的参照系。两者往往不一致，因此共同影响债券的发行价格。一般来说，市场利率越高，债券的发行价格就越低。

（4）债券期限。债券期限即债券的偿还期限。与银行借款一样，债券的期限越长，债权人的风险就越大，要求的利息报酬就越高，债券的发行价格就可能越低。

4. 债券的发行价格

债券的发行价格通常有三种情况，即平价、溢价、折价，如图2-2-2所示。当市场利率等于票面利率时，债券平价发行；当市场利率小于票面利率时，债券溢价发行；当市场利率大于票面利率，债券折价发行。

图2-2-2　债券的发行价格

债券的发行价格可按下列公式计算：

$$债券的发行价格 = \frac{债券面值}{(1+市场利率)^n} + \sum_{t=1}^{n} \frac{债券年利息}{(1+市场利率)^t}$$

式中，n 为债券期限，t 为付息期数，债券年利息等于债券面值乘以票面利率。

【例2-2-1】某公司发行债券，债券面值为1 000元，3年期，票面利率为8%，每年年末付息一次，到期还本，计算其发行价格。

解：债券的发行价格可分为下述三种情况进行计算：

（1）若发行时债券市场利率为8%，平价发行：

$$债券发行价格 = \frac{1\,000}{(1+8\%)^3} + \sum_{t=1}^{3} \frac{80}{(1+8\%)^t} = 1\,000 \text{（元）}$$

（2）若发行时债券市场利率为10%，折价发行：

$$债券发行价格 = \frac{1\,000}{(1+10\%)^3} + \sum_{t=1}^{3} \frac{80}{(1+10\%)^t} = 949.96 \text{（元）}$$

（3）若发行时债券市场利率为6%，溢价发行：

$$债券发行价格 = \frac{1\,000}{(1+6\%)^3} + \sum_{t=1}^{3} \frac{80}{(1+6\%)^t} = 1\,053.84 \text{（元）}$$

5. 债券的信用评级

根据中国人民银行的有关规定，凡是向社会公开发行的企业债券，需有中国人民银行及其授权的分行指定的资信评级机构或公证机构进行评信。《中华人民共和国证券法》（以下简称《证券法》）和《上市公司证券发行管理办法》规定，公司发行可转换公司债券，应当委托具有资格的资信评级机构进行信用评级和跟踪评级。

债券的信用等级表示债券信用的优劣，反映债券偿本付息能力的强弱和债券投资风险的高低。国外流行的债券信用等级一般可分为三等九级，见表2-2-1。

表 2-2-1　债券信用等级表

标准普尔公司		穆迪公司	
AAA	最高级	Aaa	最高质量
AA	高级	Aa	高质量
A	上中级	A	上中质量
BBB	中级	Bbb	下中质量
BB	中下级	Bb	具有投机因素
B	投机级	B	通常不值得投资
CCC	完全投机级	Ccc	可能违约
CC	最大投机级	Cc	高投机性，经常违约
C	规定盈利付息但未能盈利付息	C	最低级

6. 债券筹资的优点与缺点

（1）优点：

1）债券成本较低。与股票的股利相比较而言，债券的利息具有节税效应，故成本较低。

2）可利用财务杠杆。无论债券发行公司的盈利多少，债券持有人一般只收取固定的利息，而更多的收益可用于分配给股东或留用公司经营，从而增加股东和公司的财富。

3）保障股东控制权。债券持有人无权参与发行公司的管理决策，因此，公司发行债券不会分散股东对公司的控制权。

4）便于调整资本结构。在公司发行可转换债券以及可提前赎回债券的情况下，便于公司主动合理地调整资本结构。

（2）缺点：

1）筹资风险高，债券有固定的到期日，并需要定期支付利息，发行公司必须按时还本付息。在公司经营不景气时，需向债券持有人还本付息，这会给公司带来更大的财务困难，有时甚至导致破产。

2）限制条款多。发行债券的限制条件一般要比长期借款、租赁筹资的限制条件要多且严格，从而限制了公司对债券筹资方式的使用，甚至会影响公司的筹资能力。

3）筹资额有限，公司利用债券筹资受一定额度的限制。

（四）融资租赁

1. 租赁的种类

租赁是指出租人在承租人给予一定报酬的条件下，授予承租人在约定的时间内占有和使用财产权利的一种契约性行为。租赁的种类很多，目前我国主要有经营租赁和融资租赁。

（1）经营租赁。经营租赁又称营运租赁、服务租赁、临时租赁，是由出租人向承租企业提供租赁设备，并提供设备维修保养和人员培训等服务性业务，通常为短期租赁。经营租赁的特点表现在：承租企业根据需要可随时向出租人提出收回租赁资产；租赁期较短，不涉及长期而固定的义务；在设备租赁期内，如有新设备出现或不需要租赁设备时，承租企业可按规定提前解除租赁合同，这对承租企业比较有利；租赁期满或合同终止时，租赁设备由出租人收回。经营租赁的目的不是筹集资金，而是获得设备的短期使用及出租人提供的专门技术服务。

（2）融资租赁。融资租赁又称资本租赁、财务租赁，是由租赁公司按照承租企业的要求融资购买设备，并在契约或合同规定的较长期限内提供给承租企业使用的信用性业务。融资租赁集融资与融物于一身，具有借贷性质。其特点主要表现为：一般由承租企业向租赁公司提出正式申请，由租赁公司融资购进设备租给承租企业使用；租赁期限较长，大多数为设备耐用年限的一半以上；租赁合同比较稳定，在规定的租赁期内不经双方同意，任何一方不得中途解约，这有利于维护双方的权益；由承租企业负责设备的维修保养和保险，但无权自行拆卸改装；租赁期满时，按事先约定的办法处置设备，一般有退租、续租、留购三种选择，通常由承租企业留购。

2. 融资租赁的形式

（1）直接租赁。直接租赁即承租人直接向出租人租入所需要的资产，并付出租金。直接租赁是融资租赁的典型形式，通常所说的融资租赁就是指直接租赁。

（2）售后租回。在这种形式下，制造企业按照协议先将其资产卖给租赁公司，再作为承租企业将所售资产租回使用，并按期向租赁公司支付租金。采用这种融资租赁形式，承租企业因出售资产而获得了一笔现金，同时，因将其租回而保留了资产的使用权。这与抵押贷款有些相似。

（3）杠杆租赁。杠杆租赁是国际上比较流行的一种融资租赁形式。它一般涉及承租人、出租人和贷款人三方当事人。从承租人的角度来看，它与其他融资租赁形式并无区别，同样是按合同的规定，在租期内获得资产的使用权，按期支付租金。但对出租人却不同，出租人只垫支购买资产所需现金的一部分（一般为20%～40%），其余部分（60%～80%）则以该资产为担保向贷款人借资支付。因此，在这种情况下，租赁公司既是出租人又是借款人，据此既要收取租金，又要支付债务，这种融资租赁形式由于租赁收益一般大于借款成本支出，出租人借款购物出租可获得财务杠杆利益，故被称为杠杆租赁。

3. 融资租赁筹资的优点与缺点

（1）优点：迅速获得所需资产；租赁筹资限制较少；免遭设备陈旧过时的风险，设备淘汰的风险小；可适当降低不能偿付的危险；租金在税前扣除，承租企业能享受抵免所得税的效用。

（2）缺点：资金成本较高。一般来说，其租金要比举借银行借款或发行债券所负担的利息高。在企业财务困难时，固定的租金也会构成一项较沉重的负担。

三、衍生工具筹集（Derivatives Financing）

衍生工具筹集的基本形式包括可转换债券筹资、认股权证筹资及优先股筹资等。

用别人的钱
办自己事的
七大招——
筹资方式

（一）可转换债券筹资

可转换债券是指公司发行并规定债券持有人在一定期限内，按约定的条件可将其转换为发行公司普通股的债券。

1. 可转换债券筹资的特征

可转换债券是一种混合型证券，是普通公司债券与证券期权的组合体。从筹资公司的角度看，发行可转换债券具有债务与股权筹资的双重属性，属于一种混合性筹资。利用可转换债券筹资，发行公司赋予可转换债券的持有人可将其转换为该公司股票的权利。因而，对发行公司而言，在可转换债券转换之前需要定期向持有人支付利息。如果在规定的转换期限内，持有人未将可转换债券转换为股票，发行公司还需要到期偿付债券本金，在这种情形下，可转换债券筹资与普通债券筹资相似，具有债务筹资的属性。如果在规定的转换期限内，持有人将可转换债券转换为股票，则发行公司将债券负债转化为股东权益，从而具有股权筹资的属性。

2. 可转换债券筹资的转换价格

可转换债券的转换价格是指可转换债券转换为股票的每股价格。这种转换价格通常由发行公司在发行可转换债券时约定。按照我国的有关规定，上市公司发行可转换债券的，以发行可转换债券前一个月股票的平均价格为基准，上浮一定幅度作为转换价格。重点国有企业发行可转换债券的，以拟发行股票的价格为基准，折扣一定比例作为转换价格。

【例 2-2-2】某上市公司拟发行可转换债券，发行前一个月该公司股票的平均价格经测算为每股 30 元。预计本股票的未来价格有明显的上升趋势，因此确定上浮的幅度为 20%，则该公司可转换债券的转换价格为多少？

解： $30 \times (1 + 20\%) = 36$（元）

可转换债券的转换价格并非固定不变。公司发行可转换债券并约定转换价格后，由于又增发新股、配股及其他原因引起公司股份发生变动的，应当及时调整转换价格，并向社会公布。

3. 可转换债券筹资的优点与缺点

（1）优点：

1）筹资灵活。可转换债券筹资将传统的债务筹资功能和发行股票筹资功能结合起来，具有灵活性。债券发行公司先以债务方式取得资金，到了债券转换期，如果股票市价较高，债券持有人将会按约定的价格将债券转换为股票，避免了公司还本付息的负担；如果公司股票长期低迷，投资者不愿意将债券转换为股票，公司及时还本付息清偿债务，也能避免未来长期的股权资本成本负担。

2）资本成本较低。可转换债券的利率通常低于普通债券，在将可转换债券转换为普通股时，公司无须另外支付筹资费用，节约了发行股票的筹资成本。

3）筹资效率高。可转换债券在发行时，规定的转换价格往往高于当时公司的股票价格。如果这些债券将来都转换成股权，相当于在债券发行之际，就以高于当时股票市价的价格新发行了股票，以较少的股份代价筹集了更多的股权资金。

（2）缺点：存在不转换的财务压力。如果公司股价在转换期内长期低迷，持券者到期不会转股，就会造成公司的集中兑付债券本金的财务压力。若可转换债券转股时股价高于转换价格，则发行公司将遭受筹资损失。转股后可转换债券筹资将失去利率较低的好处。

（二）认股权证筹资

认股权证简称认股证，发行认股权证是上市公司的一种特殊筹资手段，是持有者购买公司股票的一种凭证，它允许持有人按某一特定价格在规定的期限内购买一定数量的公司股票。从本质上看，认股权证是以股票或其他某种类型的证券为标的物的一种长期买进期权。

1. 认股权证的种类

在国内外公司筹资实务中，认股权证的形式多种多样，可分为不同种类。

（1）长期与短期的认股权证。认股权证按允许认股的期限可分为长期认股权证和短期认股权证。长期认股权证的认股期限通常持续几年，有的是永久性的；短期认股权证的认股期限比较短，一般在 90 天以内。

（2）单独发行与附带发行的认股权证。认股权证按发行方式可分为单独发行的认股权证和附带发行的认股权证。单独发行的认股权证是指不依附于其他证券而独立发行的认股权证；附带发行的认股权证是指依附于债券、优先股、普通股或短期票据发行的认股权证。

（3）备兑认股权证与配股权证。备兑认股权证是每份备兑权证按一定比例含有几家公司的若干股份；配股权证是确认股东配股权的证书，它按股东的持股比例定向派发，赋予股东以优惠的价格认购发行公司一定份数新股的权利。

2. 认股权证筹资的优点与缺点

（1）优点：

1）认股权证是一种融资促进工具，它能促使公司在规定的期限内完成股票发行计划，顺利实现融资。

2）有助于改善上市公司的治理结构。采用认股权证进行融资，融资是缓期分批实现的，上市公司及其大股东的利益与投资者是否在到期之前执行认股权证密切相关。因此，在认股权证有效期间内，上市公司管理层和大股东的任何有损公司价值的行为，都可能降低上市公司股票价格，从而降低投资者执行认股权证的可能性，这将损害上市公司管理层和大股东的利益。因此，认股权证能有效约束上市公司的行为，并激励其更加努力地提高公司的价值。

3）有利于推进上市公司的股权激励机制。认股权证是常用的员工激励工具，通过基于管理层和重要员工一定的认股权证，可以将管理者和员工的利益与公司价值成长紧密联系在一起，建立起管理者与员工通过提升公司价值再实现自身财富增值的利益驱动机制。

（2）缺点：

1）灵活性较差。附带认股权证的债券发行公司主要目的是发行债券，是为了发行债券而附带期权。认股权证的执行价格一般比发行时的股价高出 20% ～ 30%。如果将来公司发展良好股票价格会大大超过执行价格，原有股东会蒙受较大损失。

2）附带认股权证债券的承销费用高于债务筹资。

（三）优先股筹资

优先股是指股份有限公司发行的具有优先股利、相对优先于一般普通股的股份种类。优先股是一种复杂的证券，它虽属权益性资金，但却兼有债券性质。

1. 优先股的特点

与普通股相比，优先股主要具有以下特点：

（1）优先分配固定的股利。优先股股东通常优先于普通股股东分配股利，且其股利一般是固定的，受公司经营状况和盈利水平的影响较小。所以，优先股类似固定利息的债券。

（2）优先分配公司的剩余财产。当公司因解散、破产等进行清算时，优先股股东将优先于普通股股东分配公司的剩余财产。

（3）优先股股东一般无表决权。在公司股东大会上，优先股股东一般没有表决权，通常也无权参与公司的经营管理，仅在涉及优先股股东权益问题时享有表决权。因此，优先股股东不大可能控制整个公司。

（4）优先股可由公司赎回。发行优先股的公司按照公司章程的有关规定，根据公司的需要，可以一定的方式将所发行的优先股购回，以调整公司的资本结构。

2. 优先股筹资的优点与缺点

（1）优点：

1）优先股没有固定的到期日，不用偿还本金。

2）股利的支付既固定，又有一定弹性。

3）保持普通股股东的控制权，当公司既想向外界筹集主权资金，又不想丧失现有股东控制权时，则利用优先股筹资尤为恰当。

（2）缺点：

1）优先股成本很高。优先股所支付的股利要从税后盈余中支付，不同于债务利息可在税前扣除。

2）优先股筹资的限制较多。发行优先股，通常有许多限制条款，例如，对普通股股利支付的限制，对公司借债的限制等。

3）优先股股利可能会成为公司的财务负担。

任务评价

工作任务清单	掌握情况	
	会做	熟练
权益资本筹资的种类和优缺点		
债务资本筹资的种类和优缺点		
衍生工具筹资的种类和优缺点		

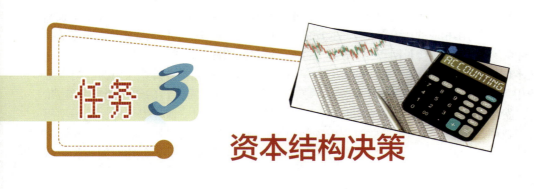

任务 3 资本结构决策

任务导入

某药业股份有限公司，注册资本为1 000万元，经营范围主要有化学原料药、化学制剂药、抗生素、生化制品、物流配送及相关咨询服务。虽然公司自成立以来暂时没有发生亏损的现象，但经营业绩一般，与同行业比较盈利能力较低。为了避免在激烈的竞争中被淘汰，公司管理层开始思考如何不断挖掘自身的潜力，扩大市场份额，提高企业价值。

公司自建立以来一直无长期债务，资金全部由普通股资本组成，股票账面价值为1 000万元。公司的财务总监和财务经理认为公司目前的资本结构不合理，于是向总经理提出改善公司目前的资本结构的建议。财务总监认为通过股票筹集来的资金每年都需要分配股利，公司的收益与所有股东分享，从长远来看资金成本高于通过债务筹集的资金。公司应改善目前的资本结构，可通过发行债券购回部分股票，寻找加权平均资本成本最低的最佳资本结构。但总经理认为目前公司的资本结构没有什么不妥之处，公司每年能够维持稳定的收益，同时由于无长期债务，没有负债压力，改变公司的资本结构可能会对公司产生不利影响。那么你觉得谁的想法更符合公司的发展需求，如何确定最佳的资本结构呢？

任务分析

1. 了解各种筹资方式的资金成本。
2. 能进行个别资金成本的计算与比较，当公司同时采取多种筹资方式时，会计算综合资金成本。
3. 运用不同的筹资决策方法，计算并确定最佳资本结构。

相关知识

资产结构是指企业进行投资中各种资产的构成比例。一些企业存在流动资金不足的问题，其中一个很重要的原因就是没有处理好固定资金和流动资金投入的比例。资产结构管理的重点是确定一个既能维持企业正常开展经营活动，又能在减少或不增加风险的前提下，给企业带来更多利润的流动资金水平。企业的资产结构可分为保守型资产结构、风险型资产结构和中庸型资产结构三种类型。

一、资金成本的概念和作用（The Meaning and Function of Capital Cost）

1. 资金成本的概念

资金成本是指资金的价格，企业为筹集和使用资金而付出的代价。在市场经济条件下，资金提供者不可能无偿提供资金，企业必须支付一定数量的费用作为补偿。从广义上来说，企业筹集和使用任何资金都需要付出相应的代价，无论是长期的还是短期的；而狭义的资金成本指的是企业筹集和使用长期资金的成本。由于长期资金又被称为资本，所以长期资金的成本也称为资本成本。

资金成本包括筹资费用和用资费用两部分。筹资费用是指企业在资金筹集阶段为获得资金所支付的费用，如向银行支付的借款手续费，因发行股票、债券所需支付的印刷费、手续费、公证费等有关费用。筹资费用通常与使用时间无关，是在筹集资金时一次性发生的，是一项固定费用。用资费用是指企业在生产经营过程中为使用资金所支付的费用，例如，向债务人支付的利息和向股东支付的股利、分红等。用资费用与企业资金使用时间有关，使用时间越长，这部分费用越高，是一项变动费用。

2. 资金成本的作用

（1）资金成本是选择资金来源和筹资方式的主要依据。企业的资金来源渠道和筹资方式多种多样，不同的资金提供者所要求的收益率不同，每种筹资方式的资金使用费率和筹资费率也各有不同，因而资金成本必然不同。企业在选择资金来源和筹资方式时，在其他条件相同时，企业应当选择资金成本最低的资金来源和筹资方式。

（2）资金成本是确定最佳资本结构的主要参数。企业价值大小与资本结构密切相关，不同的资本结构会给企业带来不同的风险和成本。而资本结构优劣的一个重要标准就是企业综合资金成本的高低，因而，企业在确定最优资本结构时必须考虑资金成本。

（3）资金成本是企业评价投资项目的主要标准。项目投资时，只有当预期的投资报酬率大于该项目使用资金的资本成本率，这个项目在经济上才是可行的，否则这个项目会因入不敷出而失败。因此，通常将资金成本率作为一个项目投资必须赚的"最低收益率"或是否采用投资项目的取舍标准。

（4）资金成本是评价企业经营成果的重要因素。企业的经营成果可以用企业的经营利润率来衡量，当利润率高于资金成本，可以认为企业经营有利、业绩较好，否则可以认为经营不力，业绩欠佳。

3. 资金成本的表示

资金成本既可以用绝对数表示，也可以用相对数表示，但一般用相对数表示。用相对数表示的资金成本也称为资金成本率，是用资费用与实际筹集获得资金的比率。其计算公式如下：

$$资金成本（率）= \frac{每年的用资费用}{筹资总额-筹资费用} = \frac{每年的用资费用}{筹资总额\times（1-筹资费用率）}$$

$$K = \frac{D}{P-F} = \frac{D}{P\times（1-f）}$$

式中，K 为资金成本率；D 为每年的用资费用；P 为筹资总额；F 为筹资费用；f 为筹资费用率。

二、资金成本的计算（Capital Costing）

资金成本主要包括个别资金成本和综合资金成本。

1. 个别资金成本的计算

个别资金成本是针对具体某一种筹资方式而言的，是构成综合资金成本的基础。其主要包括公司债券资金成本、银行借款资金成本、优先股资金成本、普通股资金成本和留存收益资金成本。其中，前两种为债务资金成本；后三种为权益资金成本。

（1）公司债券资金成本的计算。公司通过债券筹集的资金需要支付利息和筹资费用，其中债券利息在税前支付，具有减税作用。而发行债券的筹资费用包括申请费、注册费、印刷费、手续费等。因为债券的筹资费用一般较高，不能忽略不计。在不考虑货币的时间价值时，公司债券资金成本的计算公式如下：

$$公司债券资金成本率 = \frac{年利息\times（1-所得税税率）}{债券筹资总额\times（1-筹资费用率）}\times100\%$$

$$K_b = \frac{I\times（1-T）}{B\times（1-f）}$$

式中，K_b 为公司债券资金成本率；I 为债券的年利息；T 为企业所得税税率；B 为发行债券的筹资额，按发行价确定；f 为债券的发行费率。

【例 2-3-1】A 公司按面值发行一笔 5 年期债券，面值为 100 000 元，票面利率为 10%，每年付息一次。债券的发行费用为 6%，企业所得税税率为 25%。请确定该公司发行债权的资金成本率。

解：
$$K_b = \frac{100\,000\times10\%\times（1-25\%）}{100\,000\times（1-6\%）} = 7.98\%$$

（2）银行借款资金成本的计算。银行借款的资金成本包括借款利息和借款手续费。借款利息的支付和债券利息一样是在税前支付的，因此同样具有抵免企业所得税的作用。在不考虑货币的时间价值时，银行借款资金成本的计算公式如下：

$$银行借款资金成本率 = \frac{年利息\times（1-所得税税率）}{借款总额\times（1-银行手续率）}\times100\%$$

$$K_l = \frac{I\times（1-T）}{L\times（1-f）}$$

式中，K_l 为银行借款资金成本率；I 为银行借款的年利息；T 为企业所得税税率；L 为银行借款总额；f 为银行借款的手续费率。

【例 2-3-2】A 公司因资金需求从银行借入 1 000 000 元，借款手续费为 0.5%，年利率为 8%，每年结息一次，到期还本付息。企业所得税税率为 25%，请确定该公司这笔银行借款的资金成本率。

解：
$$K_l = \frac{1\,000\,000 \times 8\% \times (1-25\%)}{1\,000\,000 \times (1-0.5\%)} = 6.03\%$$

由于银行借款的手续费率通常较低，在计算时常常可以忽略不计，因此公式可以简化为

$$K_l = i \times (1-T)$$

式中，i 为银行借款年利率。

（3）优先股资金成本的计算。优先股筹集的资金属于权益资金，资金使用费是向股东分派的股利和股息。企业发行优先股，既要支付筹资费用，又要定期支付股利，且没有固定到期日。与债务资金不同，优先股股利是用所得税税后净利支付的，不能抵减所得税，没有抵税的作用。如果每年支付的优先股的股利固定，优先股资金成本的计算公式如下：

$$优先股资金成本率 = \frac{优先股股利}{发行优先股总额 \times (1-优先股筹资费率)} \times 100\%$$

$$K_p = \frac{D}{P \times (1-f)}$$

式中，K_p 为优先股资金成本率；D 为优先股每年的股利；P 为发行的优先股总额；f 为优先股的筹资费用率。

【例 2-3-3】A 公司计划发行优先股来解决公司目前的资金缺口，发行的优先股面值为 1 000 000 元，优先股每年固定的股息率为 12%，筹资费用率为 3%。请计算该公司这笔优先股的资金成本率。

解：
$$K_p = \frac{1\,000\,000 \times 12\%}{1\,000\,000 \times (1-3\%)} = 12.37\%$$

（4）普通股资金成本的计算。普通股的资金成本主要是向股东支付各期的股利。但与优先股股东相比，普通股股东承担较大的风险，期望的收益率也必然越高。由于各期股利不确定，随着企业的经营业绩和股利政策的变化而变化。普通股资金成本的计算方法与其他的方法略有不同，常用的有股利折现模型法和资本资产定价模型法。

1）股利折现模型法。股利折现模型法是利用普通股价值的计算公式来计算普通股资金成本的一种方法。从理论上来说，普通股的成本是普通股股东在一定的风险条件下所要求的最低投资报酬率，而普通股价值应该等于预计未来股利按照这个投资报酬率贴现后的现值之和。由于股票没有到期日，普通股价值的计算公式如下：

$$V_0 = \sum_{t=1}^{\infty} \frac{D_t}{(1+K_s)^t}$$

式中，V_0 为普通股现值；D_t 为第 t 年支付的股利；K_s 为普通股资金成本。

运用股利折现模型法测算普通股资金成本，具体的股利政策不同，计算公式也会有所不同。如果公司采用固定股利政策，即每年分派股利固定不变，则普通股资金成本的计算公式和优先股资金成本相同。如果公司采用固定股利增长率的股利政策，则普通股资金成本的计算公式如下：

$$普通股资金成本率 = \frac{第一年预期股利}{普通股筹资金额 \times (1-普通股筹资费率)} \times 100\% + 股利年增长率$$

$$K_s = \frac{D_1}{V_0(1-f)} + g$$

式中，K_s 为普通股资金成本率；D_1 为第一年预期股利；V_0 为普通股筹资金额；f 为普通股筹资费用率；g 为普通股的股利年增长率。

【例 2-3-4】A 公司普通股为 100 000 股，每股面值为 1 元，发行价格为每股 5 元，发行费率为 3%，公司目前营运状况良好并预期未来盈利状况良好，计划 1 年后将发放股利 0.6 元每股，采取固定股利增长率的股利政策，每年增长 2%。请计算该公司这笔普通股的资金成本。

解：
$$K_s = \frac{0.6}{5 \times (1 - 2\%)} + 2\% = 14.24\%$$

2）资本资产定价模型法。资本资产定价模型法是从投资者的角度来衡量的资金成本。根据"风险越大，要求的报酬率越高"的原理，普通股投资者的投资风险一般大于债券投资者，必然要求获得一定的风险溢价，因此，其要求的必要报酬率等于无风险报酬率加上风险报酬率。在这种情况下，普通股资金成本的计算公式如下：

$$K_s = R_f + \beta \times (R_m - R_f)$$

式中，R_f 为无风险报酬率；β 为股票的贝塔系数，反映该种股票随市场行情变动而变动的趋势；R_m 为市场股票的平均报酬率。

【例 2-3-5】A 公司股票的 β 系数为 1.5，市场上股票的平均风险报酬率为 11%，无风险报酬率为 4%。请计算该公司这笔普通股的资金成本。

解：$K_s = 4\% + 1.5 \times (11\% - 4\%) = 14.5\%$

（5）留存收益资金成本的计算。留存收益是企业缴纳企业所得税后形成的，属于权益资本，是企业资金的一项重要来源。股东将这一部分未分派的税后利润留在企业，实质上是对企业的追加投资，股东对这部分投资也要求获得一定的报酬，所以也要计算资金成本。留存收益资金成本的计算与普通股资金成本的计算基本相同，但是留存收益不同于其他资金从市场取得，而是将内部利润进行再投资，因此不考虑筹资费用。

1）如果公司采用固定股利政策，则留存收益资金成本的计算公式如下：

$$K_e = \frac{D}{V}$$

2）如果公司采用固定股利增长率的股利政策，则留存收益资金成本的计算公式如下：

$$留存收益资金成本 = \frac{第一年预期股利}{普通股筹资金额} \times 100\% + 股利年增长率$$

$$K_e = \frac{D_1}{V_0} + g$$

【例 2-3-6】A 公司普通股目前股价为每股 5 元，公司目前营运状况良好并预期未来盈利状况良好，计划 1 年后将发放股利 0.6 元每股，采取固定股利增长率的股利政策，每年增长 2%。请计算该公司留存收益的资金成本。

解：
$$K_e = \frac{0.6}{5} + 2\% = 14\%$$

企业资金来源不同，风险不同，要求的报酬率也不同，因此资金成本的计算很重要。个别资金成本从低到高排序：银行借款资金成本 < 公司债券资金成本 < 优先股资金成本 < 留存收益资金成本 < 普通股资金成本。

2. 综合资金成本的计算

企业资金来源多种多样，筹资方式不可能是单一的，实际工作中企业往往同时采用多种筹资方式获取资金，因此，要正确地进行筹资和投资决策，就必须计算企业的综合资金成本。综合资金成本是指以个别资金成本为基础，以各种资金所占的比重为权数，对个别资金成本进行加权平均计算的加权平均资金成本。综合资金成本的计算公式如下：

$$综合资金成本率 = \sum 个别资金成本 \times 该项资金占总资金的比重（即权重）$$

$$K_w = \sum_{j=1}^{n} K_j \times W_j$$

式中，K_w 为综合资金成本率；K_j 为第 j 种个别资金的资金成本率；W_j 为第 j 种个别资金占总资金的比重。

【例 2-3-7】A 公司现有资本总额为 1 000 万元，其中银行借款为 200 万元，公司债券为 200 万元，普通股为 500 万元，留存收益为 100 万元。它们的资金成本率分别为 6%、8%、12% 和 10%。请计算该公司的综合资金成本。

解：第一步，计算各种资金成本占资本总额的比重。

银行借款 $\qquad W_1 = \dfrac{200}{1\ 000} \times 100\% = 20\%$

公司债券 $\qquad W_2 = \dfrac{200}{1\ 000} \times 100\% = 20\%$

普通股 $\qquad W_3 = \dfrac{500}{1\ 000} \times 100\% = 50\%$

留存收益 $\qquad W_4 = \dfrac{100}{1\ 000} \times 100\% = 10\%$

第二步，计算该公司的综合资金成本。

$$K_w = 6\% \times 20\% + 8\% \times 20\% + 12\% \times 50\% + 10\% \times 10\% = 9.8\%$$

对于权重的选择，我们可以选择账面价值为基础计算，也可以利用市场价值为计算基础，还可以利用目标价值为计算基础。但是如果不特指，我们都以账面价值为计算权重的基础。

三、资本结构决策（Capital Structure Decision）

资本结构决策是企业筹资决策的核心问题，企业管理人员应综合考虑有关因素，对公司的资本结构进行分析、管理。如企业现有资金结构不合理，应通过筹资活动优化资本结构，使其趋于合理。

> **思政课堂**
> 培养学生运用资本结构决策的能力，养成独立处理问题的能力。

1. 资本结构的含义

资本结构也称融资结构，是指企业各种资本的价值构成及其比例关系，有广义和狭义之分。广义的资本结构是指企业全部债务与股东权益的比例关系，不仅包括长期资本，还包括短期资本；狭义的资本结构是指企业各种长期债务与股东权益比例关系。本任务介绍的资本结构是指狭义的资本结构，即长期资本的构成及比例关系。

2. 影响资本结构的因素

资本结构的变化将直接影响资本所有者的权益，因此，企业必须权衡风险和资金成本的关系，确定最佳的资本结构。影响资本结构的因素有很多，主要包括以下几个方面：

（1）企业的规模。一般情况下，企业规模越大，资金需要量也越大，筹集资金的方式越多。大型企业可以通过证券市场发行股票，吸收国家和法人单位投资，负债比率一般较低。而一些中小企业无法发行股票，筹资渠道较为单一，解决资金需求主要靠银行借款，负债率一般较高。

（2）企业的资产结构。资产结构会以多种方式影响企业的资本结构。企业固定资产较多时资金周转较慢，一般主要通过长期负债和发行股票的筹资方式，负债率较低。企业流动资产较多时，通常选择流动负债来筹集资金，资金成本相对较低，负债率较高。技术密集型企业需要较多资本用于研究开发，一般负债较少。资产适用于抵押的企业一般负债较高，例如，房地产企业较多通过抵押贷款获得资金。

（3）企业的财务状况与信用等级。企业财务状况良好、信用等级较高时，更容易获得债权人的青睐，取得债务资金；相反，企业的财务状况较差、信用等级不高时，债权人考虑投资风险，要求较高的投资报酬率，提高了债务资金成本。

（4）企业的盈利能力与成长性。企业具有较高的盈利能力与成长性时，拥有足够的流动资金支付利息和债务，同时债务资金成本较低，所以，通常采取债务融资的方式获取资金；相反，当企业盈利能力和成长性较弱时，为避免因流动资金短期造成的财务困难，企业通常采用权益筹资的方式。因此，通常负债率与企业的盈利能力和成长性呈正相关。

（5）企业投资者与管理者的态度。投资者是企业的实际所有者，企业的资本结构决策是由投资者与管理者做出的。发行股票等权益筹资方式会稀释企业的控制权，因此，如果企业投资者想要集中控制权，则通常选择通过债务筹资的方式获取资金；反之，企业投资者想更多的人分担投资风险时，会选择通过发行股票的方式来筹集资金。

企业管理者对待风险的态度也会影响企业的资本结构。如果管理者比较喜欢冒险，通常采取较高的债务筹资；相反，如果管理者比较稳健，通常采取较低的债务筹资。

（6）政府的税收政策与货币政策。国家宏观调控经济的手段包括税收政策和货币政策。债务筹资支付的利息可以在税前列支，也可以抵减企业所得税，但权益筹资支付的股息是税后支付的，不能抵税。因此，所得税税率越高，债务筹资好处越多；相反，所得税税率越低，负债筹资抵税的作用就越不明显。货币政策的影响是指利率水平的变动趋势也会影响到企业的资本结构。如果目前利率暂时较低，预计即将上升，发行长期债券可以在债券期限内将利率固定在较低的水平。

（7）行业因素与企业发展周期。在实际工作中，不同的行业资本结构有较大的差异。企业管理者在进行资本结构决策时应参考所处行业中各企业资本结构的一般水平。同时，同一企业不同发展阶段，资本结构也有所不同。初创阶段的企业，需要大量投资，应控制负债比例。发展成熟阶段的企业，营收稳定，有足够的流动资金，可以增加债务比例。衰退阶段的企业，经营风险逐步加大，应逐渐降低债务比例。

以上因素都可能会影响到企业的资本结构，管理者应充分考虑，结合定量分析方法确定最佳资本结构。最佳资本结构并不是固定不变的，处于不同时间点的最佳资本结构是不同的。企业对最佳资本结构的追求是不可能一步到位的，是一个长期的、不断优化的过程。

3. 资本结构决策的方法

债务筹资可以抵减所得税，且资金成本相对较低，但如果企业资产负债率超过一定程度，会因没有足够流动资金支付到期的债务利息，给企业带来较大的财务风险。因此，企业必须权衡财务风险和资金成本的关系，确定最佳资本结构。最佳资本结构是指在一定条件下使企业综合资金成本最低的资本结构，它应作为企业的目标资本结构。常见的最佳资本结构决策方法主要有比较资本成本法和每股收益无差别点法两种，如图2-3-1所示。

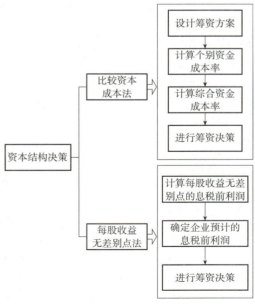

图2-3-1 资本结构决策的方法

（1）比较资本成本法。比较资本成本法的基本原理是进行筹资决策前先准备几个不同筹资结构的备选方案，通过计算各备选方案资本结构的综合资金成本，以此为标准，选出综合资金成本最低的资本结构作为最优方案。

【例 2-3-8】A 公司计划筹资建设一条新的生产线，投资额为 1 000 万元，现有三个筹资方案可供选择。

方案一：向银行借款 500 万元，发行公司债券 200 万元，发行普通股 300 万元。

方案二：向银行借款 100 万元，发行公司债券 500 万元，发行普通股 400 万元。

方案三：向银行借款 100 万元，发行公司债券 100 万元，发行普通股 800 万元。

已知银行借款的资金成本为 7%，公司债券的资金成本为 9%，普通股的资金成本为 13%，请做出筹资决策，选出合适的筹资方案。

解：第一步，计算各筹资方案的综合资金成本。

$$方案一的综合资金成本 = \frac{500}{1\,000} \times 7\% + \frac{200}{1\,000} \times 9\% + \frac{300}{1\,000} \times 13\% = 9.2\%$$

$$方案二的综合资金成本 = \frac{100}{1000} \times 7\% + \frac{500}{1\,000} \times 9\% + \frac{400}{1\,000} \times 13\% = 10.4\%$$

$$方案三的综合资金成本 = \frac{100}{1000} \times 7\% + \frac{100}{1\,000} \times 9\% + \frac{800}{1\,000} \times 13\% = 12\%$$

第二步，比较各方案的综合资金成本，选出合适的筹资方案。

由于方案一综合资金成本 9.2% < 方案二综合资金成本 10.4% < 方案三综合资金成本 12%，企业筹资决策倾向于选择资金成本最低的方案，因此选择方案一。

比较资本成本法通俗易懂，计算过程较简单，是一种常用确定资本结构的方法。但是这种方法仅能从备选方案中选择最佳筹资方案，可能漏掉其他更优方案。比较资本成本法适用于资本规模较小，资本结构相对较简单的企业。

（2）每股收益无差别点法。每股收益无差别点法又称每股利润无差别点法，是利用每股收益无差别点来进行资本结构决策的方法。资本结构是否合理可以通过分析每股收益（EPS）的变化来判断，如果能提高每股收益，则该资本结构是合理的；反之则不够合理。不仅资本结构会影响每股收益的大小，息税前利润（EBIT）也会影响。所谓每股收益无差别点，是指普通股每股收益相等时的息税前利润。运用每股收益无差别点法，将每股收益和息税前利润结合起来，分析每股收益和资本结构之间的关系，进而确定最佳资本结构。每股收益 EPS 的计算公式如下：

$$EPS = \frac{(EBIT - I) \times (1 - T)}{N}$$

式中，EBIT 为息税前利润；I 为债务利息；T 为所得税税率；N 为发行流通在外的普通股数量。

在每股收益无差别点上，无论筹资方式是举借债务，还是权益筹资，每股收益都是相等的。假设 EPS_1 为债务筹资，EPS_2 为权益筹资，在每股收益无差别点上 $EPS_1 = EPS_2$，因此计算公式如下：

$$\frac{(\overline{EBIT} - I_1) \times (1 - T)}{N_1} = \frac{(\overline{EBIT} - I_2) \times (1 - T)}{N_2}$$

式中，$\overline{EBIT}$ 为每股收益无差别点处的息税前利润；I_1、I_2 为两种筹资方式下的年利息；T 为所得税税率；N_1、N_2 为两种筹资方式下发行流通在外的普通股数量。

当预计的息税前利润大于每股收益无差别点的息税前利润时，应当选择债务筹资方案。当预计的息税前利润小于每股收益无差别点的息税前利润时，应当选择权益筹资方案，如

图 2-3-2 所示。企业可以及时做出筹资安排及资本结构调整，进行资本结构决策。

【例 2-3-9】A 公司现有资本总额为 1 000 万元，其中公司债券 200 万元，年利率为 8%，普通股 800 万元，每股面值为 4 元，共 200 万股。现计划投资一个新项目，拓展业务范围，需筹集 100 万元资金。预计投资项目后息税前利润可以达到 150 万元，所得税税率为 25%。目前筹资方案有以下两种：

方案一：向银行借款 100 万元，年利率为 10%。

方案二：以每股 5 元的价格发行普通股 20 万股。

请采用每股收益无差别点法计算分析应选择哪种筹资方式。

图 2-3-2　每股收益无差别点

解：第一步，计算每股收益无差别点。

$$\frac{(\overline{EBIT}-200\times8\%-100\times10\%)\times(1-25\%)}{300}=\frac{(\overline{EBIT}-200\times8\%)\times(1-25\%)}{200+20}$$

$$\overline{EBIT}=126（万元）$$

此时的每股收益为

$$EPS=\frac{(126-200\times8\%)\times(1-25\%)}{200+20}=0.375（元）$$

每股收益分析法

第二步，比较预计的息税前利润与每股收益无差别点的息税前利润，确定筹资决策。

当息税前利润大于 126 万元时，应选择债务筹资；当息税前利润小于 126 万元时，应选择权益筹资。该企业预计息税前利润为 150 万元，故选择方案一，向银行借款筹集资金更为有利。

每股收益无差别点法以每股收益为分析起点，将资本结构与企业市场价值等相关因素结合起来，是企业在追加筹资时常用的一种决策方法。其原理容易理解，测算过程也不复杂。可用于资本规模不大、资本结构不太复杂的股份有限公司。但每股收益无差别点法只考虑了资本结构对每股收益的影响，未考虑资本结构变动给企业带来的风险变化。且假定每股收益越高，股票价格也越高，公司价值越大，未考虑负债增加对股票价格的负面影响，因此，单纯采用每股收益无差别点法有时也会做出错误的决策。企业财务管理人员进行筹资决策时，还应结合影响资本结构的各种因素综合分析，合理地确定最佳资本结构。

还有一种计算较为复杂的方法，即公司价值分析法。公司价值分析法也称比较公司价值法，是通过计算和比较各种资本结构下公司总价值来确定最佳资本结构的方法。在此方法下公司市场价值最大的资本结构就是最佳资本结构。其计算公式如下：

$$公司的市场总价值 = 股票的价值 + 债务的价值$$

$$V=S+B$$

$$K_w=K_b\frac{B}{V}(1-T)+K_s\frac{S}{V}$$

式中，V 为公司市场价值；S 为股票市场价值；B 为债券市场价值；T 为所得税税率；K_w 为综合资金成本率；K_b 为税前债券资金成本率；K_s 为普通股资金成本率。

比较资本成本法充分考虑了公司的财务风险和资金成本等因素，以公司价值最大为标准进行最佳资本结构决策，更好实现企业价值最大化的财务目标，更符合现代企业财务管理的目标。

任务评价

工作任务清单	掌握情况	
	会做	熟练
个别资金成本的计算		
综合资金成本的计算		
比较资本成本法的计算和应用		
每股收益无差别点法的计算和应用		

任务 4

杠杆原理

任务导入

　　某酒厂原本一直亏损、濒临倒闭。后来企业管理层关注到广告效应，于是利用广告投入成功打开市场，销售额连续三年翻番，随后成立集团，注册资金 1.4 亿元。尤其是某酒厂参加第一届"标王"竞标，一夜成名，其主打产品某酒身价倍增。中标后，酒厂各地的订单激增，迅速签订销售合同 4 亿元，两个月就实现销售收入 3.18 亿元，实现净利润 6 800 万元。

　　该酒厂的知名度大大提高，在白酒市场上成为名牌。全国各地商家纷纷找上门，很短时间，销售网络布及全国。事实证明巨额的广告投入确实带来了惊天动地的巨大收益。然而危机也在悄然发生，销售订单随着广告效应增加，可酒厂的生产能力却没有增加，致使产量跟不上销量，但广告成本仍在继续，最终该酒厂陷入生产经营困境，亏损已成定局。纵观该酒厂的成与败，广告投入是关键影响因素，正所谓成也"广告"，败也"广告"。请问广告投入在酒厂的成败中发挥了什么作用？

任务分析

　　1. 了解企业成本的分类和成本习性。

　　2. 理解企业在财务管理中存在的杠杆效应。

　　3. 学会计算企业的经营杠杆、财务杠杆和总杠杆系数。

相关知识

"给我一个支点，我可以翘起地球"是古希腊物理学家阿基米德家喻户晓的一句名言。自然界中杠杆效应也是常见的现象，可以用较小的力量移动较重的物体。在财务管理中也存在类似于物理学中的杠杆效应，表现为由于特定固定费用或支出的存在，导致某一财务变量虽然以较小幅度变动，但另一相关变量却会以较大幅度变动。合理地使用杠杆原理有助于企业规避风险，提高资金的运营效率。要了解财务管理中的杠杆原理，首先需要了解成本习性、边际贡献和息税前利润等相关知识。

> **思政课堂**
>
> 讨论杠杆原理在生活中的体现，达到事半功倍的效果。

一、成本习性、边际贡献和息税前利润（Cost Habit，Marginal Contribution and EBIT）

1. 成本习性的含义及分类

成本习性又称成本性态，是指成本总额与业务量之间在数量上的依存关系。在一定产销量范围内，产销量的增加一般不会影响固定成本总额，但会降低单位产品负担的固定成本，从而提高产品的利润，使得利润的增长率大于产销量的增长率。相应的，如果产销量减少，企业单位产品的固定成本将会提高，因而降低单位产品的利润，使得利润的下降率大于产销量的下降率，这就是杠杆效应的作用。

成本按习性可分为固定成本、变动成本和混合成本三类。

（1）固定成本。固定成本是指在特定的业务量范围内成本总额不受业务量变动影响的那部分成本。例如，按直线法计提的固定资产折旧费用、保险费、房屋租金、广告费、管理人员工资、科研开发费等。固定成本可分为约束性固定资产和酌量性固定成本。约束性固定资产是企业维持正常生产经营能力所必须负担的最低固定成本，企业管理者当前的决策不能改变其数额的固定性成本，其大小取决于企业生产经营的规模和质量，因而具有较大的约束性；酌量性固定成本是随企业经营方针的变化而变化的，管理者的决策可以改变其支出数额的固定成本。在一定时期和业务量的一定范围内，固定成本总额不因业务量的变动而变动，但单位固定成本会随着业务量的变动呈反比例变动，如图2-4-1所示。

（2）变动成本。变动成本是指在特定的业务量范围内，其总额随着业务量成正比例变动的那部分成本，如直接材料费、直接人工费、装运费、包装费和按销售量支付的销售佣金等。变动成本可分为技术性变动成本和酌量性变动成本。技术性变动成本是由技术因素决定的那部分变动成本，企业管理者的决策无法改变其支出数额；酌量性变动成本是指其支出比例或标准取决于管理者决策的那部分变动成本。在一定范围内，变动成本总额因业务量的变动而呈正比例变动，但单位变动成本不变，如图2-4-2所示。

（3）混合成本。在实际经济生活中，许多成本虽然也随着业务量的变动而变

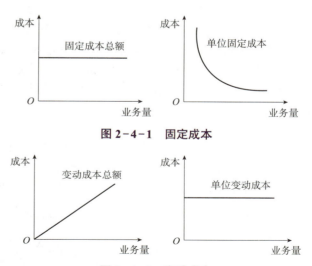

图2-4-1　固定成本

图2-4-2　变动成本

动，但是往往不成正比例变动，这种兼具固定与变动两种性质的成本称为混合成本。为了经营管理需要，混合成本可以按一定方法分解成变动成本与固定成本两部分。因此，总成本习性模型可以表示为

$$y=a+bx$$

式中，y 为总成本；a 为固定成本；b 为单位变动成本；x 为业务量或产销量。

2. 边际贡献

边际贡献又称边际利润，是指销售收入减去变动成本后的余额。边际贡献一般可分为单位边际贡献和边际贡献总额。边际贡献越大越好，是企业产品生产决策的一个重要指标。其计算公式如下：

$$单位边际贡献 = 单价 - 单位变动成本$$
$$m = P - V$$
$$边际贡献总额 = 销售收入 - 变动成本 = （销售单价 - 单位变动成本）\times 产销量$$
$$= 单位边际贡献 \times 产销量$$
$$M = S - V = P \times Q - b \times Q = (P - b) \times Q = m \times Q$$

式中，M 为边际贡献；S 为销售收入；V 为变动成本；P 为销售单价；b 为单位变动成本；Q 为产销量；m 为单位边际贡献。

3. 息税前利润

息税前利润是指支付利息和所得税之前的利润，一般用 $EBIT$ 来表示。其计算公式如下：

$$息税前利润 = 销售收入 - 变动成本 - 固定成本 = 边际贡献总额 - 固定成本$$
$$EBIT = S - V - F = P \times Q - b \times Q - F = M - F$$

式中，$EBIT$ 为息税前利润；F 为固定成本总额。

【例 2-4-1】A 公司是一家服装公司，本年度西装的销量为 2 000 套，每套售价为 500 元，其中生产线的固定成本为 200 000 元，单位变动成本为 250 元，请计算该公司本年度的息税前利润。

解：　$EBIT = (P - b) \times Q - F =$（500 - 250）$\times$ 2 000 - 200 000 = 300 000（元）

息税前利润也可以通过利润总额加利息费用求得，或净利润加上所得税和利息费用得出。

二、经营杠杆（Operating Leverage）

1. 经营杠杆的含义

经营杠杆是指由于固定成本的存在而带来的息税前利润大于产销量变动率的杠杆效应。在一定的产销量规模内，产销量的增加不会改变固定成本总额，但随着产销量的增长，单位固定成本会相应地减少，因而，企业的息税前利润得以提高。相反，产销量的减少会提高单位固定成本，使得息税前利润下降，这就是固定成本的经营杠杆效应。经营杠杆具有放大企业风险的作用，只要企业存在固定成本，就会产生经营杠杆效应。

杠杆原理之
经营杠杆

2. 经营杠杆系数的计算

对经营杠杆进行计量中最常见的指标是经营杠杆系数（DOL）。要反映经营杠杆的作用程度，估计经营杠杆利益的大小，评价经营风险的高低，需要计算经营杠杆系数。所谓经营杠杆系数，是指息税前利润变动率与产销量变动率之间的比率。其计算公式如下：

$$经营杠杆系数 = \frac{息税前利润变动率}{销售量变动率}$$

$$DOL = \frac{\Delta EBIT / EBIT}{\Delta Q / Q}$$

式中，DOL 为经营杠杆系数；$\Delta EBIT$ 为息税前利润变动额；ΔQ 为销售变动量。

在实际工作中，为了便于计算，该公式可以简化计算为

$$经营杠杆系数 = \frac{基期边际贡献}{基期息税前利润}$$

$$DOL = \frac{M_0}{EBIT_0} = \frac{M_0}{M_0 - F} = \frac{EBIT_0 + F}{EBIT_0} = 1 + \frac{F}{EBIT_0}$$

式中，M_0 为基期边际贡献；$EBIT_0$ 为基期息税前利润；F 为固定成本。

【例 2-4-2】A 公司 2021 年和 2022 年的相关资料见表 2-4-1，请计算该公司 2022 年的经营杠杆系数。

表 2-4-1　经营杠杆系数计算分析表　　　　　　　　　　　　　　　元

项目	2021 年	2022 年	变动额	变动率
销售量	400 000	500 000	100 000	25%
变动成本	80 000	100 000	20 000	25%
边际贡献	320 000	400 000	80 000	25%
固定成本	120 000	120 000	0	—
息税前利润	200 000	280 000	80 000	40%

解：

$$DOL = \frac{\Delta EBIT / EBIT}{\Delta Q / Q} = \frac{80\,000 / 200\,000}{100\,000 / 400\,000} = 1.6$$

或

$$DOL = \frac{M_0}{EBIT_0} = \frac{320\,000}{200\,000} = 1.6$$

3. 经营风险与经营杠杆的关系

经营风险是指由于经营上的原因导致的风险，尤其是利用经营杠杆而导致息税前利润变动的风险。引起企业经营风险的主要原因是市场需求和成本的不确定性，但经营杠杆本身并不是利润不稳定的根源。产销量增加时，息税前利润将按经营杠杆系数倍幅增加。相反，当产销量下降时，息税前利润将以经营杠杆倍幅减少。所以，企业的经营风险与经营杠杆有重要的关系。通常企业的固定成本越高，经营杠杆系数越高，其经营风险也越高。

三、财务杠杆（Financial Leverage）

1. 财务杠杆的含义

财务杠杆是指由于固定财务费用的存在，息税前利润的增加会引起普通股每股收益大幅变动的杠杆效应。只要在企业筹资方式中有固定财务费用支出的债务，就会存在财务杠杆效应。在一定的负债水平和利息费用固定的条件下，息税前利润增加时，每一元收益所负担的负债成本就会相应地减少，因此普通股每股收益将会大幅提高；相反，当息税前利润下降时，每一元收益所负担的负债成本就会相应地增加，因此普通股每股收益将会大幅降低，这就是财务杠杆效应。

2. 财务杠杆系数的计算

不同的企业财务杠杆的作用程度各有不同，因此需要对财务杠杆进行计量，通常采用财务杠杆系数（DFL）来表示。财务杠杆系数越大，财务杠杆作用程度越大。所谓财务杠杆系数，是指普通股每股收益的变动率相当于息税前利润变动率的倍数。其计算公式如下：

$$财务杠杆系数 = \frac{普通股每股收益变动率}{息税前利润变动率}$$

$$DFL = \frac{\Delta EPS/EPS}{\Delta EBIT/EBIT}$$

式中，DFL 为财务杠杆系数；EPS 为普通股每股收益；ΔEPS 为每股收益变动额。

在实际工作中，为了便于计算，该公式可以简化计算为

$$财务杠杆系数 = \frac{基期息税前利润}{基期息税前利润 - 基期利息}$$

$$DFL = \frac{EBIT_0}{EBIT_0 - I}$$

式中，$EBIT_0$ 为基期息税前利润；I 为利息。

【例 2-4-3】A 公司资金总额为 100 万元，其中发行在外的普通股为 10 万股，每股面值为 5 元，长期借款为 50 万元，年利率为 10%，所得税税率为 25%。公司 2021 年和 2022 年的相关资料见表 2-4-2，请计算该公司 2022 年的财务杠杆系数。

表 2-4-2　财务杠杆系数计算分析表　　　　　　　　　　　　　元

项目	2021 年	2022 年	变动额
息税前利润	200 000	250 000	50 000
借款利息	50 000	50 000	0
税前利润	150 000	200 000	50 000
所得税	37 500	50 000	12 500
税后利润	112 500	150 000	37 500
每股收益	1.125	1.5	0.375

解：
$$DFL = \frac{\Delta EPS/EPS}{\Delta EBIT/EBIT} = \frac{0.375/1.125}{50\,000/200\,000} \approx 1.33$$

或
$$DFL = \frac{EBIT_0}{EBIT_0 - I} = \frac{200\,000}{200\,000 - 50\,000} \approx 1.33$$

3. 财务风险与财务杠杆的关系

财务风险是指与企业筹资相关的风险，也称筹资风险，尤其是企业为了取得财务杠杆利益而使用负债筹资时，增加企业破产的风险。企业运用财务杠杆时，会增加负债，需要支付更多的利息，受到财务杠杆作用引起普通股收益变动的影响较大。当企业息税前利润下降时，普通股收益下降得更快，当息税前利润不足以支付固定的利息支出时就会出现亏损，甚至破产。企业负债比重越高，财务杠杆效应越强，财务风险越大。

四、总杠杆 (Total Lever)

1. 总杠杆的含义

总杠杆也称复合杠杆或综合杠杆，是指由于固定的生产成本和固定的财务费用存在，导致每股收益变动大于产销量变动的杠杆效应。企业存在固定的生产经营费用，会产生经营杠杆效应，同时，由于存在固定的财务费用而产生财务杠杆效应，两种杠杆共同起作用影响每股收益的变动，这就是总杠杆效应。

2. 总杠杆系数的计算

总杠杆的计量最常用的指标是总杠杆系数（DCL）。总杠杆系数是指每股收益变动率相当

杠杆原理之财务杠杆、复合杠杆

于产销量变动率的倍数，计算上也可以表示为经营杠杆系数乘以财务杠杆系数。其计算公式如下：

$$总杠杆系数 = \frac{每股收益变动率}{产销业务量变动率} = 经营杠杆系数 \times 财务杠杆系数 = \frac{边际贡献}{息税前利润 - 利息}$$

$$DCL = \frac{\Delta EPS/EPS}{\Delta Q/Q} = DOL \times DFL = \frac{M}{EBIT} \times \frac{EBIT}{EBIT-I} = \frac{M}{EBIT-I}$$

【例2-4-4】A公司2021年和2022年的相关资料见表2-4-3，所得税税率为25%，请计算该公司2022年的总杠杆系数。

表2-4-3　总杠杆系数计算分析表　　　　　　　　　　　　　　　元

项目	2021年	2022年	变动额
销售收入	20 000	24 000	4 000
变动成本	8 000	9 600	1 600
边际贡献	12 000	14 400	2 400
固定成本	8 000	8 000	0
息税前利润	4 000	6 400	2 400
借款利息	1 600	1 600	0
税前利润	2 400	4 800	2 400
所得税	600	1 200	600
税后利润	1 800	3 600	1 800
发行在外普通股数量	1 000 股	1 000 股	0
每股收益	1.8	3.6	1.8

解：
$$DCL = \frac{\Delta EPS/EPS}{\Delta Q/Q} = \frac{1.8/1.8}{4\,000/20\,000} = 5$$

或
$$DCL = \frac{M}{EBIT-I} = \frac{12\,000}{4\,000-1\,600} = 5$$

3. 企业总风险与总杠杆的关系

企业总风险是指由于总杠杆作用使普通股每股收益大幅波动而造成的风险。在总杠杆的作用下，当企业经济效益增加时，每股收益按照总杠杆系数倍幅上升；反之，当企业经济效益下降时，每股收益则大幅下降。总杠杆可以用来评价企业的整体风险水平，在其他因素不变的情况下，总杠杆系数越大，企业总风险越大。企业可以通过调整各类风险的大小来控制总风险。

任务评价

工作任务清单	掌握情况	
	会做	熟练
息税前利润的计算		
经营杠杆系数的计算和应用		
财务杠杆系数的计算和应用		
总杠杆系数的计算和应用		

任务 5　Python 在筹资管理中的应用

一、实施场景

本案例应用 Python 进行企业资金需要量预测。

运用 Python 的数据分析功能，通过财务数据分析 Pandas 库进行文件的读取和写入、数据筛选，通过财务可视化基础 Matplotlib 库进行基本图形绘制。

回归分析法是先基于资金需要量与营业业务量（如销售数量、销售收入）之间存在线性关系的假定建立数学模型，然后根据历史有关资料，用回归直线方程确定参数预测资金需要量的方法。其预测模型如下：

$$Y = a + bX$$

式中，Y 表示资金需要总额；a 表示不变资金总额；b 表示单位业务量所需要的变动资金；X 表示经营业务量。

不变资金是指在一定的营业规模内不随业务量变动的资金，主要包括维持营业所需要的最低数额的现金、原材料的保险储备、必要的成品或商品储备，以及固定资产占用的资金。变动资金是指随业务量变动而同比例变动的资金，一般包括在最低储备以外的现金、存货、应收账款等所占用的资金。

二、实施要求

（1）通过 Pandas 库读取数据；
（2）绘制散点图，建立模型；
（3）使用 Matplotlib 对分析结果进行可视化呈现。

> **思政课堂**
>
> 培养学生严肃认真、严谨细致的工作态度，树立科技助力生活的意识。

三、实施步骤（图 2-5-1）

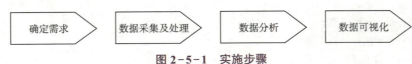

确定需求 → 数据采集及处理 → 数据分析 → 数据可视化

图 2-5-1　实施步骤

（一）案例资料

通常，一家公司的资金需要量会随着销售收入增长而增长，设销售收入为自变量 x，资金需要量为因变量 y，它们之间的关系可用 $y=a+bx$ 表示，式中，a 为不变资金；b 为单位产销量所需变动资金。乙公司销售收入与资金需要量历史数据见表 2-5-1。本案例通过一元线性回归模型来探寻销售收入对资金需要量的影响，即构建资金需要量预测模型。

表 2-5-1　乙公司销售收入与资金需要量　　　　　　　　　　万元

年份	销售收入	资金需要量
2012	200	150
2013	240	170
2014	250	180
2015	280	190
2016	300	200
2017	310	210
2018	350	240
2019	380	250
2020	420	290
2021	450	300
2022	400	270

假设乙公司 2023 年销售收入预测为 450 万元，求 2023 年资金需要量。

（二）读取数据

以乙公司为例，通过如下代码读取数据：

```
Import pandas as pd
df= pd. read _excel(' 乙公司资金需要量与销售收入表 .xlsx')
print (df)
```

得到的数据如图 2-5-2 所示。

```
    年份   销售收入  资金需要量
0   2012   200    150
1   2013   240    170
2   2014   250    180
3   2015   280    190
4   2016   300    200
5   2017   310    210
6   2018   350    240
7   2019   380    250
8   2020   420    290
9   2021   450    300
10  2022   400    270
```

图 2-5-2　乙公司销售收入与资金需要量历史数据

其中，销售收入为自变量 X，资金需要量为因变量 Y，通过如下代码进行自变量、因变量选取：

```
X=df[' 销售收入 ']
Y=df[' 资金需要量 ']
```

通过如下代码可以绘制散点图，如图 2-5-3 所示。

```
import matplotlib.pyplot as plt
plt.rcParams['font.sans-serif']=['SimHei']
plt.scatter(X,Y)
plt.xlabel(' 销售收入 ')                    # 通过 plt.xlabel() 函数添加坐标标签
plt.ylabel(' 资金需要量 ')                  # 通过 plt.ylabel() 函数添加坐标标签
plt.show()
```

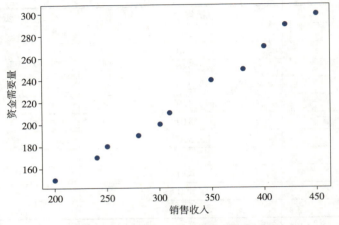

图 2-5-3　销售收入与资金需要量散点图

（三）模型构建

通过如下代码构建线性回归模型：

```
from sklearn.linear_model import LinearRegression
regr=LinearRegression()                     # 引入模型
regr.fit(X,Y)
```

（四）模型可视化

通过如下代码将线性回归模型可视化，如图 2-5-4 所示。

```
plt.scatter(X,Y)
plt.plot(X,regr.predict(X),color='red')     # color='red' 设置为红色
plt.xlabel(' 销售收入 ')
plt.ylabel(' 资金需要量 ')
plt.show()
```

（五）线性回归方程构建

通过如下代码查看该直线的截距 b 和斜率 a：

```
print(' 系数 b 为 :'+str(regr.coef_[0]))
print(' 截距 a 为 :'+str(regr.intercept_))
```

运行结果如下：

```
系数 b 为 : [0.62103064]
截距 a 为 : [20.61002786]
```

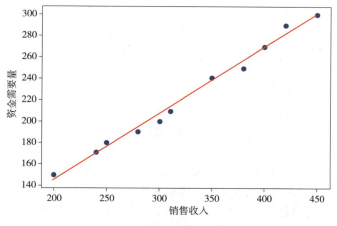

图 2-5-4　回归模型可视化

资金需要量线性回归方程如下：

$$Y = 20.61 + 0.62X$$

如果乙公司 2023 年销售收入预测为 450 万元，则 2023 年资金需要量为

$$Y = 20.61 + 0.62 \times 450 = 299.61 （万元）$$

（六）完整代码

完整代码如下：

```
#1.读取数据
import pandas as pd
df=pd.read_excel(' 乙公司资金需要量与销售收入表 .xlsx')
print(df)
X=df[[' 销售收入 ']]
Y=df[[' 资金需要量 ']]


#2.模型构建
from sklearn.linear_model import LinearRegression
regr=LinearRegression()                    # 引入模型
regr.fit(X,Y)


#3.模型可视化
import matplotlib.pyplot as plt
plt.rcParams['font.sans-serif']=['SimHei']
plt.scatter(X,Y)
plt.xlabel(' 销售收入 ')                     # 通过 plt.xlabel() 函数添加坐标标签
plt.ylabel(' 资金需要量 ')                   # 通过 plt.ylabel() 函数添加坐标标签
plt.show()
plt.scatter(X,Y)
plt.plot(X,regr.predict(X),color='red')     #color='red' 设置为红色
plt.xlabel(' 销售收入 ')
plt.ylabel(' 资金需要量 ')
```

```
plt.show()

#4. 线性回归方程构建
print(' 系数 b 为 :'+str(regr.coef_[0]))
print(' 截距 a 为 :'+str(regr.intercept_))
```

工作领域小结

1. 企业在日常生产经营过程有许多地方都需要资金，可能是内部的自有资金，也可能是向外部筹措的资金，因此，企业必须依法、合理地筹集资金。

2. 通过企业筹资的基本概述，帮助学生了解企业筹资的动机、筹资渠道和筹资管理的基本原则。

3. 企业可以有不同的筹资方式，学生应能够运用所学知识为企业选择筹资渠道和方式，提出合理化建议。

4. 筹资决策的关键是资本结构优化决策的方法，为企业资本结构选择提供建议。最佳资本结构是使企业综合资金成本最低、企业价值最大的资本结构。

5. 财务管理中的杠杆效应，经营杠杆系数越大，经营风险越大；财务杠杆系数越大，财务风险越大。

6. 结合 Python 工具，简化筹资决策中的数据运算，结果可视化，在短时间内轻松处理筹资的业务数据，帮助我们进行决策。

工作领域思维导图

- 运筹帷幄——企业筹资管理
  - 筹资管理概述
    - 筹资动机
    - 筹资原则
    - 筹资渠道
    - 资金需要量预测
  - 筹资方式
    - 权益资本筹集
    - 债务资本筹集
    - 衍生工具筹集
  - 资本结构决策
    - 资金成本的概念和作用
    - 资金成本的计算
    - 资本结构决策
  - 杠杆原理
    - 成本习性、边际贡献和息税前利润
    - 经营杠杆
    - 财务杠杆
    - 总杠杆
  - Python在筹资管理中的应用

实施效果检测

一、单项选择题

1. 下列（　　）可以为企业筹集短期资金。

    A. 融资租赁　　　　　　　B. 商业信用　　　　　　　C. 内部积累　　　　　　　D. 发行股票

2. 相对于股票筹资而言，下列属于银行借款缺点的是（　　）。

    A. 筹资速度慢　　　　　　B. 筹资成本高　　　　　　C. 财务风险大　　　　　　D. 借款弹性差

3. 关于吸收直接投资特点的说法中，下列不正确的是（　　）。

    A. 能够尽快形成生产能力　　　　　　　　　　B. 容易进行信息沟通

    C. 有利于产权交易　　　　　　　　　　　　　D. 筹资费用较低

4. 下列措施有利于降低总杠杆系数，从而降低企业总风险的是（　　）。

    A. 降低产品销售单价　　　　　　　　　　　　B. 提高资产负债率

    C. 节约固定成本支出　　　　　　　　　　　　D. 减少产品销售量

5. 某公司增发普通股股票 1 000 万元，筹资费率为 8%，本年的股利率为 12%，预计股利年增长率为 4%，所得税税率为 30%，则普通股的资本成本为（　　）。

    A. 16%　　　　　　　　　B. 17.04%　　　　　　　C. 12%　　　　　　　　　D. 17.57%

6. 采用销售百分比法预测资金需要量时，下列项目中被视为不随销售收入的变动而变动的是（　　）。

    A. 现金　　　　　　　　　B. 应付账款　　　　　　　C. 存货　　　　　　　　　D. 短期借款

7. 企业为了优化资本结构，合理利用财务杠杆效应所产生的筹资动机属于（　　）。

    A. 创立性筹资动机　　　　　　　　　　　　　B. 支付性筹资动机

    C. 扩张性筹资动机　　　　　　　　　　　　　D. 调整性筹资动机

8. 当经营杠杆系数为 1 时，下列表述正确的是（　　）。

    A. 固定成本为零　　　　　　　　　　　　　　B. 固定成本和费用为零

    C. 边际贡献为零　　　　　　　　　　　　　　D. 利息为零

9. 企业为了给员工发放年终奖金而向银行借款，这种筹资的动机是（　　）。

    A. 创立性筹资动机　　　　　　　　　　　　　B. 扩张性筹资动机

    C. 调整性筹资动机　　　　　　　　　　　　　D. 支付性筹资动机

10. 当票面利率（　　）市场利率时，债券按折价方式进行。

    A. 大于　　　　　　　　　B. 小于　　　　　　　　　C. 等于　　　　　　　　　D. 不确定

二、多项选择题

1. 企业筹集的资金，按性质可分为（　　）。

    A. 短期资金　　　　　　　B. 长期资金　　　　　　　C. 权益资金　　　　　　　D. 债务资金

2. 按股票的权利和义务不同，股票可分为（　　）。

    A. 普通股　　　　　　　　B. 优先股　　　　　　　　C. 记名股　　　　　　　　D. 无记名股

3. 企业吸收直接投资时，投资主体可以是（　　）。

    A. 国家　　　　　　　　　B. 个人　　　　　　　　　C. 法人　　　　　　　　　D. 外商

4. 企业投资者的出资方式有（　　）。

    A. 现金投资　　　　　　　　　　　　　　　　B. 实物投资

    C. 工业产权投资　　　　　　　　　　　　　　D. 土地使用权投资

5. 融资租赁的形式有（　　　）。

    A. 直接租赁　　　　　　　B. 经营租赁　　　　　　　C. 售后租回　　　　　　　D. 杠杆租赁

三、判断题

1. 一定的筹资方式只能适用于某一特定的筹资渠道。（　　　）

2. 同一筹资方式往往适用于某一特定的筹资渠道。（　　　）

3. 权益资金是指企业依法筹集的、长期拥有并自主支配的资金，它的主要来源是发行普通股股票。（　　　）

4. 与直接筹资相比间接筹资具有灵活便利、规模经济、提高资金使用效益的优点。（　　　）

5. 进行资金习性分析，把资金划分为变动资金和不变资金两部分，从数量上掌握了资金同销售量之间的规律性，对准确地预测资金需要量有很大帮助。实际上资金习性分析法是销售百分比法的具体运用。（　　　）

6. 最佳资本结构是使企业筹集能力最强、财务风险最小的资本结构。（　　　）

7. 财务杠杆系数是由企业资本结构决定的，财务杠杆系数越大，财务风险越大。（　　　）

8. 狭义的资本结构是指长期负债与权益资本之间的构成及其比例关系。（　　　）

9. 若债券利息率、筹资费率和所得税率均已确定，则企业的债券资本成本率与发行债券的价格无关。（　　　）

10. 经营杠杆能够扩大市场和生产等因素变化对利润变动的影响。（　　　）

四、计算题

1. 某公司目前发行在外普通股 200 万股（每股 1 元），已发行 8% 利率的债券 600 万元，目前的息税前利润为 150 万元。该公司打算为一个新的投资项目融资 500 万元，新项目投产后公司每年息税前利润会增加 150 万元。现有两个方案可供选择：方案 1，按 10% 的利率发行债券；方案 2，按每股 20 元发行新股。公司适用所得税税率 25%。要求：

（1）计算两个方案的每股收益；

（2）计算两个方案的每股收益无差别点息税前利润；

（3）计算两个方案的财务杠杆系数；

（4）判断哪个方案更好。

2. 某公司只生产销售 A 产品，其总成本习性模型 $Y = 15\,000 + 7X$。假定该企业 20×1 年 A 产品每件售价为 12 元，产品销售为 15 000 件，按市场预测 20×2 年 A 产品的销售数量将增长 12%。要求：

（1）计算 20×1 年该企业的边际贡献总额；

（2）计算 20×1 年该企业的息税前利润；

（3）计算 20×2 年的经营杠杆系数；

（4）计算 20×2 年的息税前利润增长率；

（5）假定公司 20×1 年发生负债利息 8 000 元，20×2 年保持不变，计算 20×2 年的总杠杆系数。

工作领域三

投资论道——企业投资管理

知识目标 ▶

1. 了解企业投资的意义及特点；熟悉企业投资的含义及分类。
2. 理解项目投资的含义和特点。
3. 掌握现金流量的构成和现金净流量的计算。
4. 掌握项目可行性决策分析的静态分析指标和动态分析指标的含义、适用范围和优缺点。
5. 掌握互斥方案、独立方案选择的原则。
6. 了解证券的种类和股票、债券投资的优缺点。
7. 掌握股票、债券的估价方法；掌握证券投资组合的风险和收益的计算。

技能目标 ▶

工作领域	工作任务	技能点	重要程度
投资论道——企业投资管理	投资管理概述	能计算项目投资计算期	★★☆☆☆
		能计算项目投资额	★★☆☆☆
	投资项目财务评价指标	能估计现金净流量	★★★☆☆
		能运用项目投资评价指标（动态指标和静态指标）	★★★★☆
	项目投资管理	能进行独立方案和互斥方案的投资决策	★★★☆☆
	证券投资管理	能运用股票、债券的估价模型	★★☆☆☆
		能计算证券投资组合的风险和收益	★★☆☆☆
	Python在投资管理中的应用	能够通过智能化管理工具构建投资决策模型进行投资决策	★★★☆☆

1. 培养学生的投资意识和正确投资的理念；
2. 培养学生的大数据意识；
3. 培养学生严谨细致、诚实守信的工作作风；
4. 培养学生的爱国情怀，树立学生的民族意识。

2023 年 1 月 8 日 0 时 42 分，载有 27 名旅客的首辆港珠澳大桥穿梭巴士抵达港珠澳大桥珠海公路口岸。港珠澳大桥迎来了内地与港澳人员往来优化措施正式实施后首批香港方向的入境旅客，实现了内地与香港居民顺利通关、开心团聚的新年愿望。

港珠澳大桥是一座连接香港、广东珠海和澳门的桥隧工程，于 2009 年 12 月开工建设，总投资 1 269 亿元，耗时 9 年，直到 2018 年 10 月正式开通运营，全线长为 545 千米，其工程难度之大，建造技术之复杂闻名世界，在世界交通工程史上留下了浓重笔墨，而它的建成，促进了内地、香港、澳门三地人民的交流往来，推动了港澳地区的经济发展，对于中国来讲意义非凡。

任务 1

投资管理概述

任务导入

王光是一位刚毕业的大学生，想自主创业，父母给了他 40 万元的创业资金，为了不辜负父母期望，使这部分资金获得更大的效益，王光准备做一项投资。经过一段时间的市场调研后，王光认为图书市场是个值得关注的市场，于是他准备开一家书店。

开书店主要有两种方式，即图书加盟店形式和完全自营书店形式。根据有关数据统计显示，加入连锁体系开办企业的成功率高达 90%，而完全自营办企业的成功率则要低得多，且需要投入大量的时间和精力。基于这些考虑，王光准备选择图书加盟店形式。经过反复分析和权衡，王光对连锁书店经营方式产生了兴趣，最吸引他的是连锁书店关于退货和退出机制的承诺，即如果加盟店的库存量超过正常标准，或出现图书滞销，加盟店可以将图书退回总部；如果不想开书店了，可以把书退回总部，总部将会按照发货价格施行收购，这意味着为投资者避免了经营上的一项重要风险。

经过认真分析后，王光根据自己的资金实力和所处的城市环境，决定开一家中型连锁书店。随后，王光发现有两处位置可以开设书店：一处是大型生活区的临街门面，约 60 平方米，每平方米租金为 50 元（每月初支付），租赁时间可一次签 3 年，另外要收取押金 10 000 元。另一处在本市最繁华的一家商场内，商场经理同意划出 100 平方米的位置做图书销售场，每月按书屋当月销售额的 16% 收取费用，销售款由商场统一收取，每月结算一次，划款时间为销售的下月底之前通过转账支付，合同每年一签（如果签订合同当年的销售收入达不到 80 万元，则书屋应补足实际营业额与 80 万元差额部分的扣点比率，否则予以退场）。

假设王光签订合同当年的实际营业收入为 50 万元，按 16% 的扣点数计算王光在各月已经交给商场合计 8 万元的租金，但由于在一年的营业期间内，王光的书店并没有达到 80 万元的营业收入要求，所以，王光仍然需要向商场补交 4.8 万元的租金。另外，由于合同是每年一签订，如果业绩不好则商场可能不会与王光续签合同，这将导致原先支出的装修和购置设施等投资款不能收回，这些都是王光在选择方案时需要考虑的因素。本工作领域将介绍针对项目投资需要注意的问题和做出投资决策的方法，帮助像王光这样的投资者做出正确的投资决策。

问题： 王光在考虑投资时主要考虑了哪些因素？王光是否应该投资该书店项目？

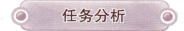
任务分析

1. 了解企业投资的意义及特点。
2. 熟悉企业投资的含义及分类。
3. 理解并掌握项目投资的含义。

相关知识

投资一般是指特定经济主体（包括政府、企业和个人）为了获取经济利益而投入资金或资源用以转化为实物资产或金融资产的行为或过程。从企业角度来讲，投资就是企业为获取未来收益而向一定对象投放资金的经济行为。例如，购建厂房、生产线、机器设备、购买股票、债券等经济行为，均属于投资。

一、投资的分类（Classification of Investment）

投资是比较复杂的经济行为，对投资进行科学的分类，可以有效分清楚投资的性质，有利于加强投资的管理。

（一）直接投资和间接投资

按照投资行为的介入程度，投资可分为直接投资和间接投资。

（1）直接投资。直接投资是指不需要借助于金融工具，直接将资金投放于形成生产经营能力的实体性资产，直接获取经营利润的企业投资。通过直接投资，购买并配置劳动力、劳动资料和劳动对象等具体生产要素，开展生产经营活动。

（2）间接投资。间接投资是指通过购买被投资对象发行的金融工具，如股票、债券等权益性资产上的企业投资。之所以称为间接投资，是因为股票、债券的发行方，在筹集到资金后，再将这些资金投放于形成生产经营能力的实体性资产，获取经营利润。而间接投资方不直接介入具体生产经营过程，通过股票、债券上所约定的收益分配权利，获取股利或利息收入，分享直接投资的经营利润。基金投资也是一种间接投资，通过投资于股票、债券等的投资组合获取收益。

（二）对内投资与对外投资

按投资活动资金投出的方向，企业投资可分为对内投资和对外投资。

（1）对内投资。对内投资是指在本企业范围内部的资金投放，用于购买和配置各种生产经营所需的经营性资产。

（2）对外投资。对外投资是指向本企业范围以外的其他单位的资金投放。对外投资多以现金、有形资产、无形资产等资产形式，通过联合投资、合作经营、换取股权、购买证券资产等投资方式，向企业外部其他单位投放资金。

对内投资都是直接投资；对外投资主要是间接投资，也可能是直接投资。

（三）项目投资与证券投资

按投资对象的存在形态和性质，企业投资可分为项目投资和证券投资。

股权投资那些事——证券资产的持有目的与作用

（1）项目投资。企业可以通过投资，购买具有实质内涵的经营资产，包括有形资产和无形资产，形成具体的生产经营能力，开展实质性的生产经营活动，谋取经营利润，这类投资称为项目投资。项目投资的目的是改善生产条件、扩大生产能力，以获取更多的经营利润。项目投资属于直接投资。

（2）证券投资。企业可以通过投资，购买证券资产，通过证券资产上所赋予的权利，间接控制被投资企业的生产经营活动，获取投资收益，这类投资称为证券投资，即购买属于综合生产要素的权益性权利资产的企业投资。

证券，是一种金融资产，即以经济合同契约为基本内容、以凭证票据等书面文件为存在形式的权利性资产。例如，债券投资代表的是未来按契约规定收取债息和收回本金的权利。根据是否有明确的到期日，债券投资可分为普通债券投资和永续债投资。股票投资代表的是对发行股票企业的经营控制权、财务控制权、收益分配权、剩余财产追索权等股东权利。根据股东权利和义务的不同，股票投资可分为普通股票投资和优先股票投资。基金投资则代表一种信托关系，是一种收益权。证券投资的目的是通过持有权益性证券，获取投资收益，或控制其他企业的财务或经营政策，并不直接从事具体生产经营过程。因此，证券投资属于间接投资。

直接投资与间接投资、项目投资与证券投资，两种投资分类方式的内涵和范围是一致的，只是分类角度不同。直接投资与间接投资强调的是投资的方式性，项目投资与证券投资强调的是投资的对象性。

二、项目投资的分类及特点（Classification and Characteristics of Project Investment）

项目投资是以企业内部生产经营活动所需的各种资产作为投资对象的投资行为。其目的是保证生产经营过程的连续性或扩大生产经营规模。

（一）项目投资的分类

项目投资按照投资目的的不同，可分为资产更新投资项目、扩大经营投资项目和其他项目。

1. 资产更新投资项目

资产更新投资项目是指对原有的即将淘汰的资产进行替换，如设备、厂房的更新。这种项目投资通常不改变企业的营业收入。

2. 扩大经营投资项目

扩大经营投资项目是指对现有产品生产的拓展或对新产品生产的投资，扩大经营项目通常需要增加新的固定资产，并增加企业的营业收入。

3. 其他项目

其他项目主要是指研究与开发新项目等。

（二）项目投资的特点

项目投资属于企业的对内投资和直接投资，具有以下主要特点。

1. 投资金额大

项目投资，特别是战略性的扩大生产能力投资，一般都需要较多的资金，其投资额往往是企业及其投资人多年的资金积累，在企业总资产中占有相当大的比重。因此，项目投资对企业未来的现金流量和财务状况都将产生深远的影响。

2. 影响时间长

项目投资的投资期及其发挥作用的时间很长，对企业未来的生产经营活动和长期经营活动会产生重大影响。

3. 变现能力差

项目投资一般不会在一年或超过一年的一个经营周期内变现，而且即使想在短期内变现，其变现能力也较差。因为项目投资一旦完成，要想改变是相当困难的，不是无法实现就是代价太大。

4. 投资风险大

影响项目投资未来收益的因素特别多，再加上投资金额大、影响时间长和变现能力差，因此，它的投资风险比其他投资的风险要大，会对企业的未来命运产生决定性影响。无数事例证明，一旦项目投资决策失败，会给企业带来先天性的、无法逆转的损失。

三、项目投资计算期（Project Investment Calculation Period）

项目投资计算期，是指投资项目从投资建设开始到最终清理结束整个过程所需的全部时间，通常以年为单位。由于项目投资的规模较大，需要较长的建设时间，因此，通常将投资的整个持续时间分为建设期和生产经营期。其中，建设期（记作 s）是指从项目资金正式投入项目建成投产为止所需的时间，其第一年年初称为建设起点，最后一年年末称为投产日。生产经营期（记作 p）是指投产日到清理结束日之间的时间间隔，又包括试产期和达产期（指完全达到设计生产能力期）两个阶段。试产期是指项目投入生产但生产能力未完全到设计能力时的过渡阶段；达产期是指生产运营达到设计预期水平后的时间。项目投资计算期如图 3-1-1 所示。

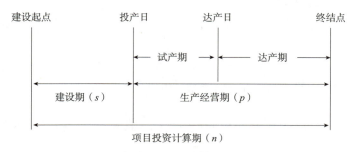

图 3-1-1　项目投资计算期

如果用 n 表示项目投资计算期，则有以下的关系式：

$$项目计算期 = 建设期 + 生产经营期$$

即

$$n = s + p$$

【例 3-1-1】 启明公司拟购建一条生产线，预计使用寿命为 20 年。求：（1）在建设起点投资并投产的项目计算期；（2）建设期为两年的项目计算期。

解：（1）在建设起点投资并投产，则其项目计算期为

$$项目计算期 = 0 + 20 = 20（年）$$

（2）建设期为两年，则其项目计算期为

$$项目计算期 = 2 + 20 = 22（年）$$

四、项目投资成本（Project Investment Cost）

项目投入的要素有建设投资、流动资金投资、经营成本和各种税金（图 3-1-2）。项目投资成本从投资的不同时期来看，有初始投资成本和经营期投资成本两种。

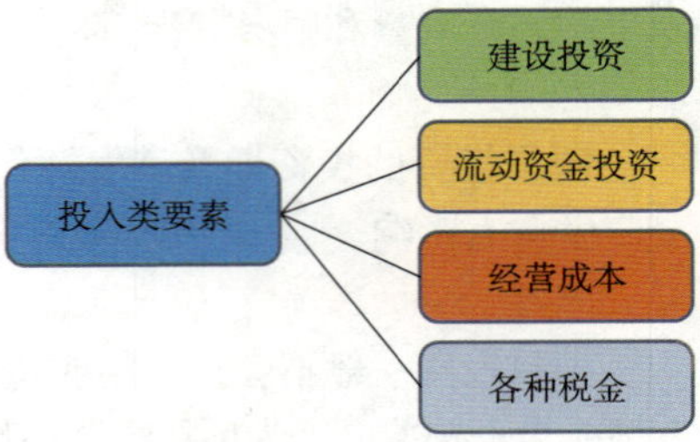

图 3-1-2　投入类要素

（一）初始投资成本

1. 原始投资

原始投资又称为初始投资，是指企业为使该项目完全达到设计生产能力或开展正常经营而投入的全部现实资金。原始投资反映了项目所需现实资金水平的价值指标，包括建设投资和流动资金投资两项内容。

$$原始投资 = 建设投资 + 流动资金投资$$

（1）建设投资是指在建设期内按一定生产经营规模和建设内容进行的投资。一般包括固定资产投资、无形资产投资和其他资产投资。

> **想一想**
> 原始投资和建设投资的区别和联系分别是什么？

$$建设投资 = 固定资产投资 + 无形资产投资 + 其他资产投资$$

1）固定资产投资是用于购置或安装固定资产应当发生的投资，也是任何类型项目投资中不可缺少的投资内容。计算折旧的固定资产原值与固定资产投资之间可能存在差异，原因在于固定资产原值可能包括应构成固定资产成本的建设期内资本化的借款利息。两者的关系如下：

$$固定资产原值 = 固定资产投资 + 建设期资本化借款利息$$

2）无形资产投资是指项目用于取得无形资产而发生的投资。

3）开办费投资是指为组织项目投资的企业在其筹建期内发生的，不能计入固定资产和无形资产价值的那部分投资。

（2）流动资金投资是指项目投产前后分次或一次投放于营运资金项目的投资增加额，又称垫支流动资金或营运资金投资。

$$某年的流动资金增加额（垫支数） = 本年流动资金需用数 - 上年流动负债需要数$$

对于垫支的流动资金投资通常在项目终结日可以全额收回。

2. 投资总额

投资总额是反映项目投资总体规模的价值指标，它等于原始投资与建设期资本化利息之和。其计算公式如下：

$$投资总额 = 原始投资 + 建设期资本化利息$$

（二）经营期投资成本

经营期投资成本由运营期发生的经营成本、税金及附加和企业所得税三个方面构成。经营

成本又称付现的营运成本（简称付现成本），是指在运营期内为满足正常生产经营而动用货币资金支付的成本费用。从企业投资者的角度看，税金及附加和企业所得税都属于成本费用的范畴，因此，在投资决策中需要考虑这些因素。

（三）项目投资资金的投入方式

项目投资资金的投入方式是指投资主体将原始投资注入具体项目的投入方式，包括一次投入与分次投入两种方式。一次投入方式是指投资行为集中发生在项目计算期的某一年的年初或年末；分次投入方式是指投资行为涉及两个或两个以上年度，或投资行为发生在同一年的年初和年末。

【例 3-1-2】启明公司新建一条生产线项目，建设期为两年，运营期为 20 年。全部建设投资分别安排在建设起点、建设期第二年年初和建设期期末，分三次投入，投资额分别为 10 万元、300 万元和 68 万元；全部流动资金投资安排在建设期末和投产后第一年年末，分两次投入，投资额分别为 15 万元和 5 万元。根据项目筹资方案的安排，建设期资本化借款利息为 22 万元。根据上述资料，试估算该项目的各项指标。

解：
$$建设投资合计 = 100 + 300 + 68 = 468（万元）$$
$$流动资金投资合计 = 15 + 5 = 20（万元）$$
$$原始投资 = 468 + 20 = 488（万元）$$
$$项目总投资 = 488 + 22 = 510（万元）$$

五、投资管理的原则（Principles of Investment Management）

投资管理的程序包括投资计划制订、可行性分析、实施过程控制、投资后评价等。为了适应投资项目的特点和要求，实现投资管理的目标，作出合理的投资决策，需要制定投资管理的基本原则，据以保证投资活动的顺利进行。

（一）可行性分析原则

投资项目的金额大，资金占用时间长，一旦投资后具有不可逆转性，对企业的财务状况和经营前景影响重大。因此，在投资决策之时，必须建立严密的投资决策程序，进行科学的可行性分析。

投资项目可行性分析是投资管理的重要组成部分。其主要任务是对投资项目实施的可行性进行科学的论证，主要包括环境可行性、技术可行性、市场可行性、财务可行性等方面。项目可行性分析将对项目实施后未来的运行和发展前景进行预测，通过定性分析和定量分析比较项目的优劣，为投资决策提供参考。

环境可行性，要求投资项目对环境的不利影响最小，并能带来有利影响，包括对自然环境、社会环境和生态环境的影响；技术可行性，要求投资项目形成的生产经营能力，具有技术上的适应性和先进性，包括工艺、装备、地址等；市场可行性，要求投资项目形成的产品能够被市场所接受，具有市场占有率，进而才能带来财务上的可行性；财务可行性，要求投资项目在经济上具有效益性，这种效益性是明显的和长期的。财务可行性是在相关的环境、技术、市场可行性完成的前提下，着重围绕技术可行性和市场可行性而开展的专门经济性评价。同时，一般也包含资金筹集的可行性。

财务可行性分析是投资项目可行性分析的主要内容，因为投资项目的根本目的是经济效益，市场和技术上可行性的落脚点也是经济上的效益性，项目实施后的业绩绝大部分表现在价值化的财务指标上。

财务可行性分析的主要内容包括：收入、费用和利润等经营成果指标的分析；资产、负债、所有者权益等财务状况指标的分析；资金筹集和配置的分析；资金流转和回收等资金运行过程的分析；项目现金流量、净现值、内含收益率等项目经济性效益指标的分析；项目收益与风险关系的分析等。

（二）结构平衡原则

由于投资往往是一个综合性的项目，不仅涉及固定资产等生产能力和生产条件的购建，还涉及使生产能力和生产条件正常发挥作用所需要的流动资产的配置。同时，由于受资金来源的限制，投资也常会遇到资金需求超过资金供应的矛盾。如何合理配置资源，使有限的资金发挥最大的效用，是投资管理中资金投放所面临的重要问题。

可以说，一个投资项目的管理就是综合管理。资金既要投放于主要生产设备，又要投放于辅助设备；既要满足长期资产的需要，又要满足流动资产的需要。投资项目在资金投放时，要遵循结构平衡原则，合理分布资金，具体包括固定资金与流动资金的配套关系、生产能力与经营规模的平衡关系、资金来源与资金运用的匹配关系、投资进度和资金供应的协调关系、流动资产内部的资产结构关系、发展性投资与维持性投资的配合关系、对内投资与对外投资的顺序关系、直接投资与间接投资的分布关系等。

投资项目在实施后，资金就较长期地固化在具体项目上，退出和转向都不太容易。只有遵循结构平衡原则，投资项目实施后才能正常顺利地运行，才能避免资源的闲置和浪费。

（三）动态监控原则

投资的动态监控，是指对投资项目实施过程中的进程控制。特别是对于那些工程量大、工期长的建造项目来说，有一个具体的投资过程，需要按工程预算实施有效的动态投资控制。

投资项目的工程预算，是对总投资中各工程项目及所包含的分步工程和单位工程造价规划的财务计划。建设性投资项目应当按工程进度，对分项工程、分步工程、单位工程的完成情况，逐步进行资金拨付和资金结算，控制工程的资金耗费，防止资金浪费。在项目建设完工后，通过工程决算，全面清点所建造的资产数额和种类，分析工程造价的合理性，合理确定工程资产的账面价值。

对于间接投资而言，投资前首先要认真分析投资对象的投资价值，根据风险与收益均衡原则合理选择投资对象。在持有金融资产过程中，要广泛收集投资对象和资本市场的相关信息，全面了解被投资单位的财务状况和经营成果，保护自身的投资权益。有价证券类金融资产投资，其投资价值不仅由被投资对象的经营业绩决定，还受资本市场制约。这就需要分析资本市场上资本的供求关系状况，预计市场利率的波动和变化趋势，动态地估算投资价值，寻找转让证券资产和收回投资的最佳时机。

任务评价

工作任务清单	掌握情况	
	会做	熟练
投资的含义及分类		
项目投资的分类及特点		
项目投资计算期		
项目投资成本		

任务 2 投资项目财务评价指标

任务导入

佳乐公司于 2021 年年初在某广场附近租用了一间售货亭向游客出售快餐。佳乐公司与该广场签订了为期三年的租赁合同。经过一个月的试运营，佳乐公司发现，每天的午饭和晚饭时间来买快餐的客人多，但是因为售货亭很小，只有一个售货窗口，无法满足客户需求，造成顾客不得不排长队，以致有些顾客因此而离开，从而影响了公司的利润。为了解决这一问题，佳乐公司设计了四种不同的方案。

方案一：增加窗口。这一方案要求对现有售货亭进行大幅度的改造，初始投资大，但是因为增加了窗口可以满足更多的顾客，所以收入也会相应地增加。

方案二：更新设备。在现有售货窗口的基础上，更新设备，提高每份快餐的供应速度，缩短供应时间。

方案三：建造一个新的售货亭。此方案需要将现有的售货亭拆除，再在原来的地方重新建造一个面积更大、窗口更多的售货亭。此方案的投资最大，预期增加的收入也最多。

方案四：在广场附近租一间更大的售货亭。此方案的初始支出是新售货亭的装修费用，以后每年的增量现金流出是当年的租金支出净额。

方案一和方案二可以同时选择；方案三和方案四不能同时选择，选择一个方案必须放弃另一个方案。

任务分析

1. 企业怎么判断项目投资是否可行？
2. 企业项目投资的工作过程是怎样的？
3. 企业项目投资的评价指标有哪些？

项目投资过程与企业岗位对照图如图 3-2-1 所示。

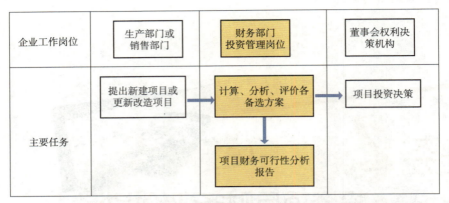

图3-2-1 项目投资过程与企业岗位对照图

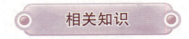

投资决策是对各个可行方案进行分析和评价，并从中选择最优方案的过程。投资项目决策的分析评价，需要采用一些专门的评价指标和方法。常用的财务可行性评价指标有净现值、年金净流量、现值指数、内含收益率和回收期等，围绕这些指标进行投资项目财务评价就产生了净现值法、内含收益率法、回收期法等评价方法。同时，按照是否考虑了货币时间价值来分类，这些评价指标可分为静态评价指标和动态评价指标。考虑了货币时间价值因素的称为动态评价指标；没有考虑货币时间价值因素的称为静态评价指标。

一、项目现金流量（Project Cash Flow）

企业进行项目投资的目的是在未来时期获得收益，为了达到这一目的，投资者必须投入一定量的资金。伴随着资金的不断投入，投资者在未来也会因经营项目不断获得收入，也就是说，伴随着投资活动，企业在不同的计算期有不同内容和数量的现金流入与现金流出。

由一项长期投资方案所引起的在未来一定期间所发生的现金收支，叫作现金流量。其中，现金收入称为现金流入量；现金支出称为现金流出量；现金流入量和现金流出量相抵后的余额称为现金净流量（Net Cash Flow，NCF）。

一般情况下，投资决策中的现金流量通常是指现金净流量（NCF）。这里，所谓的现金既指库存现金、银行存款等货币性资产，也可以指相关非货币性资产（如原材料、设备等）的变现价值。

投资从整个经济寿命周期来看，大致可分为建设期、营业期、终结期三个阶段。现金流量的各个项目也可以归属于各个阶段之中。

（一）建设期

建设阶段的现金流量主要是现金流出量，即在该投资项目上的原始投资，包括在长期资产上的投资和垫支的营运资金。如果该项目的筹建费用较高，也可作为初始阶段的现金流出量计入递延资产。一般情况下，初始阶段中固定资产的原始投资通常在年内一次性投入（如购买设备），如果原始投资不是一次性投入（如工程建造），则应把投资归属于不同投入年份之中。

1. 长期资产投资

长期资产投资包括在固定资产、无形资产、递延资产等长期资产上的购入、建造、运输、安装、试运行等方面所需的现金支出，如购置成本、运输费、安装费等。对于投资实施后导致固定资产性能改进而发生的改良支出，属于固定资产的后期投资。

2. 营运资金垫支

营运资金垫支是指投资项目形成了生产能力，需要在流动资产上追加的投资。由于扩大了企业生产能力，原材料、在产品、产成品等流动资产规模也随之扩大，需要追加投入日常营运资金。同时，企业营业规模扩充后，应付账款等结算性流动负债也随之增加，自动补充了一部分日常营运资金的需要。因此，为该投资垫支的营运资金是追加的流动资产扩大量与结算性流动负债扩大量的净差额。为简化计算，垫支的营运资金在营业期的流入流出过程可忽略不计，只考虑投资期投入与终结期收回对现金流量的影响。建设期现金净流量的计算公式如下：

建设期现金净流量 = - 原始投资 = -（建设投资 + 垫支营运资金）

若建设期不为零，则必须按年度分别确定各年的原始投资额。

【例 3-2-1】某企业拟新增一条生产线，需投资设备 100 万元，专利技术 50 万元，流动资金 20 万元，项目投资当年投产。

此时建设期为零，建设期现金净流量 = -（100+50+20）= -170（万元）

（二）营业期

营业阶段是投资项目的主要阶段，该阶段既有现金流入量，也有现金流出量。现金流入量主要是营运各年的营业收入；现金流出量主要是营运各年的付现营运成本。

另外，营业期内某年发生的大修理支出，如果会计处理在本年内一次性作为损益性支出，则直接作为该年付现成本；如果跨年摊销处理，则本年作为投资性的现金流出量，摊销年份以非付现成本形式处理。营业期内某年发生的改良支出是一种投资，应作为该年的现金流出量，以后年份通过折旧收回。

在正常营业阶段，由于营运各年的营业收入和付现营运成本数额比较稳定，如不考虑所得税因素，营业阶段各年现金净流量一般为

营业现金净流量（NCF）= 营业收入 - 付现成本 = 营业利润 + 非付现成本

式中，非付现成本主要是固定资产年折旧费用、长期资产摊销费用、资产减值损失等。其中，长期资产摊销费用主要有跨年的大修理费用、改良工程折旧摊销费用、筹建费摊销费用等。

所得税是投资项目的现金支出，即现金流出量。考虑所得税对投资项目现金流量的影响，投资项目正常营运阶段所获得的营业现金净流量，可按下列公式进行测算：

营业现金净流量（NCF）= 营业收入 - 付现成本 - 所得税

或　　　　　　　　= 税后营业利润 + 非付现成本

或　　　　　　　　= 收入 ×（1- 所得税税率）- 付现成本 ×（1- 所得税税率）+ 非付现成本 × 所得税税率

【例 3-2-2】某投资项目在建设起点用 800 万元购置不需要安装的固定资产，同时垫支 200 万元营运资金，立即投入生产。预计投产后第 1～10 年每年新增 500 万元的销售收入，每年新增的付现成本和所得税分别为 200 万元和 50 万元。计算营业期现金净流量。

解：　　　　第 1～10 年营业期现金净流量 =500-200-50=250（万元）

（三）终结期

终结阶段的现金流量主要是现金流入量，主要包括固定资产变价净收入和垫支营运资金的收回。

1. 固定资产变价净收入

投资项目在终结阶段，原有固定资产将退出生产经营，企业对固定资产进行清理处置。固定资产变价净收入，是指固定资产出售或报废时的出售价款或残值收入扣除清理费用后的净额。

2. 垫支营运资金的收回

伴随着固定资产的出售或报废，投资项目的经济寿命结束，企业将与该项目相关的存货出售，应收账款收回，应付账款也随之偿付。营运资金恢复到原有水平，项目开始垫支的营运资金在项目结束时得到回收。

在实务中，对某一投资项目在不同时点上现金流量数额的测算，通常通过编制"投资项目现金流量表"进行。通过该表，能测算出投资项目相关现金流量的时间和数额，以便进一步进行投资项目可行性分析。

在投资项目管理的实践中，由于所得税的影响，营业阶段现金流量的测算比较复杂，需要在所得税基础上考虑税后收入、税后付现成本，以及非付现成本抵税对营业现金流量的影响（图3-2-2）。

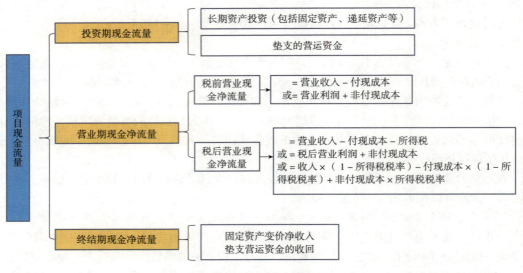

图 3-2-2　项目现金流量

【例3-2-3】某公司准备购建一项固定资产，需在建设起点一次性投入全部资金510万元，建设期为1年。固定资产预计使用寿命为10年，期末有10万元净残值，按直线法折旧。预计投产后每年可使企业新增销售收入130万元，每年付现成本40万元。公司所得税税率为25%。计算项目的现金净流量。

解：

$$项目计算期 = 1 + 10 = 11（年）$$

$$第一年年初现金净流量 NCF_0 = -510 万元$$

$$第一年年末现金净流量 NCF_1 = 0 万元$$

经营期内：

$$年折旧额 = (510 - 10)/10 = 50（万元）$$

$$各年净利润 = (130 - 40 - 50) \times (1 - 25\%) = 30（万元）$$

$$各年经营现金净流量 NCF_{2\sim10} = 30 + 50 = 80（万元）$$

终结期现金净流量 $NCF_{11}=80+10=90$（万元）

【例3-2-4】启明公司准备购入一台设备以扩充其生产能力。现有甲、乙两个方案可供选择。甲方案需要投资 10 000 万元，使用寿命期为 5 年，采用直线法计提折旧，5 年后设备无残值，5 年中每年现金销售收入为 10 000 万元，每年付现成本为 6 000 万元。乙方案需要投资 13 000 万元，使用寿命为 5 年，采用直线法计提折旧，5 年后设备有残值 3 000 万元，5 年中每年的现金销售收入为 11 000 万元，付现成本为 6 000 万元，以后随着设备陈旧逐年增加修理维护费 500 万元，另外需要垫支流动资金 2 000 万元，假设公司所得税税率为 25%。计算两个方案的现金净流量。

解：根据资料，可得

甲方案每年的折旧额 ＝（10 000－0）/5＝2 000（万元）

乙方案每年的折旧额 ＝（13 000－3 000）/5＝2 000（万元）

下面以表格的形式计算两个方案的营业净现金流量，再根据初始现金流量和终结期现金流量计算两个方案的全部现金净流量，见表 3-2-1。

表 3-2-1　两个方案的营业现金净流量　　　　　　　　　　　万元

年限	1	2	3	4	5
甲方案					
销售收入（1）	10 000	10 000	10 000	10 000	10 000
付现成本（2）	6 000	6 000	6 000	6 000	6 000
折旧（3）	2 000	2 000	2 000	2 000	2 000
税前利润（4）＝（1）－（2）－（3）	2 000	2 000	2 000	2 000	2 000
所得税（5）＝（4）×25%	500	500	500	500	500
税后利润（6）＝（4）－（5）	1 500	1 500	1 500	1 500	1 500
现金净流量（7）＝（3）＋（6）	3 500	3 500	3 500	3 500	3 500
乙方案					
销售收入（8）	11 000	11 000	11 000	11 000	11 000
付现成本（9）	6 000	6 500	7 000	7 500	8 000
折旧（10）	2 000	2 000	2 000	2 000	2 000
税前利润（11）＝（8）－（9）－（10）	3 000	2 500	2 000	1 500	1 000
所得税（12）＝（11）×25%	750	625	500	375	250
税后利润（13）＝（11）－（12）	2 250	1 875	1 500	1 125	750
现金净流量（14）＝（10）＋（13）	4 250	3 875	3 500	3 125	2 750

如果考虑初始投资现金流量和终结期上的回收额，则两个投资方案在两个计算期内现金净流量，见表 3-2-2。

表 3-2-2　两个方案计算期内的现金净流量　　　　　　　　　万元

年限	0	1	2	3	4	5
甲方案						
固定资产投资	－10 000					
营业现金净流量		3 500	3 500	3 500	3 500	3 500
现金净流量合计	－10 000	3 500	3 500	3 500	3 500	35 00

续表

年限	0	1	2	3	4	5
乙方案						
固定资产投资	–13 000					
营运资金垫支	–2 000					
营业现金净流量		4 250	3 875	3 500	3 125	2 750
固定资产残值						3 000
营运资金收回						2 000
现金净流量合计	–15 000	4 250	3 875	3 500	3 125	7 750

二、净现值（Net Present Value）

净现值法

（一）基本原理

一个投资项目，其未来现金净流量现值与原始投资额现值之间的差额，称为净现值（Net Present Value，NPV）。其计算公式如下：

净现值（NPV）= 未来现金净流量现值 – 原始投资额现值

计算净现值时，要按预定的贴现率对投资项目的未来现金流量和原始投资额进行贴现。预定贴现率是投资者所期望的最低投资收益率。净现值为正，方案可行，说明方案的实际收益率高于所要求的收益率；净现值为负，方案不可取，说明方案的实际投资益率低于所要求的收益率。

当净现值为零时，说明方案的投资收益刚好达到所要求的投资收益，方案也可行。所以，净现值的经济含义是投资方案收益超过基本收益后的剩余收益。其他条件相同时，净现值越大，方案越好。采用净现值法来评价投资方案，一般有以下步骤：

（1）测定投资方案各年的现金流量，包括现金流出量和现金流入量。

（2）设定投资方案采用的贴现率。确定贴现率的参考标准可以是：

1）以市场利率为标准。资本市场的市场利率是整个社会投资收益率的最低水平，可以视为一般最低收益率要求。

2）以投资者希望获得的预期最低投资收益率为标准。这就考虑了投资项目的风险补偿因素及通货膨胀因素。

3）以企业平均资本成本率为标准。企业投资所需要的资金，都或多或少地具有资本成本，企业筹资承担的资本成本率水平，给投资项目提出了最低收益率要求。

（3）按设定的贴现率，分别将各年的现金流出量和现金流入量折算成现值。

（4）将未来的现金净流量现值与投资额现值进行比较，若前者大于或等于后者方案可行；若前者小于后者，方案不可行，说明方案的实际收益率达不到投资者所要求的收益率。

1）全部投资在建设起点一次投入，建设期为零，投资后每年现金净流量相等。

【例3-2-5】启明公司准备投资一新项目，投资额为400 000元，建设期为零，投产后每年现金净流量为95 000元，经营期为5年，企业必要报酬率为10%。计算该投资项目净现值。

解： 净现值（NPV）$= NCF_{1-5} \times (P/A, 10\%, 5) - NCF_0$

$= 95\,000 \times 3.790\,8 - 400\,000$

$= -39\,874$（元）

2）全部投资在建设起点一次投入，建设期为零，投产后每年的现金净流量不等。

【例3-2-6】启明公司准备投资一新项目，投资额为240 000元，建设期为零，使用寿命为

4 年，每年现金净流量见表 3-2-3。若企业的必要报酬率为 8%，试计算该项目投资的净现值。

表 3-2-3　投资项目现金净流量　　　　　　　　　　　　　　　　　元

年份	0	1	2	3	4
现金净流量	−240 000	20 000	60 000	100 000	140 000

解：净现值（NPV）$= 20\,000 \times (P/F, 8\%, 1) + 60\,000 \times (P/F, 8\%, 2)$

$\qquad + 100\,000 \times (P/F, 8\%, 3) + 140\,000 \times (P/F, 8\%, 4) - 240\,000$

$\qquad = 20\,000 \times 0.925\,9 + 60\,000 \times 0.857\,3 + 100\,000 \times 0.793\,8 + 140\,000 \times 0.735\,0 - 240\,000$

$\qquad = 12\,236$（元）

3）全部投资在建设起点一次性投入，建设期不为零，投产后每年现金净流量相等。

【例 3-2-7】启明公司拟建设一条生产线，需要投资 500 000 元，在建设起点一次投入，按直线法计提折旧，使用寿命为 10 年，期末无残值。该项目建设期为 2 年，预计投产后每年可获利 50 000 元，假定该项目要求的必要报酬率为 10%。计算该项目净现值。

解：

$\qquad\qquad$建设期现金净流量 $= -500\,000$ 元

$\qquad\qquad$年折旧 $= 500\,000/10 = 50\,000$（元）

$\qquad\quad$投产后每年现金净流量 $= 50\,000 + 50\,000 = 100\,000$（元）

$\qquad$净现值（NPV）$= 100\,000 \times (P/A, 10\%, 10) \times (P/F, 10\%, 2) - 500\,000$

$\qquad\qquad = 100\,000 \times 6.144\,6 \times 0.826\,4 - 500\,000$

$\qquad\qquad = 7\,789.74$（元）

（二）对净现值法的评价

净现值法简便易行，其主要优点在于：

（1）适用性强，能基本满足项目年限相同的互斥投资方案决策。如有 A、B 两个项目，资本成本率为 10%，A 项目投资 50 000 元可获净现值 10 000 元，B 项目投资 20 000 元可获净现值 8 000 元。尽管 A 项目投资额大，但在计算净现值时已经考虑了实施该项目所承担的还本付息负担，因此净现值大的 A 项目优于 B 项目。

（2）能灵活地考虑投资风险。净现值法在所设定的贴现率中包含投资风险收益率要求，就能有效地考虑投资风险。例如，某投资项目期限为 15 年，资本成本率为 18%，由于投资项目时间长，风险也较大，所以投资者认定，在投资项目的有效使用期限 15 年中，第一个五年期内以 18% 折现，第二个五年期内以 20% 折现，第三个五年期内以 25% 折现，以此来体现投资风险。

净现值法也具有明显的缺陷，主要表现在：

（1）所采用的贴现率不易确定。如果两个方案采用不同的贴现率贴现，采用净现值法不能够得出正确结论。在同一方案中，如果要考虑投资风险，要求的风险收益率不易确定。

（2）不适用于独立投资方案的比较决策。如果各方案的原始投资额现值不相等，有时无法作出正确决策。独立投资方案是指两个以上投资项目互不依赖，可以同时并存。如对外投资购买甲股票或购买乙股票，它们之间并不冲突。在独立投资方案比较中，尽管某项目净现值大于其他项目，但所需投资额大，获利能力可能低于其他项目，而该项目与其他项目又是非互斥的，因此，只凭净现值大小无法决策。

（3）不能直接用于对寿命期不同的互斥投资方案进行决策。某项目尽管净现值小，但其寿命期短；另一项目尽管净现值大，但它是在较长的寿命期内取得的。两个项目由于寿命期不同，因而净现值是不可比的。要采用净现值法对寿命期不同的投资方案进行决策，需要将各方案均转化为相等寿命期进行比较。

三、净现值率（Net Present Value Ratio）

净现值率（Net Present Value Rate，NPVR）是指项目投资的净现值占原始投资额现值总和的比率，又称"净现值总额"。

$$净现值率（NPVR）= \frac{项目投资的净现值}{原始投资额现值}$$

接例 3-2-7 启明公司的净现值率为 1.6%（7 789.74/500 000）。

净现值率的优点是可以从动态角度反映项目投资的资金投入与净产出之间的关系，计算过程比较简单；缺点是无法直接反映投资项目的实际收益率。

只有当净现值率大于或等于零时，投资项目才具有财务可行性。

四、年金净流量（Net Annuity Flow）

投资项目的未来现金净流量与原始投资额的差额，构成该项目的现金净流量总额。项目期间内全部现金净流量总额的总现值或总终值折算为等额年金的平均现金净流量，称为年金净流量（ANCF）。年金净流量的计算公式如下：

$$年金净流量（ANCF）= \frac{现金净流量总现值}{年金现值系数}$$

或

$$= \frac{现金净流量总终值}{年金终值系数}$$

式中，现金净流量总现值即 NPV。与净现值指标相同，年金净流量指标大于零，说明每年平均的现金流入能抵补现金流出，投资项目的净现值（或净终值）大于零，方案的收益率大于所要求的收益率，方案可行。在两个以上寿命期不同的投资方案比较时，年金净流量越大，方案越好。

【例 3-2-8】某企业投资一项目，投资期为 1 年，项目期限为 5 年，原始投资额现值为 2 500万元，现值指数为 1.6，资本成本为 10%。计算该项目的年金净流量。

解： 净现值 = 2 500 × 1.6 − 2 500 = 1 500（万元）

年金净流量 = 1 500/（P/A，10%，5）= 1 500/3.790 8 = 395.69（万元）

年金净流量法是净现值法的辅助方法，在各方案寿命期相同时，实际上就是净现值法。因此，它适用于期限不同的投资方案决策。但同时，它也具有与净现值法相同的缺点，不便于对原始投资额不相等的独立投资方案进行决策。

五、现值指数（Present Value Index）

现值指数法

现值指数（Present Value Index，PVI）是投资项目的未来现金净流量与原始投资额现值之比。其计算公式如下：

$$现值指数（PVI）= \frac{未来现金净流量现值}{原始投资额现值} = 1 + 净现值率$$

【例 3-2-9】某企业计划投资一条新的生产线，项目一次性总投资为 500 万元，投资期为3 年，营业期为 10 年，营业期每年可产生现金净流量 130 万元，若企业要求的投资报酬率为9%。计算该项目的现值指数。

解： 现值指数（PVI）= 130 × [（P/A，9%，13）−（P/A，9%，3）] /500

= 130 ×（7.486 9 − 2.531 3）/500

= 1.29

从现值指数的计算公式可见，现值指数的计算结果有：大于 1、等于 1、小于 1 三种。若现值指数大于或等于 1，方案可行，说明方案实施后的投资收益率高于或等于必要收益率；若现值指数小于 1，方案不可行，说明方案实施后的投资收益率低于必要收益率。现值指数越大，方案越好。

现值指数法也是净现值法的辅助方法，在各方案原始投资额现值相同时，实质上就是净现值法。由于现值指数是未来现金净流量现值与所需投资额现值之比，是一个相对数指标，反映了投资效率，所以用现值指数指标来评价独立投资方案，可以克服净现值指标不便于对原始投资额现值不同的独立投资方案进行比较和评价的缺点，从而对方案的分析评价更加合理客观。

> **思政课堂**
>
> 遵守成本效益、诚信经营理念，引导学生树立正确的财富观念。

六、内含报酬率（Internal Rate of Return）

内含报酬率（Internal Rate of Return，IRR），是指对投资方案未来的每年现金净流量进行贴现，使所得的现值恰好与原始投资额现值相等，从而使净现值等于零时的贴现率。

内含报酬率法的基本原理：在计算方案的净现值时，以必要投资收益率作为贴现率计算，净现值的结果往往是大于或小于零，这就说明方案实际可能达到的投资收益率大于或小于必要投资收益率；而当净现值为零时，说明两种收益率相等。根据这个原理，内含报酬率法就是要计算出使净现值等于零时的贴现率，这个贴现率就是投资方案的实际可能达到的投资收益率。

内含报酬率法

1. 未来每年现金净流量相等时

每年现金净流量相等是一种年金形式，通过查年金现值系数表，可计算出未来现金净流量现值，并令其净现值等于零，有：

$$未来每年现金净流量 \times 年金现值系数 - 原始投资额现值 = 0$$

计算出净现值为零时的年金现值系数后，通过查年金现值系数表，利用插值法即可计算出相应的贴现率 i，该贴现率就是方案的内含收益率。

【例 3-2-10】启明公司拟投资一条新生产线，建设期为零，在项目投资初期一次性投入 200 000 元，无残值，新生产线在经营期 5 年内每年的现金净流量为 47 500 元。计算该项目的内含报酬率。

解：第一步，计算年金现值系数。

$$年金现值系数 = 200\ 000/47\ 500 = 4.210\ 5$$

第二步，查年金现值系数表，在 5 年的年金现值系数表中查得与 4.2105 相邻的两个数值为 4.212 4 和 4.100 2，其对应的折现率分别为 6% 和 7%，因此可以确定该项目的内含报酬率在 6%～7%。

$$\frac{IRR-6\%}{4.210\ 5-4.212\ 4} = \frac{7\%-6\%}{4.100\ 2-4.212\ 4}$$

整理得到

$$IRR = 6.017\%$$

2. 未来每年现金净流量不相等时

如果投资方案的未来每年现金净流量不相等，各年现金净流量的分布就不是年金形式，不能采用直接查年金现值系数表的方法来计算内含报酬率，而需采用逐次测试法。

逐次测试法的具体做法：根据已知的有关资料，先估计一次贴现率，来试算未来现金净流量的现值，并将这个现值与原始投资额现值相比较，如净现值大于零，为正数，表示估计的贴现率低于方案实际可能达到的投资收益率，需要重估一个较高的贴现率进行试算；如果净现值小于零，为负数，表示估计的贴现率高于方案实际可能达到的投资收益率，需要重估一个较低的贴现率进行试算。如此反复试算，直到净现值等于零或基本接近于零，这时所估计的贴现率就是希望求得的内含报酬率。

【例3-2-11】启明公司准备投资一个新项目，一次性投资150 000元，项目计算期内各年现金净流量见表3-2-4。计算该项目的内含报酬率。

表3-2-4　启明公司现金净流量　　　　　　　　　　　　　　　元

年份	0	1	2	3	4	5
现金净流量	-150 000	38 000	35 600	33 200	32 800	78 400

解：根据该项目资料，每年现金流量不相等，因此必须进行逐步测试，测试过程见表3-2-5。

表3-2-5　启明公司项目投资内含报酬率计算表

年份	现金净流量/元	折现率为10%		折现率为12%		折现率为14%	
		现值系数	现值/元	现值系数	现值/元	现值系数	现值/元
0	-150 000	1.000 0	-150 000.00	1.000 0	-150 000.00	1.000 0	-150 000.00
1	38 000	0.909 1	34 545.80	0.892 9	33 930.20	0.877 2	33 333.60
2	35 600	0.826 4	29 419.84	0.797 2	28 380.32	0.769 5	27 394.20
3	33 200	0.751 3	24 943.16	0.711 8	23 631.76	0.675 0	22 410.00
4	32 800	0.683 0	22 402.40	0.635 5	20 844.40	0.592 1	19 420.88
5	78 400	0.620 9	48 678.56	0.567 4	44 484.16	0.519 4	40 720.96
净现值			9 989.76		1 270.84		-6 720.36

由表可知，内含报酬率应在12% ~ 14%，使用内插法。

$$\frac{IRR-12\%}{0-1\ 270.84}=\frac{14\%-12\%}{-6\ 720.36-1\ 270.84}$$

整理得到

$$IRR=12.32\%$$

3. 对内含报酬率法的评价

（1）内含报酬率法的主要优点。

1）内含报酬率反映了投资项目可能达到的收益率，易于被高层决策人员所理解。

2）对于独立投资方案的比较决策，如果各方案原始投资额现值不同，可以通过计算各方案的内含报酬率，反映各独立投资方案的获利水平。

（2）内含报酬率法的主要缺点。

1）计算复杂，不易直接考虑投资风险大小。

2）在互斥投资方案决策时，如果各方案的原始投资额现值不相等，有时无法作出正确的决策。某一方案原始投资额低，净现值小，但内含报酬率可能较高；而另一方案原始投资额高，净现值大，但内含报酬率可能较低。

七、回收期（Payback Period）

回收期（Payback Period，PP），是指投资项目的未来现金净流量与原始投资额相等时所经历的时间，即原始投资额通过未来现金流量回收所需要的时间。

投资者希望投入的资本能以某种方式尽快地收回来，收回的时间越长，所担风险就越大。因而，投资方案回收期的长短是投资者十分关心的问题，也是评价方案优劣的标准之一。用回收期指标评价方案时，回收期越短越好。

（一）静态回收期

静态回收期没有考虑货币时间价值，直接用未来现金净流量累计到原始投资数额时所经历的时间作为静态回收期。

1. 未来每年现金净流量相等时

这种情况是一种年金形式，因此：

$$静态回收期 = \frac{原始投资额}{每年现金净流量}$$

2. 未来每年现金净流量不相等时

在这种情况下，应把未来每年的现金净流量逐年增加，根据累计现金流量来确定回收期。可根据以下公式进行计算（设 M 是回收原始投资额的前一年）：

$$静态回收期 = M + \frac{第\ M\ 年的尚未收回额}{第\ (M+1)\ 年的现金净流量}$$

【例 3-2-12】某企业有甲、乙两个投资方案，无建设期，甲方案初始投资额为 100 万元，每年产生现金净流量为 40 万元，使用 10 年；乙方案的设备使用期限是 5 年，现金净流量数据见表 3-2-6。

表 3-2-6　乙方案的现金净流量　　　　　　　　　　　　　　　万元

年份	0	1	2	3	4	5
现金净流量	−100	30	45	35	20	20
累计现金净流量	—	−70	−25	10	30	50

问题：（1）分别计算甲、乙方案的投资回收期。

（2）若甲、乙方案的投资回收期均为两年，试分别计算包括建设期的投资回收期。

解：（1）甲、乙方案的投资回收期分别为

甲方案的投资回收期 =100/40=2.5（年）

乙方案的投资回收期 =2+25/35=2.71（年）

（2）甲、乙方案包括建设期的投资回收期为

甲方案包括建设期的投资回收期 =2.5+2=4.5（年）

乙方案包括建设期的投资回收期 =2.71+2=4.71（年）

利用投资回收期来衡量项目是否可行的标准是：如果投资回收期短于基准投资回收期，则该方案可行；否则方案不可行。决策投资项目的投资回收期越短越好。

静态回收期的优点是能够直观地反映原始投资的返本期限，便于理解，计算简便，可以直接利用回收期之前的净现金流量信息；缺点是没有考虑资金时间价值因素和回收期满后继续发生的净现金流量，容易舍弃后期现金流量大的方案，不能正确反映投资方式不同对项目的影响。

（二）动态回收期

动态回收期需要将投资引起的未来现金净流量进行贴现，以未来现金净流量的现值等于原始投资额现值时所经历的时间为动态回收期。

1. 未来每年现金净流量相等时

在这种年金形式下，假定动态回收期为 n 年，则

$$(P/A, i, n) = \frac{原始投资额现值}{每年现金净流量}$$

计算出年金现值系数后，通过查年金现值系数表，利用插值法，即可推算出动态回收期 n。

【例3-2-13】某企业计划投资一项目，初始投资额为100万元，年折旧率为10%，无残值，项目寿命期为10年，预计项目每年可获利15万元，公司资本成本率为8%。计算该项目动态投资回收期。

解：　　　　　经营现金净流量 $=15+100×10\%=25$（万元）

$$(P/A，8\%，n)=100/25=4$$

查询年金现值系数表可知，$(P/A，8\%，6)=4.622\ 9$，$(P/A，8\%，5)=3.999\ 27$，利用插法可得

$$\frac{n-5}{6-5}=\frac{4-3.992\ 7}{4.622\ 9-3.992\ 7}$$

$$n=5.01（年）$$

2. 未来每年现金净流量不相等时

在这种情况下，应把每年的现金净流量逐一贴现并加总，根据累计现金流量现值来确定回收期。可依据以下公式进行计算（设 M 是收回原始投资额现值的一年）：

$$动态回收期=M+\frac{第\ M\ 年尚未收回额的现值}{第（M+1）年的现金净流量现值}$$

【例3-2-14】某公司有一投资项目，需投资150 000元，使用年限为5年，每年的现金流量不相等，资本成本率为5%，该项目现金流量表见表3-2-7。计算该投资项目的回收期。

表3-2-7　项目现金流量表　　　　　　　　　　　　　　　　　　元

年份	现金净流量	累计现金净流量	现金净流量现值	累计现金净流量现值
1	30 000	30 000	28 560	28 560
2	35 000	65 000	31 745	60 305
3	60 000	125 000	51 840	112 145
4	50 000	175 000	41 150	153 295
5	40 000	215 000	31 360	184 655

解：　　　　　动态回收期 $=3+37\ 855/153\ 295=3.25$（年）

回收期法的优点是计算简便，易于理解。这种方法以回收期的长短来衡量方案的优劣，收回投资所需要的时间越短，所冒的风险就越小。可见回收期法是一种比较保守的方法。

回收期法中静态回收期的不足之处是没有考虑货币的时间价值。

静态回收期和动态回收期有一个共同局限，就是它们计算回收期时只考虑了未来现金净流量（或现值）总和中等于原始投资（或现值）的部分，没有考虑超过原始投资额（或现值）的部分。显然，回收期长的项目，其超过原始投资额（或现值）的现金流量并不一定比回收期短的项目少。

◎ 任务评价 ◎

工作任务清单	掌握情况	
	会做	熟练
现金净流量的构成及计算		
项目投资动态评价指标的计算及运用		
项目投资静态评价指标的计算及运用		

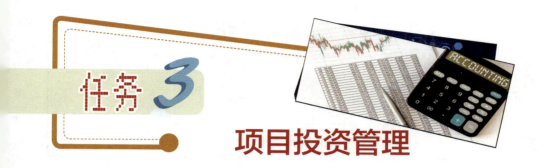

项目投资管理

任务3

任务导入

作为刚毕业的上班族，王丽来到公司财务部报道，财务主管问她是否会使用财务评价指标进行投资决策？王丽脑海里立刻闪过在大学期间学习的财务管理课程，心想：这有何难？只要知道财务评价指标的计算方法肯定就会进行投资决策了。财务主管意味深长地说："小姑娘，想在单位脱颖而出，除知道指标的计算外，还要掌握不同的投资方案适用的决策指标，这样才能为公司经营决策作出合理的判断。"

任务分析

1. 掌握独立投资方案决策的指标选择与运用。
2. 掌握互斥投资方案决策的指标选择与运用。
3. 掌握固定资产更新决策的指标选择与运用。

相关知识

项目投资是指将资金直接投放于生产经营实体性资产，以形成生产能力，如购置设备、建造工厂、修建设施等。项目投资一般是企业的对内投资，也包括以实物性资产投资于其他企业的对外投资。

一、独立投资方案的决策（Independent Investment Plan Decision）

独立投资方案，是指两个或两个以上项目互不依赖，可以同时存在，各方案的决策也是独立的。独立投资方案的决策属于筛分决策，评价各方案本身是否可行，即方案本身是否达到某种要求的可行性标准。独立投资方案之间比较时，决策要解决的问题是如何确定各种可行方案的投资顺序，即各独立方案之间的优先次序。排序分析时，以各独立方案的获利程度作为评价标准，一般采用内含报酬率法进行比较决策。

> **思政课堂**
>
> 能对不同的项目进行合理的投资决策，培养学生质疑反思、精益求精、勇于探索的精神。

新编财务管理实务

【例 3-3-1】甲公司有充足资金准备投资三个独立投资项目。A 项目原始投资额为 10 000 元，期限为 5 年；B 项目原始投资额为 18 000 元，期限为 5 年；C 项目原始投资额为 18 000 元，期限为 8 年。贴现率为 10%，其他有关资料见表 3-3-1。请问：如何安排投资顺序？

表 3-3-1　独立投资方案的可行性指标　　　　　　　　　　　　　　　元

项目	A 项目	B 项目	C 项目
原始投资额	（10 000）	（18 000）	（18 000）
每年 NCF	4 000	6 500	5 000
期限 / 年	5	5	8
净现值（NPV）	5 164	6 642	8 675
现值指数（PVI）	1.52	1.37	1.48
内含收益率（IRR）/%	28.68	23.61	22.28
年金净流量（ANCF）	1 362	1 752	1 626

解：将上述三个方案的各种决策指标加以对比，见表 3-3-2。从这两个表数据可以看出：

表 3-3-2　独立投资方案的比较决策

净现值（NPV）	C > B > A
现值指数（PVI）	A > C > B
内含收益率（IRR）	A > B > C
年金净流量（ANCF）	B > C > A

（1）A 项目与 B 项目比较：两项目原始投资额不同但期限相同，尽管 B 项目净现值和年金净流量均大于 A 项目，但 B 项目原始投资额高，获利程度低。因此，应优先安排内含报酬率和现值指数较高的 A 项目。

（2）B 项目与 C 项目比较：两项目原始投资额相等但期限不同，尽管 C 项目净现值和现值指数高，但它需要经历 8 年才能获得。B 项目 5 年项目结束后，所收回的投资可以进一步投资于其他后续项目。因此，应该优先安排内含报酬率和年金净流量较高的 B 项目。

（3）A 项目与 C 项目比较：两项目的原始投资额和期限都不相同，A 项目内含报酬率较高，但净现值和年金净流量都较低。C 项目净现值高，但期限长；C 项目年金净流量也较高，但它是依靠较大的投资额取得的。因此，从获利程度的角度来看，A 项目是优先方案。

综上所述，在独立投资方案比较性决策时，内含报酬率指标综合反映了各方案的获利程度，在各种情况下的决策结论都是正确的。本例中，投资顺序应该按 A、B、C 顺序实施投资。现值指数指标也反映了方案的获利程度，除期限不同的情况外，其结论也是正确的。但在项目的原始投资额相同而期限不同的情况下（如 B 项目和 C 项目的比较），现值指数实质上就是净现值的表达形式。至于净现值指标和年金净流量指标，它们反映的是各方案的获利数额，要结合内含报酬率指标进行决策。

二、互斥投资方案的决策（Decisions on Mutually Exclusive Investment Options）

互斥投资方案之间互相排斥，不能并存，因此，决策的实质在于选择最优方案，属于选择决策。选择决策要解决的问题是应该淘汰哪个方案，即选择最优方案。从选定经济效益最大的要求出发，互斥决策以方案的获利数额作为评价标准。因此，一般采用净现值法和年金净流量法进行选优决策。但由于净现值指标受投资项目寿命期的影响，因而年金净流量法是互斥方案最恰当的决策方法。

（一）项目的寿命期相同时

从例 3-3-1 可知，A、B 两项目寿命期相同，而原始投资额不等；B、C 两项目原始投资额相等而寿命期不同。如果例 3-3-1 这三个项目是互斥投资方案，可以按以下思路对寿命期相同的 A、B 项目进行决策：

A 项目与 B 项目比较，两项目原始投资额不等。尽管 A 项目的内含报酬率和现值指数都较高，但互斥方案应考虑获利数额，因此，净现值高的 B 项目是最优方案。两项目的期限是相同的、年金净流量指标的决策结论与净现值指标的决策结论是一致的。

B 项目比 A 项目投资额多 8 000 元，按 10% 的贴现率水平要求，分 5 年按年金形式回收，每年应回收 2 110 元（8 000/3.790 8）。但 B 项目每年现金净流量比 A 项目也多取得 2 500 元，扣除增加的回收额 2 110 元后，每年还可以多获得投资收益 390 元。这个差额，正是两项目年金净流量指标值的差额（1 752 元 -1 362 元）。所以，在原始投资额不等、寿命期相同的情况下，净现值与年金净流量指标的决策结论一致，应采用年金净流量较大的 B 项目。

事实上，互斥方案的选优决策，各方案本身都是可行的，均有正的净现值，表明各方案均收回了原始投资，并有超额收益。进一步在互斥方案中选优，方案的获利数额成为选优的评价标准。在项目的寿命期相等时，无论方案的原始投资额大小如何，能够获得更大的获利数额即净现值的，即最优方案。所以，在项目寿命期相等的互斥投资方案的选优决策中，原始投资额的大小并不影响决策的结论，无须考虑原始投资额的大小。

（二）项目的寿命期不相等时

如果例 3-3-1 是互斥投资方案决策，B 项目与 C 项目比较，寿命期不等。尽管 C 项目净现值较大，但它是 8 年内取得的。按每年平均的获利数额来看，B 项目的年金净流量（1 752 元）高于 C 项目（1 626 元），如果 B 项目 5 年寿命期届满后，所收回的投资重新投入原有方案，达到与 C 项目同样的投资年限，取得的经济效益也高于 C 项目。

在两个寿命期不等的互斥投资项目比较时，可采用以下方法：第一种方法，共同年限法。因为按照持续经营假设，寿命期短的项目，收回的投资将重新进行投资。针对各项目寿命期不等的情况，可以找出各项目寿命期的最小公倍数，作为共同的有效寿命期。原理为假设投资项目在终止时进行重置，通过重置使两个项目达到相等的年限，然后应用项目寿命期相等时的决策方法进行比较，即比较两者的净现值大小。第二种方法，年金净流量法。用该方案的净现值除以对应的年金现值系数，当两项目资本成本相同时，优先选取年金净流量较大者；当两项目资本成本不同时，还需进一步计算永续净现值，即用年金净流量除以各自对应的资本成本。

【例 3-3-2】现有甲、乙两台设备购置方案，所要求的最低投资收益率为 10%。甲设备投资额 10 000 元，可用 2 年，无残值，每年产生 8 000 元现金净流量。乙设备投资额 20 000 元，可用 3 年，无残值，每年产生 10 000 元现金净流量。请问：选择何种方案更优？

解：将两方案的期限调整为最小公倍数 6，即甲机床 6 年内周转 3 次，乙机床 6 年内周转 2 次。未调整之前，两方案的相关评价指标见表 3-3-3。

表 3-3-3 互斥投资方案的选优决策   元

项目	甲设备	乙设备
净现值（NPV）	3 888	4 870
年金净流量（ANCF）	2 238	1 958
内含收益率（IRR）/%	38	23.39

尽管甲方案净现值低于乙方案，但年金净流量和内含报酬率均高于乙方案。

方法一：共同年限法。

按两方案期限的最小公倍数测算，甲方案经历了 3 次投资循环，乙方案经历了 2 次投资循环。各方案的相关评价指标如下。

1. 甲方案

净现值 $= 8\,000 \times 4.355\,3 - 10\,000 \times 0.683\,0 - 10\,000 \times 0.826\,4 - 10\,000 = 9\,748$（元）

2. 乙方案

净现值 $= 10\,000 \times 4.355\,3 - 20\,000 \times 0.751\,3 - 20\,000 = 8\,527$（元）

上述计算说明，延长寿命期后，两方案投资期限相等，甲方案的净现值 9 748 元高于乙方案的净现值 8 527 元，故甲方案优于乙方案。

方法二：年金净流量法。

1. 甲方案

年金净流量 $= 2\,238$ 元

2. 乙方案

年金净流量 $= 1\,958$ 元

从表 3-3-3 中可得，甲方案的年金净流量 2 238 元高于乙方案 1 958 元，因此，甲方案优于乙方案。

对于内含报酬率指标，可以测算出：当 $i=38\%$ 时，甲方案净现值 $=0$；当 $i=23.39\%$ 时，乙方案净现值 $=0$。这说明，只要方案的现金流量状态不变，按公倍数年限延长寿命后，方案的内含报酬率并不会变化。

同样，只要方案的现金流量状态不变，按最小公倍数年限延长寿命后，方案的年金净流量指标也不会改变。甲方案仍为 2 238 元（9 748/4.355 3），乙方案仍为 1 958 元（8 527/4.355 3）。由于寿命期不同的项目，换算为最小公倍数年限比较麻烦，而按各方案本身期限计算的年金净流量与换算最小公倍数期限后的结果一致。因此，实务中对于期限不等的互斥方案比较，无须换算寿命期限，直接按原始期限的年金净流量指标决策。

综上所述，互斥投资方案的选优决策中，年金净流量全面反映了各方案的获利数额，是最佳的决策指标。净现值指标在寿命期不同的情况下，需要按各方案最小公倍数期限调整计算，在其余情况下的决策结论也是正确的。因此，在互斥方案决策的方法选择上，项目寿命期相同时可采用净现值法，项目寿命期不同时主要采用年金净流量法。

三、固定资产更新决策（Fixed Assets Renewal Decision）

固定资产反映了企业的生产经营能力，固定资产更新决策是项目投资决策的重要组成部分。从决策性质上看，固定资产更新决策属于互斥投资方案的决策类型。因此，固定资产更新决策所采用的决策方法是净现值法和年金净流量法，一般不采用内含报酬率法。

> 想一想
>
> 为什么固定资产更新决策一般不采用内含报酬率法？

（一）寿命期相同的设备重置决策

一般来说，用新设备来替换旧设备如果不改变企业的生产能力，就不会增加企业的营业收入，即使有少量的残值变价收入，也不是实质性收入增加。因此，大部分以旧换新进行的设备重置都属于替换重置。在替换重置方案中，所发生的现金流量主要是现金流出量。如果购入的新设备性能提高，扩大了企业的生产能力，这种设备重置属于扩建重置。

【例 3-3-3】A 公司现有一台旧车床是 3 年前购进的，目前准备用一新车床替换。该公司所得税税率为25%，资本成本率为10%，其余资料见表3-3-4。试进行方案决策。

表3-3-4　新旧车床资料　　　　　　　　　　　　　　　　　　　元

项目	旧设备	新设备
原价	84 000	76 500
税法残值	4 000	4 500
税法使用年限／年	8	6
已使用年限／年	3	0
尚可使用年限／年	6	6
垫支营运资金	10 000	11 000
大修理支出	18 000（第2年年末）	9 000（第4年年末）
每年折旧费（直线法）	10 000	12 000
每年营运成本	13 000	7 000
目前变现价值	40 000	76 500
最终报废残值	5 500	6 000

解：本例中，两车床的使用年限均为6年，可采用净现值法决策。将两个方案的有关现金流量资料整理后，列出分析表见表3-3-5和表3-3-6。

表3-3-5　保留旧车床方案　　　　　　　　　　　　　　　　　　元

项目	现金流量	年数	现值系数	现值
每年营运成本	13 000×（1-25%）=（9 750）	1～6	4.355	（42 461.25）
每年折旧抵税	10 000×25%=2 500	1～5	3.791	9 477.50
大修理费	18 000×（1-25%）=（13 500）	2	0.826	（11 151）
残值变价收入	5 500	6	0.565	3 107.50
残值净收益纳税	（5 500-4 000）×25%=（375）	6	0.565	（211.88）
营运资金收回	10 000	6	0.565	5 650
目前变价收入	（40 000）	0	1	（40 000）
变现净损失减税	（54 000-40 000）×25%=（3 500）	0	1	（3 500）
垫支营运资金	（10 000）	0	1	（10 000）
净现值	—	—	—	（89 089.13）

注：表中数字有括号的表示"负数"。

表3-3-6　购买新车床方案　　　　　　　　　　　　　　　　　　元

项目	现金流量	年数	现值系数	现值
设备投资	（76 500）	0	1	（76 500）
垫支营运资金	（11 000）	0	1	（11 000）
每年营运成本	7 000×（1-25%）=（5 250）	1～6	4.355	（22 863.75）
每年折旧抵税	12 000×25%=3 000	1～6	4.355	13 065
大修理费	9 000×（1-25%）=（6 750）	4	0.683	（4 610.25）
残值变价收入	6 000	6	0.565	3 390
残值净收益纳税	（6 000-4 500）×25%=（375）	6	0.565	（211.88）
营运资金收回	11 000	6	0.565	6 215
净现值	—	—	—	（92 515.88）

表3-3-5和表3-3-6结果说明，在两方案营业收入一致的情况下，新设备现金流出总现值为92 515.88元，旧设备现金流出总现值为89 089.13元。因此，继续使用旧设备比较经济。本例中有几个特殊问题应注意：

（1）两机床使用年限相等，均为6年。如果年限不等时，不能用净现值法决策。另外，新车床购入后，并未扩大企业营业收入。

（2）垫支营运资金时，尽管是现金流出，但不是本期成本费用，不存在纳税调整问题。营运资金收回时，按存货等资产账面价值出售，无出售净收益，也不存在纳税调整问题。如果营运资金收回时，存货等资产变价收入与账面价值不一致，需要进行纳税调整。

（3）本例中大修理支出是确保固定资产正常工作状态的支出，在发生时计入当期损益，不影响固定资产后续期间账面价值。如果涉及固定资产的改、扩建支出等需资本化的后续支出，则需考虑对固定资产价值的影响及后续期间折旧抵税额等相关现金流量的变化。

【例3-3-4】某城市路面需要改造，现有两种方案可供选择：方案1是在现有基础上拓宽，需一次性投资3 000万元，以后每年需投入维护费60万元，每5年翻新路面一次需投资300万元，永久使用；方案2是全部重建，需一次性投资7 000万元，以后每年需投入维护费70万元，每8年翻新路面一次需投资420万元，永久使用，原有旧路面设施残料收入2 500万元。假定贴现率为14%，请问哪种方案为优？

解：这是一种永久性方案，可按永续年金形式进行决策。由于永续年金现值为

$$永续年金现值\ P=A/i$$

因此，两种方案现金流出总现值为

方案1 $P_1 = 3\ 000 + 60/14\% + \dfrac{300/(F/A, 14\%, 5)}{14\%} = 3\ 752.76（万元）$

方案2 $P_2 = (7\ 000 - 2\ 500) + 70/14\% + \dfrac{420/(F/A, 14\%, 8)}{14\%} = 5\ 226.71（万元）$

显然，$P_2 > P_1$，方案1为优。

（二）寿命期不同的设备重置决策

寿命期不同的设备重置方案用净现值指标可能无法得出正确决策结果，应当采用年金净流量法决策。寿命期不同的设备重置方案，在决策时有以下特点：

（1）扩建重置的设备更新后会引起营业现金流入与流出的变动，应考虑年金净流量最大的方案。替换重置的设备更新一般不改变生产能力，营业现金流入不会增加，只需比较各方案的年金流出量即可，年金流出量最小的方案最优。

（2）如果不考虑各方案的营业现金流入量变动，只比较各方案的现金流出量，我们把按年金净流量原理计算的等额年金流出量称为年金成本。替换重置方案的决策标准，是要求年金成本最低，扩建重置方案所增加或减少的营业现金流入也可以作为现金流出量的抵减，并据此比较各方案的年金成本。

（3）设备重置方案运用年金成本方式决策时，应考虑的现金流量主要如下：

1）新旧设备目前的市场价值。对于新设备而言，目前市场价值就是新设备的购价，即原始投资额；对于旧设备而言，目前市场价值就是旧设备的重置成本或变现价值。

2）新旧设备的残值变价收入。残值变价收入应作为现金流出的抵减。原始投资额与残值变价收入现值的差额，称为投资净额。

3）新旧设备的年营运成本，即年付现成本。如果考虑每年的营业现金流入，应作为每年营运成本的抵减。

（4）年金成本可在特定条件下（无所得税因素），按以下公式计算：

$$年金成本 = \frac{\sum(各项目现金净流出现值)}{年金现值系数}$$

$$= \frac{原始投资额 - 残值收入 \times 复利现值系数 + \sum(年营运成本现值)}{年金现值系数}$$

$$= \frac{原始投资额 - 残值收入}{年金现值系数} + 残值收入 \times 贴现率 + \frac{\sum(年营运成本现值)}{年金现值系数}$$

【例 3-3-5】安保公司现有旧设备一台，由于使用已久，准备予以更新。当期贴现率为 15%，假设不考虑所得税因素的影响，其他有关资料见表 3-3-7。试比较各方案的年金成本。

表 3-3-7　公司新旧设备资料　　　　　　　　　　　　　　　　　　　元

项目	旧设备	新设备
原价	35 000	36 000
预计使用年限 / 年	10	10
已经使用年限 / 年	4	0
税法残值	5 000	4 000
最终报废残值	3 500	4 200
目前变现价值	10 000	36 000
每年折旧费（直线法）	3 000	3 200
每年营运成本	10 500	8 000

解：由于两设备的尚可使用年限不同，因此比较各方案的年金成本。按不同方式计算如下：

$$旧设备年金成本 = \frac{10\,000 - 3\,500 \times (P/F,15\%,6)}{(P/A,15\%,6)} + 10\,500 = 12\,742.76（元）$$

$$新设备年金成本 = \frac{36\,000 - 4\,200 \times (P/F,15\%,10)}{(P/A,15\%,10)} + 8\,000 = 14\,965.92（元）$$

上述结果表明，继续使用旧设备的年金成本为 12 742.76 元，低于购买新设备的年金成本 14 965.92 元，每年可以节约 2 223.16 元，应当继续使用旧设备。

【例 3-3-6】在例 3-3-5 中，假定企业所得税税率为 25%，则应考虑所得税对现金流量的影响。试重新比较各方案的年金成本。

解：（1）新设备。

每年折旧费为 3 200 元，每年营运成本为 8 000 元，因此

$$每年折旧抵税 = 3\,200 \times 25\% = 800（元）$$

$$每年税后营运成本 = 8\,000 \times (1 - 25\%) = 6\,000（元）$$

新设备的购价为 36 000 元，报废时残值收入为 4 200 元，报废时账面残值为 4 000 元，因此

$$税后残值收入 = 4\,200 - (4\,200 - 4\,000) \times 25\% = 4\,150（元）$$

$$每年税后投资净额 = (36\,000 - 4\,150) / (P/A,\ 15\%,\ 10) + 4\,150 \times 15\% = 31\,850/5.018 + 622.5 = 6\,969.65（元）$$

综上可得：

$$新设备年金成本 = 6\,969.65 + 6\,000 - 800 = 12\,169.65（元）$$

（2）旧设备。

每年折旧费为 3 000 元，每年营运成本为 10 500 元，因此

$$每年折旧抵税 = 3\,000 \times 25\% = 750\,（元）$$

$$每年税后营运成本 = 10\,500 \times (1-25\%) = 7\,875\,（元）$$

旧设备目前变现价值为 10 000 元，目前账面净值为 23 000 元（35 000-3 000×4）。资产报废损失为 13 000 元，可抵税 3 250 元（13 000×25%）。同样，旧设备最终报废时残值收入为 3 500 元，账面残值为 5 000 元，报废损失 1 500 元可抵税 375 元（1 500×25%），因此

$$旧设备投资额 = 10\,000 + (23\,000 - 10\,000) \times 25\% = 13\,250\,（元）$$

$$旧设备税后残值收入 = 3\,500 + (5\,000 - 3\,500) \times 25\% = 3\,875\,（元）$$

$$每年税后投资净额 = (13\,250 - 3\,875) / (P/A,15\%,6) + 3\,875 \times 15\% = 9\,375/3.784 + 581.25 = 3\,058.79\,（元）$$

综上可得

$$旧设备年金成本 = 3\,058.79 + 7\,875 - 750 = 10\,183.79\,（元）$$

上述计算表明，继续使用旧设备的年金成本为 10 183.79 元，低于购买新设备的年金成本 12 169.65 元，应采用继续使用旧设备方案。

【例 3-3-7】某空调公司目前有一台在用 A 空调，重置成本为 3 000 元，还可以使用 5 年。现计划更新设备，有两个方案可供选择：方案一，5 年后 A 空调报废时购进 B 空调替代 A 空调，B 空调可用 10 年；方案二，目前由 C 空调立即替代 A 空调，假定 A 空调报废无残值，C 空调可用 12 年。贴现率为 10%。有关资料见表 3-3-8。试比较各方案的年金成本。

表 3-3-8　空调更新相关资料　　　　　　　　　　　　　　　　　元

项目	A 设备	B 设备	C 设备
购价	3 000	11 270	10 000
年使用费	1 200	900	1 000
最终残值	0	0	500
可使用年限 / 年	5	10	12

解：根据上述资料，两个方案的年金成本分别为

方案一的年金成本 = $[3\,000 + 1\,200 \times (P/A,10\%,5) + 11\,270 \times (P/F,10\%,5) + 900 \times (P/A,10\%,10) \times (P/F,10\%,5)] / (P/A,10\%,15)$ = (3 000+1 200×3.790 8+11 270×0.620 9+900×6.144 6×0.620 9)/7.606 1=2 363.91（元）

方案二的年金成本 = $[10\,000 + 1\,000 \times (P/A,10\%,12) - 500 \times (P/F,10\%,12)] / (P/A,10\%,12)$ = (10 000+1 000×6.813 7-500×0.318 6)/6.813 7=2 444.25（元）

由于方案一的年金成本低于方案二，所以，应该继续使用 A 空调。

任务评价

工作任务清单	掌握情况	
	会做	熟练
独立投资方案的决策指标选择与运用		
互斥投资方案的决策指标选择与运用		
固定资产更新决策指标选择与运用		

证券投资管理

任务导入

　　王丽入职半年后，对公司项目投资颇有心得，一天，她与财务主管就投资话题聊了起来，她认为，对于公司资产，大多可以参考项目投资，分为互斥项目和独立项目进行思考与衡量。财务主管微微一笑，说道："公司的资产都是一样的吗？我们最近做的项目投资几乎有一个共同特征，就是看得见，摸得着的实体资产，那么，有些看不见的资产呢？如股票、债券，也能采用项目投资的方法吗？"

任务分析

1. 理解证券投资的目的与风险。

2. 掌握债券价值与债券收益率的计算。

3. 掌握股票价值与股票收益率的计算。

证券投资工作过程与企业岗位对照图如图3-4-1所示。

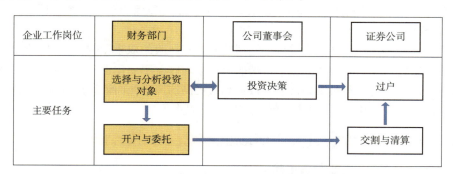

图3-4-1　证券投资工作过程与企业岗位对照图

相关知识

　　证券资产是企业进行金融投资所形成的资产。证券投资不同于项目投资，项目投资的对象是实体性经营资产，经营资产是直接为企业生产经营服务的资产，如固定资产、无形资产等，它们往往是一种服务能力递减的消耗性资产。证券投资的对象是金融资产，金融资产是一种以凭证、票据或合同合约形式存在的权利性资产，如股票、债券、基金及其衍生证券等。

一、证券资产的特点（Characteristics of Securities Assets）

（一）价值虚拟性

证券资产不能脱离实体资产而完全独立存在，但证券资产的价值不完全由实体资本的现实生产经营活动决定，而是取决于契约性权利所能带来的未来现金流量，是一种未来现金流量折现的资本化价值。如债券投资代表的是未来按合同规定收取债息和收回本金的权利，股票投资代表的是对发行股票企业的经营控制权、财务控制权、收益分配权、剩余财产追索权等股东权利，基金投资则代表一种信托关系，是一种收益权。证券资产的服务能力在于它能带来未来的现金流量，按未来现金流量折现即资本化价值，是证券资产价值的统一表达。

（二）可分割性

实体项目投资的经营资产一般具有整体性要求，如购建新的生产能力，往往是厂房、设备、配套流动资产的结合。证券资产可以分割为一个最小的投资单位，如一股股票、一份债券、一份基金，这就决定了证券资产投资的现金流量比较单一，往往由原始投资、未来收益或资本利得、本金回收所构成。

（三）持有目的的多元性

实体项目投资的经营资产往往是为消耗而持有，为流动资产的加工提供生产条件。证券资产的持有目的是多元的，既可能是为未来积累现金即为未来变现而持有的，也可能是为谋取资本利得即为销售而持有的，还有可能是为取得对其他企业的控制权而持有的。

（四）强流动性

证券资产具有很强的流动性，其流动性表现在以下几个方面：

想一想

证券投资面临的风险有哪些？

（1）变现能力强。证券资产往往都是上市证券，一般都有活跃的交易市场可供及时转让。

（2）持有目的可以相互转换。当企业急需现金时，可以立即将为其他目的而持有的证券资产变现。证券资产本身的变现能力虽然较强，但其实际周转速度取决于企业对证券资产的持有目的。当企业将证券资产作为长期投资持有时，一次周转一般都会经历一个会计年度以上。

（五）高风险性

证券资产是一种虚拟资产，会受到公司风险和市场风险的双重影响，不仅发行证券资产的公司业绩影响着它的投资收益率，资本市场的市场平均收益率变化也会给证券资产带来直接的市场风险。一般来说，股票投资相比债券投资具有更高的风险，而证券投资基金作为对股票或债券的组合投资方式，其风险水平视构成资产的具体情况而定。

二、证券投资的目的（The Purpose of Securities Investment）

（一）分散资金投向，降低投资风险

投资分散化，即将资金投资于多个相关程度较低的项目，实行多元化经营，能够有效地分散投资风险。当某个项目经营不景气而利润下降甚至导致亏损时，其他项目可能会获取较高的收益。将企业的资金分为内部经营投资和对外证券投资两个部分，实现了企业投资的多元化。而且，与对内投资相比，对外证券投资不受地域和经营范围的限制，投资选择面非常广，投资资金的退出和收回也比较容易，是多元化投资的主要方式。

（二）利用闲置资金，增加企业收益

企业在生产经营过程中，由于各种原因有时会出现资金闲置、现金结余较多的情况。这些闲

置的资金可以投资于股票、债券、基金等有价证券，谋取投资收益，这些投资收益主要表现在股利收入、债息收入、证券买卖差价、基金收益等方面。同时，有时企业资金的闲置是暂时性的，可以投资在资本市场上流通性和变现能力较强的有价证券，这类证券能够随时变卖，收回资金。

（三）稳定客户关系，保障生产经营

企业在生产经营环节中，供应和销售是企业与市场相联系的重要通道。没有稳定的原材料供应来源，没有稳定的销售客户，都会使企业的生产经营中断。为了保持与供销客户良好而稳定的业务关系，可以对业务关系链的供销企业进行投资，购买其债券或股票，甚至达到控制。这样，能够通过债权或股权对关联企业的生产经营施加影响和控制，保障本企业的生产经营顺利进行。

（四）提高资产流动性，增强偿债能力

资产流动性强弱是影响企业财务安全性的主要因素。除现金等货币资产外，有价证券投资是企业流动性最强的资产，是企业速动资产的主要构成部分。在企业需要支付大量现金，而现有现金储备又不足时，可以通过变卖有价证券迅速取得大量现金，保证企业的及时支付。

三、证券投资的风险（The Risk of Securities Investment）

由于证券资产的市价波动频繁，证券投资的风险往往较大。获取投资收益是证券投资的主要目的，证券投资的风险是投资者无法获得预期投资收益的可能性。按风险性质划分，证券投资的风险可分为系统性风险和非系统性风险两大类别。

> **思政课堂**
> 培养学生的投资意识和正确投资的理念。

（一）系统性风险

证券投资的系统性风险，是指由于外部经济环境因素变化引起整个资本市场不确定性加强，从而对所有证券都产生影响的共同性风险。系统性风险影响到资本市场上的所有证券，无法通过投资多元化的组合而加以避免，也称为不可分散风险。

系统性风险波及所有证券资产，最终会反映在资本市场平均利率的提高上，所有的系统性风险几乎都可以归结为利率风险。利率风险是由于市场利率变动引起证券资产价值变化的可能性。市场利率反映了社会平均收益率，投资者对证券资产投资收益率的预期总是在市场利率基础上进行的，只有当证券资产投资收益率大于市场利率时，证券资产的价值才会高于其市场价格。一旦市场利率提高，就会引起证券资产价值的下降，投资者就不易得到超过社会平均收益率的超额收益。市场利率的变动会造成证券资产价格的普遍波动，两者呈反向变化：市场利率上升，证券资产价格下跌；市场利率下降，证券资产价格上升。

1. 价格风险

价格风险是指由于市场利率上升，而使证券资产价格具有普遍下跌的可能性。价格风险来自资本市场买卖双方资本供求关系的不平衡，资本需求量增加，市场利率上升；资本供应量增加，市场利率下降。

资本需求量增加，引起市场利率上升，也意味着证券资产发行量的增加，引起整个资本市场所有证券资产价格的普遍下降。需要说明的是，这里的证券资产价格波动并不是指证券资产发行者的经营业绩变化而引起的个别证券资产的价格波动，而是由于资本供应关系引起的全部证券资产的价格波动。

当证券资产持有期间的市场利率上升，证券资产价格就会下跌，证券资产期限越长，投资者遭受的损失越大。到期风险附加率，就是对投资者承担利率变动风险的一种补偿，期限越长的证券资产，要求的到期风险附加率就越大。

2. 再投资风险

再投资风险是由于市场利率下降所造成的无法通过再投资而实现预期收益的可能性。根据

流动性偏好理论，长期证券资产的收益率应当高于短期证券资产，这是因为：

（1）期限越长，不确定性就越强。证券资产投资者一般喜欢持有短期证券资产，因为它们较易变现而收回本金。因此，投资者愿意接受短期证券资产的低收益率。

（2）证券资产发行者一般喜欢发行长期证券资产，因为长期证券资产可以筹集到长期资金，而不必经常面临筹集不到资金的困境。因此，证券资产发行者愿意为长期证券资产支付较高的收益率。

为了避免市场利率上升的价格风险，投资者可能会投资于短期证券资产，但短期证券资产又会面临市场利率下降的再投资风险，即无法按预定收益率进行再投资而实现所要求的预期收益。

3. 购买力风险

购买力风险是指由于通货膨胀而使货币购买力下降的可能性。在持续而剧烈的物价波动环境下，货币性资产会产生购买力损益：当物价持续上涨时，货币性资产会遭受购买力损失；当物价持续下跌时，货币性资产会带来购买力收益。

证券资产是一种货币性资产，通货膨胀会使证券资产投资的本金和收益贬值，名义收益率不变而实际收益率降低。购买力风险对具有收款权利性质的资产影响很大，债券投资的购买力风险远大于股票投资。如果通货膨胀长期延续，投资人会把资本投向实体性资产以求保值，对证券资产的需求量减少，引起证券资产价格下跌。

（二）非系统性风险

证券资产的非系统性风险，是指由特定经营环境或特定事件变化引起的不确定性，从而对个别证券资产产生影响的特有风险。非系统性风险源于每个公司自身特有的营业活动和财务活动，与某个具体的证券资产相关联，同整个证券资产市场无关。非系统性风险可以通过持有证券资产的多元化来抵消，也称为可分散风险。

非系统性风险是公司特有风险，从公司内部管理的角度考察，公司特有风险的主要表现形式是公司经营风险和财务风险。从公司外部的证券资产市场投资者的角度考察，公司经营风险和财务风险的特征无法明确区分，公司特有风险是以违约风险、变现风险、破产风险等形式表现出来的，具体见表3-4-1。

表 3-4-1　非系统性风险

名称	概念	进一步解释
违约风险	证券资产发行者无法按时兑付证券资产利息和偿还本金的可能性	有价证券资产本身就是一种契约性权利资产，经济合同的任何一方违约都会给另一方造成损失，多发生于证券投资中。违约风险产生的原因可能是证券发行公司产品经销不善，也可能是公司现金周转不灵等
变现风险	证券资产持有者无法在市场上以正常的价格平仓出货的可能性	持有证券资产的投资者，可能会在证券资产持有期限内出售现有证券资产，投资于另一项目，但在短期内找不到愿意出合理价格的买主，投资者就会丧失新的投资机会或面临降价出售的损失
破产风险	在证券资产发行者破产清算时投资者无法收回应得权益的可能性	当证券资产发行者难以持续经营时，可能会申请破产保护。破产保护会导致债务清偿的豁免、有限责任的退资，使得投资者无法取得应得的投资收益，甚至无法收回投资的本金

四、债券投资（Bond Investment）

（一）债券的要素

等着老板加薪，不如给自己"创薪"——债券投资

债券是依照法定程序发行的约定在一定期限内还本付息的有价证券，它反映证券发行者与持有者之间的债权债务关系。债券一般包含以下几个基本要素。

1. 债券面值

债券面值，是指债券设定的票面金额。它代表发行人承诺于未来某一特定日偿付债券持有人的金额。债券面值包括以下两个方面的内容：

（1）票面币种。票面币种即以何种货币作为债券的计量单位，一般来说，在国内发行的债券，发行的对象是国内有关经济主体，则选择本国货币，若在国外发行，则选择发行的国家或地区的货币或国际通用货币（如美元）作为债券的币种。

（2）票面金额。票面金额对债券的发行成本、发行数量和持有者的分布具有影响，票面金额小，有利于小额投资者购买，从而有利于债券发行，但发行费用可能增加；票面金额大，会降低发行成本，但可能不利于债券发行。

2. 债券票面利率

债券票面利率，是指债券发行者预计一年内向持有者支付的利息占票面金额的比率。票面利率不同于实际利率，实际利率是指按复利计算的一年期的利率，债券的计息和付息方式有多种，可能使用单利或复利计算，利息支付可能半年一次、一年一次或到期一次还本付息，这使得票面利率可能与实际利率发生差异。

3. 债券到期日

债券到期日，是指偿还债券本金的日期，债券一般都有规定到期日，以便到期时归还本金。

（二）债券的价值

将未来在债券投资上收取的利息和收回的本金折为现值，即可得到债券的内在价值。债券的内在价值也称为债券的理论价格，只有债券价值大于其购买价格时，该债券才值得投资。影响债券价值的因素主要有债券的面值、期限、票面利率和所采用的贴现率等因素。

1. 债券估价基本模型

典型的债券类型，是有固定的票面利率、每期支付利息、到期归还本金的债券。这种债券模式下债券价值计量的基本模型如下：

$$V_b = \sum_{t=1}^{n} \frac{I_t}{(1+R)^t} + \frac{M}{(1+R)^n}$$

式中，V_b 表示债券的价值；I_t 表示债券各期的利息；M 表示债券的面值；R 表示债券价值评估时所采用的贴现率，即所期望的最低投资收益率。一般来说，经常采用市场利率作为评估债券价值时所期望的最低投资收益率。

从债券价值基本计量模型中可以看出，债券面值、债券期限、票面利率、市场利率是影响债券价值的基本因素。

【例3-4-1】某债券面值为 1 000 元，期限为 20 年，每年支付一次利息，到期归还本金，以市场利率作为评估债券价值的贴现率，目前的市场利率为 10%，如果票面利率分别为 12%、8%、10%，计算债券价值。

解：
$$V_b = 80 \times (P/A, 10\%, 20) + 1\,000 \times (P/F, 10\%, 20) = 829.69 （元）$$
$$V_b = 100 \times (P/A, 10\%, 20) + 1\,000 \times (P/F, 10\%, 20) = 999.96 （元）$$
$$V_b = 120 \times (P/A, 10\%, 20) + 1\,000 \times (P/F, 10\%, 20) = 1\,170.23 （元）$$

综上可知，债券的票面利率可能小于、等于或大于市场利率，因而，债券价值就可能小

于、等于或大于债券票面价值，因此，在债券实际发行时就要折价、平价或溢价发行。折价发行是对投资者未来少获利息而给予的必要补偿；平价发行是因为票面利率与市场利率相等，此时票面价值和债券价值是一致的，所以不存在补偿问题；溢价发行是为了对债券发行者未来多付利息而给予的必要补偿。

2. 债券价值对债券期限的敏感性

选择长期债券还是短期债券，是公司财务经理经常面临的投资选择问题。由于票面利率的不同，当债券期限发生变化时，债券的价值也会随之波动。

3. 债券价值对市场利率的敏感性

债券一旦发行，其面值、期限、票面利率都相对固定了，市场利率成为债券持有期间影响债券价值的主要因素。市场利率是决定债券价值的贴现率，市场利率的变化会造成系统性的利率风险。

（三）债券的收益率

1. 债券收益的来源

债券投资的收益是投资于债券所获得的全部投资收益。这些投资收益来源于以下三个方面：

（1）名义利息收益。债券各期的名义利息收益是其面值与票面利率的乘积。

（2）利息再投资收益。债券投资评价时，有两个重要的假定：第一，债券本金是到期收回的，而债券利息是分期收取的；第二，将分期收到的利息重新投资于同一项目，并取得与本金同等的利息收益率。

例如，一项 5 年期债券面值为 1 000 元，票面利率为 12%，如果每期的利息不进行再投资，5 年共获利息收益 600 元。如果将每期利息进行再投资，第 1 年获利息 120 元；第 2 年 1 000 元本金获利息 120 元，第 1 年的利息 120 元在第 2 年又获利息收益 14.4 元，第 2 年共获利息收益 134.4 元；以此类推，到第 5 年年末累计获利息 762.34 元。事实上，按 12% 的利率水平，1 000 元本金在第 5 年年末的复利终值为 1 762.34 元，按货币时间价值的原理计算债券投资收益，就已经考虑了再投资因素。在取得再投资收益的同时，承担着再投资风险。

（3）价差收益。价差收益是指债券尚未到期时投资者中途转让债券，在卖价和买价之间的价差上所获得的收益，也称资本利得收益。

2. 债券的内部收益率

债券的内部收益率，是指按当前市场价格购买债券并持有至到期日或转让日所产生的预期收益率，也就是债券投资项目的内含报酬率。在债券价值估价基本模型中，如果用债券的购买价格 P_0 代替内在价值 V_b，就能求出债券的内部收益率。也就是说，用该内部收益率贴现所决定的债券内在价值，刚好等于债券的目前购买价格。

债券真正的内在价值是按市场利率贴现所决定的，当按市场利率贴现所计算的内在价值大于按内部收益率贴现所计算的内在价值时，债券的内部收益率才会大于市场利率，这正是投资者所期望的。

例如，假定投资者目前以 1 075.92 元的价格购买一份面值为 1 000 元、每年付息一次、到期归还本金、票面利率为 12% 的 5 年期债券，投资者将该债券持有至到期日，则

$$1\ 075.92 = 120 \times (P/A，R，5) + 1\ 000 \times (P/F，R，5)$$

得出 　　　　　　　　　　　内部收益率 $R = 10\%$

同样原理，如果债券目前购买价格为 1 000 元或 899.24 元，有

　　　　　　　　　　　内部收益率 $R = 12\%$

或 　　　　　　　　　　　内部收益率 $R = 15\%$

可见，溢价债券的内部收益率低于票面利率，折价债券的内部收益率高于票面利率，平价债券的内部收益率等于票面利率。

通常，也可以用简便算法对债券投资收益率近似估算，其计算公式为

$$R = \frac{I+(B-P)/N}{(B+P)/2} \times 100\%$$

式中，P 表示债券的当前购买价格，B 表示债券面值，N 表示债券持有期限，分母是平均资金占用，分子是平均收益。将例 3-4-2 数据代入，内含报酬率为 10.10%。

五、股票投资（Stock Investment）

股权投资那些事——股权投资决策的依据

（一）股票的价值

投资于股票预期获得的未来现金流量的现值，即股票的价值或内在价值、理论价格。股票是一种权利凭证，它之所以有价值，是因为它能给持有者带来未来的收益，这种未来的收益包括各期获得的股利、转让股票获得的价差收益、股份公司的清算收益等。价格小于内在价值的股票，是值得投资者投资购买的。股份公司的净利润是决定股票价值的基础。股票给持有者带来未来的收益一般是以股利形式出现的，因此可以通过股利计算确定股票价值。

1. 股票估价基本模型

从理论上说，如果股东中途不转让股票，股票投资没有到期日，投资于股票所得到的未来现金流量是各期的股利。假定某股票未来各期股利为 D（t 为期数），R_s 为估价所采用的贴现率即所期望的最低收益率。股票价值的估价模型为

$$V_s = \frac{D_1}{1+R_s} + \frac{D_2}{(1+R_s)^2} + \frac{D_3}{(1+R_s)^3} + \cdots + \frac{D_n}{(1+R_s)^n} = \sum_{t=1}^{\infty} \frac{D_t}{(1+R_s)^t}$$

优先股是特殊的股票，优先股股东每期在固定的时点上收到相等的股利，优先股没有到期日，未来的现金流量是一种永续年金。其价值计算公式为

$$V_s = \frac{D}{R_s}$$

2. 常用的股票估价模式

与债券不同的是，持有期限、股利、贴现率是影响股票价值的重要因素。如果投资者准备永久持有股票，未来的贴现率也是固定不变的，那么未来各期不断变化的股利就成为评价股票价值的难题。为此，我们不得不假定未来的股利按一定的规律变化，从而形成几种常用的股票估价模式。

（1）固定增长模式。一般来说，公司并没有把每年的盈余全部作为股利分配出去，留存的收益扩大了公司的资本额，不断增长的资本会创造更多的盈余，进一步引起下期股利的增长。如果公司本期的股利为 D_0，未来各期的股利按上期股利的 g 速度呈几何级数增长，根据股票估价基本模型，股票价值 V_s 为

$$V_s = \sum_{t=1}^{\infty} \frac{D_0 \times (1+g)^t}{(1+R_s)^t}$$

因为 g 是一个固定的常数，当 R_s 大于 g 时，上式可以化简为

$$V_s = \frac{D_0(1+g)}{R_s - g}$$

【例 3-4-2】假定某投资者准备购买 A 公司的股票，并且准备长期持有，要求达到 12% 的收益率，该公司今年每股股利为 0.8 元，预计未来股利会以 9% 的速度增长，计算 A 股票的价值。

解：$V_s = 0.8 \times (1+9\%) \div (12\% - 9\%) = 29.07$（元）

也就是说，如果 A 股票目前的购买价格低于 29.07 元，该公司的股票是值得购买的。

（2）零增长模式。如果公司未来各期发放的股利都相等，并且投资者准备永久持有，那么这种股票与优先股类似。或者说，当固定增长模式中 $g=0$ 时，有

$$V_s = \frac{D_0}{R_s}$$

在例 3-4-2 中，如果 $g=0$，A 股票的价值为 $V_s = 0.8 \div 12\% = 6.67$（元）。

（3）阶段性增长模式。许多公司的股利在某一阶段有一个超常的增长率，这一期间的增长率 g 可能大于 R_s，而后阶段公司的股利固定不变或正常增长。对于阶段性增长的股票，需要分段计算，才能确定股票的价值。

【例 3-4-3】假定某投资者准备购买 A 公司的股票，打算长期持有，要求达到 12% 的收益率。A 公司今年每股股利为 0.6 元，预计未来 3 年股利以 15% 的速度增长，而后以 6% 的速度转入正常增长。计算该股票的价值。

解：（1）计算第一阶段，快速增长阶段股票价值：

$$V_1 = 0.6 \times (1+15\%) \times 0.893 + 0.6 \times (1+15\%)^2 \times 0.797 + 0.6 \times (1+15\%)^3 \times 0.712 = 1.898\,3\,（元）$$

（2）计算稳定增长阶段股票价值：

$$V_2 = \frac{D_3(1+g)}{R_s - g} = 0.912\,5 \times (1+6\%) / (12\% - 6\%) = 16.12\,（元）$$

（3）计算该股票价值为

$$V_3 = 1.898\,3 + 16.12 = 18.02\,（元）$$

（二）股票投资的收益率

1. 股票收益的来源

股票投资的收益由股利收益、股利再投资收益、转让价差收益三部分构成。并且，只要按货币时间价值的原理计算股票投资收益，就无须单独考虑再投资收益的因素。

2. 股票的内部收益率

股票的内部收益率，是使得股票未来现金流量贴现值等于目前的购买价格时的贴现率，也就是股票投资项目的内含报酬率。股票的内部收益率高于投资者所要求的最低收益率时，投资者才愿意购买该股票。在固定增长股票估价模型中，用股票的购买价格 P_0 代替内在价值 V_s，有

$$R = \frac{D_1}{P_0} + g$$

从上式可以看出，股票投资内部收益率由两部分构成：一部分是预期股利收益率 $\frac{D_1}{P_0}$；另一部分是股利增长率 g。

如果投资者不打算长期持有股票，而将股票转让出去，则股票投资的收益由股利收益和资本利得（转让价差收益）构成。这时，股票内部收益率 R 是使股票投资净现值为零时的贴现率。其计算公式如下：

$$NPV = \sum_{t=1}^{n} \frac{D_t}{(1+R)^t} + \frac{P_t}{(1+R)^n} - P_0 = 0$$

【例 3-4-4】某投资者 2020 年 5 月购入 A 公司股票 1 000 股，每股购价 3.2 元；A 公司 2021 年、2022 年、2023 年分别派发现金股利 0.25 元/股、0.32 元/股、0.45 元/股；该投资者 2023 年 5 月以每股 3.5 元的价格售出该股票，计算该股票内部收益率。

$$NPV = \frac{0.25}{1+R} + \frac{0.32}{(1+R)^2} + \frac{0.45}{(1+R)^3} + \frac{3.5}{(1+R)^3} - 3.2 = 0$$

解：当 $R=12\%$，$NPV=0.089\ 8$；

当 $R=14\%$，$NPV=-0.068\ 2$。

使用插值法计算出 $R=13.14$。

任务评价

工作任务清单	掌握情况	
	会做	熟练
证券投资的目的与风险		
债券价值与债券收益率的计算		
股票价值与股票收益率的计算		

任务 5 Python 在投资管理中的应用

一、实施场景

某空调公司目前有一台在用 A 空调，重置成本为 3 000 元，还可以使用 5 年。现计划更新设备，有两个方案可供选择：方案一，5 年后 A 空调报废时购进 B 空调替代 A 空调，B 空调可用 10 年；方案二，目前由 C 空调立即替代 A 空调，假定 A 空调报废无残值，C 空调可用 12 年。贴现率为 10%。有关资料见表 3-5-1。

表 3-5-1　空调更新相关资料　　　　　　　　　　　　　　　　　　　元

项目	A 设备	B 设备	C 设备
购价	3 000	11 270	10 000
年使用费	1 200	900	1 000
最终残值	0	0	500
可使用年限 / 年	5	10	12

二、实施要求

根据本工作领域所学习的知识，运用 Python 技术对案例任务中的设备更新项目进行决策。

思政课堂

培养学生的大数据意识。

三、实施步骤（图3-5-1）

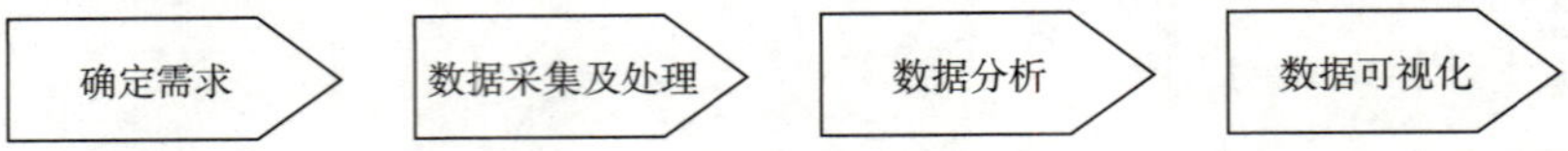

图3-5-1 实施步骤

（一）确认需求

引入 NumPy 和 Pandas 数据分析库与画图工具 Matplotlib。代码如下：

```
# 引入数据分析库
import numpy as np
import pandas as pd
# 引入画图工具 matplotlib
from matplotlib import pyplot as plt
plt.rcParams["font.sans-serif"] = ["SimHei"]
```

（二）数据采集及处理

读取案例资料中 Excel 相关数据并创建一个 DataFrame，具体如图3-5-2所示。代码如下：

```
df = pd.read_excel('空调更新相关资料.xlsx')
df
```

	项目	A设备	B设备	C设备
0	购价	3000	11270	10000
1	年使用费	1200	900	1000
2	最终残值	0	0	500
3	可使用年限（年）	5	10	12

图3-5-2 资料读取图

（三）数据分析

步骤一：设置 DataFrame 中的"项目"为索引，并分别计算两种方案的年金成本。代码如下：

```
df = df.set_index('项目')
年金成本1 = round((df.loc['购价','A设备']+df.loc['年使用费','A设备']*3.7908+df.loc['购价','B设备']*0.6209+df.loc['年使用费','B设备']*6.1446*0.6209)/7.6061,2)
print('方案一的年金成本为：',年金成本1)
年金成本2 = round((df.loc['购价','C设备']+df.loc['年使用费','C设备']*6.8137-df.loc['最终残值','C设备']*0.3186)/6.8137,2)
print('方案二的年金成本为：',年金成本2)
```

步骤二：设置 if 函数，确定年金成本小的方案为最终设备更新决策方案。代码如下：

```
if 年金成本1 < 年金成本2:
    print('由于方案一的年金成本低于方案二，所以，应该继续使用 A 空调。')
```

```
else:
    print(' 由于方案一的年金成本高于方案二，所以，应该更新设备，使用 C 空调。')
```

计算结果如图 3-5-3 所示。

（四）数据可视化

为更直观反映决策结果，使用 Matplotlib 工具创建画布并新建饼图，将两种方案的年金成本形成可视化图形。代码如下：

方案一的年金成本为：2 363.91
方案二的年金成本为：2 444.25
由于方案一的年金成本低于方案二，所以，应该继续使用 A 空调。

图 3-5-3　年金成本计算图

```
# 创建画布
plt.figure(figsize=(12,5),dpi=150)
# 两种方案对比折线图
plt.subplot(121)
labels = ' 方案一 ',' 方案二 '
sizes = np.array([ 年金成本 1, 年金成本 2])
colors = ['red', 'gold']
p, tx, autotexts = plt.pie(sizes, labels=labels, colors=colors,
    autopct="", shadow=True)
for i, a in enumerate(autotexts):
    a.set_text("{}".format(sizes[i]))
plt.title(' 两种方案对比饼图 ')
plt.axis('equal')
# 两种方案对比折线图
plt.subplot(122)
x = [[' 方案一 ',' 方案二 ']]        # 要连接的点的 x 坐标序列
y = [[ 年金成本 1, 年金成本 2]] # 要连接的点的 y 坐标序列
for i in range(len(x)):
    plt.plot(x[i], y[i],linewidth=2, color='r')
    plt.scatter(x[i], y[i],linewidth=2, color='b')
plt.title(' 两种方案对比折线图 ')
plt.show()
```

运行结果如图 3-5-4 所示。

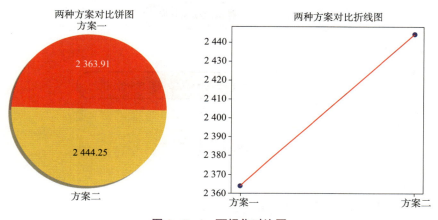

图 3-5-4　可视化对比图

工作领域小结

投资决策对于一家企业可持续发展至关重要，它不仅是企业生存与发展的基本前提，也是企业获取利润的基本前提，还是企业风险控制的重要手段。一方面，学生通过学习本工作领域熟悉并掌握投资管理的理论与投资项目财务评价指标的计算方法，能够对项目投资与证券投资进行科学决策；另一方面，学生可了解并熟悉大数据Python技术在复杂项目投资决策中的运用。

工作领域思维导图

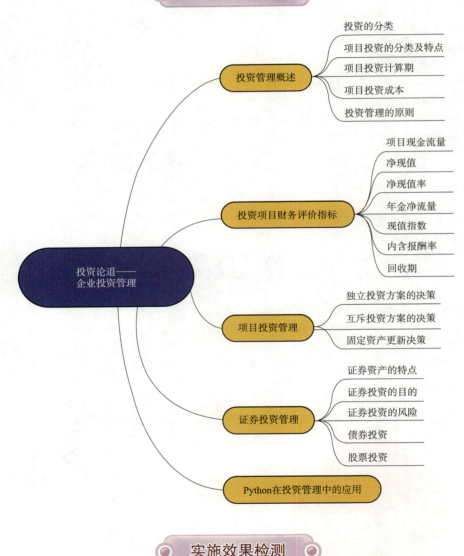

实施效果检测

一、单项选择题

1. 下列各项投资活动中，不属于间接投资的是（　　　）。

  A. 购买股票　　　　　　B. 购买固定资产　　　　　C. 购买债券　　　　　　D. 购买基金

2. 下列各项中，不属于投资管理原则的是（　　）。

    A. 可行性分析原则　　　　B. 结构平衡原则　　　　C. 战略性决策原则　　　　D. 动态监控原则

3. 某公司预期未来市场利率上升而将闲置资金全部用于短期证券投资，而到期时市场利率却大幅度下降，这意味着公司的证券投资出现（　　）。

    A. 再投资风险　　　　B. 购买力风险　　　　C. 汇率风险　　　　D. 变现风险

4. 甲、乙公司已进入稳定增长状态，股票信息如下表所示。

项目	甲	乙
最近一期支付的每股股利	0.75 元	0.55 元
股利稳定增长率	6%	8%
股票价格	15 元	18 元

关于甲、乙股票投资的说法中，下列正确的是（　　）。

    A. 甲、乙股票预期股利收益率相同　　　　B. 甲、乙股票内部收益率相同

    C. 甲股票资本利得收益率高　　　　D. 乙股票内部收益率高

5. 当一个投资项目的净现值大于 0 时，下列各项中表述错误的是（　　）。

    A. 现值指数大于 1　　　　B. 动态回收期短于项目寿命期

    C. 年金净流量大于 0　　　　D. 内含收益率小于设定的贴现率

二、多项选择题

1. 按照企业投资的分类，下列各选项中，属于发展性投资的有（　　）。

    A. 企业间兼并合并的投资　　　　B. 更新替换旧设备的投资

    C. 配套流动资金投资　　　　D. 开发新产品的投资

2. 当投资均发生在建设期，生产经营期每年都有正的现金净流量，采用回收期法进行项目评价时，下列表述正确的有（　　）。

    A. 通常静态回收期会大于动态回收期

    B. 若动态回收期短于项目的寿命期，则净现值大于 0

    C. 若原始投资一次支出且每年净现金流量相等，静态回收期等于计算内含报酬率所使用的年金现值系数

    D. 回收期可以正确反映项目总回报

3. 如果某投资项目寿命期为 5 年，在建设起点一次性投入资金，随后每年都有正的现金净流量，在采用内含报酬率对该项目进行财务可行性评价时，下列说法正确的有（　　）。

    A. 如果内含报酬率大于折现率，则项目净现值大于 0

    B. 如果内含报酬率大于折现率，则项目现值指数大于 1

    C. 如果内含报酬率小于折现率，则年金净流量小于 0

    D. 如果内含报酬率等于折现率，则静态回收期小于 5

4. 下列投资决策方法中，最适用于项目寿命期不同的互斥投资方案决策的有（　　）。

    A. 净现值法　　　　B. 共同年限法　　　　C. 年金净流量法　　　　D. 内含收益率法

5. 关于证券投资的风险的说法，下列正确的有（　　）。

    A. 价格风险属于系统风险　　　　B. 购买力风险属于系统风险

    C. 违约风险属于系统风险　　　　D. 破产风险属于非系统风险

三、判断题

1. 投资购买溢价发行的债券，其内含收益率会低于票面利率。（　　）

2. 在固定资产投资决策中，当税法规定的净残值和预计净残值一致时，终结期回收现金流量的计算不应考虑所得税的影响。（   ）

3. 净现值法不可直接用于对寿命期不同的互斥投资方案进行决策。（   ）

4. 年金净流量法是净现值法的辅助方法，在各方案原始投资额现值相同时，实质上就是净现值法。（   ）

5. 如果各方案的原始投资额现值不相等，对于独立投资方案，采用净现值法有时无法作出正确决策。（   ）

四、计算题

某企业计划开发一个新项目，该项目的寿命期为 5 年（与税法规定的使用年限一致），需投资固定资产 120 000 元，需垫支营运资金 100 000 元，5 年后可收回固定资产残值为 15 000 元（与税法规定净残值一致），用直线法计提折旧。投产后，预计每年的销售收入可达 120 000 元，相关的直接材料和直接人工等变动成本为 64 000 元，每年的设备维修费为 5 000 元。该公司要求的最低投资收益率为 10%，适用的所得税税率为 25%〔已知：$(P/A, 10\%, 4) = 3.169\ 9$，$(P/A, 12\%, 4) = 3.037\ 3$，$(P/A, 14\%, 4) = 2.913\ 7$，$(P/F, 10\%, 5) = 0.620\ 9$，$(P/F, 12\%, 5) = 0.567\ 4$，$(P/F, 14\%, 5) = 0.519\ 4$〕。要求：

（1）计算净现值，并据此对是否开发该项目作出决策。

（2）计算现值指数，并据此对是否开发该项目进行决策。

（3）计算内含报酬率，并据此对是否开发该项目作出决策。

（4）根据上面的决策结果，说明对于单一项目决策，应该选择哪一种指标作为决策依据。

工作领域四

平稳为王——营运资金管理

知识目标

1. 理解营运资金的概念及其管理的基本要求。
2. 了解最佳现金持有量的意义及其日常管理方法。
3. 了解应收账款的成本和信用政策。
4. 了解存货成本及其管理方法。
5. 掌握运用 Python 在营运资金管理中相关指标的代码。

技能目标

工作领域	工作任务	技能点	重要程度
平稳为王——营运资金管理	现金管理	能科学确定企业的最佳现金持有量	★★★☆☆
	应收账款管理	能制定合理的信用政策	★★★★☆
	存货管理	能按照经济订货批量模型确定企业的存货数量	★★★★★
	Python 在营运资金管理中的应用	能通过智能化管理工具并结合企业具体情况，协助企业进行营运决策	★★★★☆

素养目标

1. 培养学生的主人翁意识，珍惜资产，讲究效益，节约成本；
2. 激励学生不断提高大数据和流动资产的管控技能，科学参与企业管理，持续精通业务，当好参谋；
3. 让学生知晓管企需有道，治国需有方，只有科学规划，才能让企业可持续发展。

A超市一直以生鲜经营作为其主要特色，在全国20余个省市拥有数千家连锁门店。历经多年的发展，该超市从最初的集贸市场，规模和影响力逐步提升，并依靠现代物流与信息技术的支撑，在以生鲜经营为核心的基础上，大力发展现代农业和食品工业。目前，该超市的经营范围囊括了线下实体店、线上平台、新零售创新业务及金融业务等。该超市经营模式的特点如下：

（1）利用数字技术，打造智能化库存管理及网络化的物流配送中心，助力其各类新零售业务。

（2）严把信用政策关，提升新零售商业模式的盈利能力。

（3）实施全面数字化转型，助力业务创新。

财务管理中的资金运营主要是对流动资产和流动负债的管理。在大多数情况下，企业的现金流入量和流出量是不同步的，那么企业要想正常生产经营，实现正常运转，就必须拥有一定量的营运资金。因此，营运资金管理是企业财务管理的重要组成部分。调查显示，公司的财务经理一般会花费全天工作时间的60%用于营运资金的管理。可见，企业对资金的运用和筹措管理是企业营运资金管理的重心。通过A超市的案例，明白管企需有道，治国需有方，只有科学规划，才能让企业可持续发展的道理。学生应养成正确的财富观，树立风险管控意识，量力而为。在企业工作时，应有主人翁意识，珍惜资产，讲究效益，节约成本。同时，不断提高大数据和流动资产的管控技能，科学参与企业管理，持续精通业务，当好参谋。

案例思考：

学生是否可以融入"一带一路"思想，学习国家是如何营运各方资源，构建互惠互利的利益、命运和责任共同体？

任务1

现金管理

H是一家大型贸易公司，不但资金规模大且流速也比较快。基于该公司的行业特点，其流动资产（如应收账款）和流动负债（如应付账款）金额都比较大。最初该公司采用的是最原始的支票支付方式。但由于贸易量较大，每月对外支付的需求高达万笔，而采用支票支付耗时耗力，且人工操作难免会出现操作失误，为此不利于公司的资金管理。

任务分析

1. 什么是营运资金？
2. H 贸易公司还可以采用何种支付方式？

相关知识

一、营运资金的概念及特点（The Concept and Characteristics of Working Capital）

（一）营运资金的概念

营运资金又称营运资本，是指企业生产经营活动中占用的在流动资产上的资金。营运资金有广义和狭义之分。广义的营运资金是指企业流动资产的总额；狭义的营运资金是指流动资产与流动负债之间的差额，也称净营运资金。本工作领域的营运资金主要是指狭义的营运资金。

（二）营运资金的特点

1. 周转时间短

企业占用在流动资产上的资金，通常会在 1 年或者超过 1 年的一个营业周期内收回。根据这一特点，说明营运资金可以通过短期筹资方式加以解决。

2. 变现能力强

如存货、应收账款、短期有价证券容易变现。这一点对企业应付临时性的资金需求有重要的意义。

3. 数量具有波动性

流动资产或流动负债容易受内外条件的影响，数量的波动往往很大。

4. 来源具有多样性

企业筹集长期资金的方式一般较少，只有吸收直接投资、发行股票、发行债券等方式。与筹集长期资金的方式相比，企业筹集营运资金的方式较为灵活多样，通常有银行短期借款、商业信用、应交税费、应付股利、应付职工薪酬等多种内外部融资方式。

零营运资金管理

零营运资金管理的目的是使营运资金占企业总营业额的比重趋于最小，为达到该目的企业将减少在流动资产上的投资，并将大量剩余的资金投入到长期资产上；同时，通过银行短期借款和商业信用来进行流动资产的融资，进而降低企业的资金成本。

零营运资金管理并不要求营运资金真的为零，其基本原理就是企业在满足对流动资产基本需求的前提下，尽可能降低在流动资产上的投资额，并通过短期负债来满足营运资金的需求。它是一种风险性决策方法，减少对流动资产的投资，并将资金投入到长期资产上，并且通过短期负债进行流动资产融资，这样可以增加企业的收益；但同时也会增加企业的风险。所以，这是一种高收益、高风险的决策方法。具体表现如下。

1. 收益性较强

从收益性分析，可以从以下两个方面增加收益：

（1）从流动资产方面，一般来说，长期资产的收益性高于流动资产，根据零营运资金管理的基本原理，企业尽可能将大量资金投资到收益较高的长期资产；并且同时加强对流动资产的管理，减少持有的货币资金和有价证券；减少存货可使成本下降；减少应收账款可降低坏账损失和收账费用。

（2）从流动负债方面，短期负债对债权人来说偿还的日期短、风险小，所以要求的利率就低，而债权人的利率就是债务人的成本，因此，短期负债的资金成本往往小于长期负债的资金成本。因此，也可以增加企业的收益。

2. 财务风险较大

从风险性分析，可以从以下两个方面来考虑：

（1）从流动资产方面，流动资产相比固定资产具有易于变现的特点，当企业发生紧急情况时，就可以将流动资产变现。但是，一般来说，企业一般不出售固定资产，且固定资产金额大，有些具有专用性，也不易出售，所以，固定资产的变现能力低。根据零营运资金管理的基本原理，企业持有的流动资产少，持有的固定资产多，所以承担的风险大。

（2）从流动负债方面，短期负债的到期日近，企业偿还资金的压力较大。如果公司遇到意外情况，无法在规定的时间内偿还借款，公司就会遇到财务风险，而且利息也会产生波动，无法预测未来利息成本。企业在实施零营运资金管理时，要对流动资产投资进行有效的控制，使短期负债得到有效利用，受到一些因素的影响，公司在债务到期时可能无法偿还借款。

二、营运资金的管理原则（Working Capital Management Principles）

营运资金管理是企业财务管理工作的一项重要内容，企业在进行营运资金管理时应遵循的原则见表4-1-1。

> **想一想**
> 营运资金管理的基本原则是什么？

表4-1-1　营运资金的管理原则

满足正常的资金需求	应认真分析生产经营状况，合理确定营运资金的需要数量（营运资金管理的首要任务）
提高资金使用效率	缩短营业周期，加速变现过程，加快营运资金周转
节约资金使用成本	在保证生产经营需要的前提下，尽力降低资金使用成本
保持短期偿债能力	合理安排流动资产和流动负债的比例关系，保持流动资产结构与流动负债结构的适配性，保证企业有足够的短期偿债能力

三、持有现金的动机（The Incentive to Hold Cash）

现金是指在生产过程中暂时停留在货币形态的资金，包括库存现金、各种形式的银行存款、银行本票和银行汇票等。其主要特点是普遍的可接受性，即可以有效地立即用来购买商品、货物、劳务或偿还债务。因此，现金是企业资产中流动性最强的非营利性资产。现金管理的过程就是要在现金的流动性和收益性之间进行权衡选择的过程。

（一）交易性需要

交易性需要是指企业为了维持日常周转及正常商业所需持有的现金额。生产经营活动必须保持一定数额的现金用于购买原材料、支付工资、缴纳税款、偿付到期债务、分发现金股利等。企业经常取得收入，也经常发生支出，两者不可能同步同量。因此，保留一定的现金余额可在企业支出大于现金收入时不致中断交易，业务活动能正常地进行。

（二）预防性需要

预防性需要是指企业保持一定的现金余额以应付意外的现金需求。由于市场行情的瞬息万变和其他各种不确定因素的存在，企业通常难以对未来现金流入量与流出量做出准确的估计和预测，一旦企业对未来现金流量的预期与实际情况发生偏离，必然对企业的正常经营秩序产生极为不利的影响。因此，在正常业务活动现金需要量的基础上，追加一定数量的现金余额以应付未来现金流入和流出的随机波动，是在确定必要现金持有量时应当考虑的因素。

（三）投机性需要

投机性需要是指企业需要持有一定量的现金以抓住突然穿线的获利机会。例如，当原材料或其他资产即将涨价时，可用留存现金大量购入。又例如，利用证券市场价大幅度跌落购入有价证券，以期在价格反弹时卖出证券获取高额资本。

公司现金账户金额过大有什么税务风险

一般公司都有几个银行账户，用于日常的经济交易往来。对于公司的账户，是有严格管理要求的，并不是随意可以提取的。另外，如果现金账户金额过大，会有一定的风险，那公司现金账户金额过大有什么税务风险？有关税务风险说明如下：账面上现金过多，超过其他同类型企业账面现金情况，可能被税务机关发现财务数据异常，进而导致税务机关对企业的财务、税务情况进行查账，发现企业在日常经营中的其他涉税违法行为，并对企业进行行政处罚等。

企业账面资金过多，远超企业实际持有的库存现金，可能存在以下几种情况：以老板个人借款的名义将现金在账上挂账，会有抽逃注册资本的嫌疑，工商审计时可能会被市场监督管理局询问，并受到行政处罚；支出费用时，不向对方索取发票，从而使得购买价格更低，这种情况下，企业相当于是帮助对方偷逃税款；库存现金过多，也可能是公司对收取货款的收入没有存入银行，那么存在违反会计准则规定，坐支现金的风险。

一般情况下，库存现金过多，可能是由于收入多计或者费用少计，反映企业会计核算制度不健全，其他科目也会存在核算混乱的情况，这两种情况都会导致企业利润虚高，需要多缴纳企业所得税。

四、现金的持有成本（The Carrying Cost of Cash）

现金的持有成本通常由以下几个部分组成。

（一）机会成本

机会成本是指因持有现金而丧失的再投资收益，通常可用企业投资收益率来表示。例如，某企业的投资收益率为 6%，年平均持有现金 100 万元，则该企业每年现金的机会成本为 6 万元（100×6%）。机会成本一般与现金持有量正相关，即现金持有越多机会成本越高。

（二）管理成本

管理成本是指企业为管理现金而发生的管理费用，如管理人员工资和安全措施费等。管理成本具有固定成本的性质，它与现金持有量之间无明显的比例关系。

（三）转换成本

转换成本是指现金与有价证券转换过程中所发生的固定成本，如经纪人佣金、税金和其他管理成本，一般只与交易的次数有关，而与现金持有量无关。

（四）短缺成本

短缺成本是指企业因现金短缺而遭受的损失。例如，不能按时支付购料款而造成的信用损失；不能按期缴纳税款而被罚滞纳金等。短缺成本随现金持有量的增加而下降，即与现金持有量负相关。

五、最佳现金持有量的确定（Determination of Optimal Cash Holdings）

富翁的
烦恼——
现金管理的
三种模型

（一）成本模型

成本模型是根据现金有关成本，分析预测其总成本最低时现金持有量的一种方法，详见表4-1-2。

表4-1-2　成本模型下的最佳现金持有量的确定

相关成本	机会成本	管理成本	短缺成本
与现金持有量的关系	正比例变动	无明显的比例关系（固定成本）	反向变动
决策原则：上述三项成本之和最小的现金持有量即最佳现金持有量。 最佳现金持有量下的现金持有总成本 =min（管理成本 + 机会成本 + 短缺成本）			

上述三项成本之和最小的现金持有量，就是最佳现金持有量。如果把以上三种成本的曲线放在一个图上，如图4-1-1所示，抛物线的最低点即持有现金的最低总成本，这一点对应横轴上的量，即最佳现金持有量。

【例4-1-1】某企业有四种现金持有方案，它们各自的持有量、管理成本、短缺成本见表4-1-3。假设现金的机会成本率为12%。要求确定现金最佳持有量。

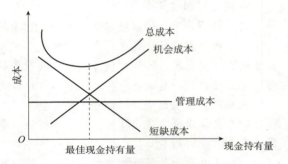

图4-1-1　成本模型的现金成本

解：这四种方案的总成本计算结果见表4-1-4。

表4-1-3　现金持有方案　　　　　　　　　　　　　　　　元

方案项目	甲	乙	丙	丁
现金平均持有量	50 000	100 000	150 000	200 000
机会成本	6 000	12 000	18 000	24 000
管理成本	40 000	40 000	40 000	40 000
短缺成本	24 000	13 500	5 000	0

表4-1-4　现金持有成本　　　　　　　　　　　　　　　　元

方案项目	甲	乙	丙	丁
机会成本	6 000	12 000	18 000	24 000
管理成本	40 000	40 000	40 000	40 000
短缺成本	24 000	13 500	5 000	0
总成本	70 000	65 500	63 000	64 000

将以上各方案的总成本加以比较可知，丙方案的总成本最低，故150 000元是该企业的最佳现金持有量。

（二）存货模型

存货模型是将现金看作企业的一种特殊存货，按照存货管理中的经济批量法的原理，确定企业现金最佳持有量的方法。采用存货模型测算最佳现金持有量是建立在以下假设前提下的：一是企业未来年度的现金需求总量可以预测；二是可通过出售短期有价证券来获得所需现金；三是现金支出是均匀的，而且每当现金余额接近于零时，短期证券可随时转换为现金。

存货模型的基本原理是将企业现金持有量和短期有价证券联系起来，并考虑现金持有量的相关成本，在成本总额最低时的现金余额就是最佳现金持有量。由于把现金持有量和长期有价证券联系起来，因此在现金的持有成本中可以不考虑现金短缺成本和现金管理成本。因为当现金不足时，企业可以出售有价证券，因此不存在现金的短缺成本，对于现金的管理成本，由于它是持有现金的固定成本，所以不是现金持有量的一个决策变量，机会成本和固定性转换成本随着现金持有量的变动而呈现出相反的变动趋势，因而能够使现金管理的机会成本与固定性转换成本之和保持最低的现金持有量，即最佳现金持有量。则

现金管理相关总成本 = 持有机会成本 + 固定性转换成本

用公式表示为

$$TC = \frac{Q}{2}K + \frac{T}{Q}F$$

式中，TC 为现金管理相关总成本；Q 为最佳现金持有量；K 为有价证券的年利息率；T 为特定时期内的现金总需求量；F 为每次转换有价证券的固定成本。现金管理相关总成本与持有机会成本、固定性转换成本的关系如图 4-1-2 所示。

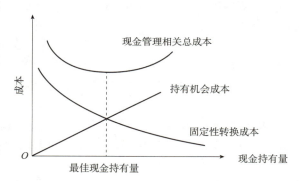

图 4-1-2　存货模型的现金成本

从图 4-1-2 中可以看出，现金管理的相关总成本与现金持有量呈凹形曲线关系。持有现金的机会成本与证券变现的交易成本相等时，现金管理的相关总成本最低，此时的现金持有量为最佳持有量。利用存货模型确定最佳现金持有量的模型为

$$最佳现金持有量\ Q = \sqrt{\frac{2TF}{K}}$$

将上式中的 Q 代入现金管理总成本的公式，可得到此时的最低总成本：

$$TC = \sqrt{2TFK}$$

【例 4-1-2】某企业使用存货模型确定最佳现金持有量。根据有关资料分析，2022 年该企业全年现金需求量为 162 万元，每次现金转换的成本为 0.4 万元，持有现金的机会成本率为 10%。

要求：

（1）计算最佳现金持有量；

（2）计算最佳现金持有量下的现金转换次数；

（3）计算最佳现金持有量下的现金交易成本；

（4）计算最佳现金持有量下持有现金的机会成本；

（5）计算最佳现金持有量下的相关总成本。

解：（1）最佳现金持有量 $= \sqrt{2 \times 162 \times 0.4/10\%} = 36$（万元）

（2）现金转换次数 $= 162/36 = 4.5$（次）

（3）现金交易成本 $= 4.5 \times 0.4 = 1.8$（万元）

（4）最佳现金持有量下持有现金的机会成本 =36/2×10%=1.8（万元）

（5）最佳现金持有量下的相关总成本 =1.8+1.8=3.6（万元）

（三）随机模型

随机模型是在现金需求量难以预知的情况下进行现金持有量控制的方法。对企业来讲，现金需求量往往波动大且难以预知，但企业可以根据历史经验和现实需要，测算出一个现金持有量的控制范围，即制订出现金持有量的上限和下限，将现金量控制在上下限之内。当现金量达到控制上限时，用现金购入有价证券，使现金持有量下降；当现金量降到控制下限时，则抛售有价证券换回现金，使现金持有量回升。若现金量在控制的上下限之内，便不必进行现金与有价证券的转换，保持它们各自的现有存量。这种对现金持有量的控制方法如图4-1-3所示。

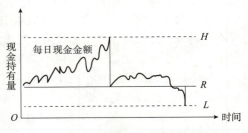

图 4-1-3　随机模型的现金成本

在图4-1-3中，上虚线 H 为现金存量的上限，下虚线 L 为现金存量的下限，实线 R 为最优现金返回线。上述关系中的现金存量上限 H、最优现金返回线 R 可以按下式计算：

$$R=\sqrt[3]{\frac{3b\delta^2}{4i}}+L \quad H=3R-2L$$

式中，b 为每次有价证券的固定转换成本；i 为有价证券的日利息率；δ 为预期每日现金余额变化的标准差（可根据历史资料测算）。而下限的确定，则要受到企业每日的最低现金需要、管理人员的风险承受倾向等因素的影响。

【例4-1-3】设某企业现金部经理决定 L 值应为2 000元，每天净现金流量的标准差是800元，每次证券交易成本为100元，有价证券的年收益率为8%。试确定该企业最佳现金持有量与最高现金持有量。

解：
$$R=\sqrt[3]{\frac{3\times100\times800^2}{4\times8\%\div360}}+2\ 000=6\ 000+2\ 000=8\ 000（元）$$
$$H=3R-2L=3\times8\ 000-2\times2\ 000=20\ 000（元）$$

根据计算结果分析可知，当公司的现金余额达到20 000元时，即应以12 000元（20 000-8 000）的现金投资到有价证券，使现金持有量回落到8 000元；当公司的现金余额降到2 000元时，应转让6 000元（8 000-2 000）的有价证券，使现金持有量回到8 000元。

随机模型是建立在企业的现金未来需求总量和收支不可能预测的前提下，因此，计算出来的现金持有量比较保守。

六、现金收支日常管理（Daily Management of Cash Receipts and Payments）

企业在确定了最佳现金持有量后，还要采取各种措施，加强现金的日常管理，尽快加速现金的周转，提高现金的使用效率。所谓现金周转期，是指介于企业支付现金与收到现金之间的时间段，其等于存货周转期加应收账款周转期减应付账款周转期。其循环过程如图4-1-4所示。

由此可以看出，如果要减少现金周转期，可以从以下方面着手：一是加快制造与销售产成品来缩短存货周转期；二是加速应收账款的回收来缩短应收账款周转期；三是延缓支付应付账款来延长应付账款周转期。

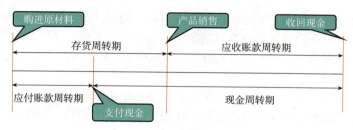

图 4-1-4　循环过程

（一）收款管理

1. 收款系统

一个高效率的收款系统能够使收款成本和收款浮动期达到最小，同时，能够保证与客户汇款及其他现金流入来源相关的信息的质量。

（1）收款成本。收款成本包括浮动期成本、管理收款系统的相关费用（如银行手续费）及第三方处理费用或清算相关费用。在获得资金之前，收款在途项目使企业无法利用这些资金，也会产生机会成本。

（2）收款浮动期。收款浮动期是指从支付开始到企业收到资金的时间间隔。收款浮动期主要是由纸基支付工具导致的，有下列三种类型：

1）邮寄浮动期，是指从付款人寄出支票到收款人或收款人的处理系统收到支票的时间间隔。

2）处理浮动期，是指支票的接受方处理支票和将支票存入银行以收回现金所花费的时间。

3）结算浮动期，是指通过银行系统进行支票结算所需的时间。

（3）信息的质量。信息的质量包括收款方得到的付款人的姓名、付款的内容和付款时间。信息要求及时、准确地到达收款人一方，以便收款人及时处理资金，作出发货的安排。

2. 收款方式的改善

电子支付方式对比纸基（或称纸质）支付方式是一种改进。电子支付方式提供了如下好处：

（1）结算时间和资金可用性可以预计。

（2）向任何一个账户或任何金融机构的支付具有灵活性，不受人工干扰。

（3）客户的汇款信息可与支付同时传送更容易更新应收账款。

（4）客户的汇款从纸基方式转向电子方式，减少或消除了收款浮动期，降低了收款成本，收款过程更容易控制，并且提高了预测精度。

（二）付款管理

现金支出管理的主要任务是尽可能延缓现金的支出时间。当然，这种延缓必须是合理合法的。控制现金支出的目标是在不损害企业信誉条件下，尽可能推迟现金的支出。

1. 使用现金浮游量

现金浮游量是指由于企业提高收款效率和延长付款时间所产生的企业账户上的现金余额与银行账户上的企业存款余额之间的差额。

2. 推迟应付款的支付

推迟应付款的支付，是指企业在不影响自己信誉的前提下，充分运用供货方所提供的信用优惠，尽可能地推迟应付款的支付期。

3. 汇票代替支票

汇票可分为商业承兑汇票和银行承兑汇票。与支票不同的是，承兑汇票并不是见票即付。

这一方式的优点是它推迟了企业调入资金支付汇票的实际所需时间。这样，企业就只需在银行中保持较少的现金余额。它的缺点是某些供应商可能并不喜欢使用汇票付款，银行也不喜欢处理汇票，它们通常需要耗费更多的人力。与支票相比，银行会收取较高的手续费。

4. 改进员工工资支付模式

企业可以为支付工资专门设立一个工资账户，通过银行向职工支付工资。为了最大限度地减少工资账户的存款余额，企业要合理预测开出支付工资的支票到职工去银行兑现的具体时间。

5. 透支

企业开出支票的金额大于活期存款余额。它实际上是银行向企业提供的信用。透支的限额由银行和企业共同商定。

6. 争取现金流出与现金流入同步

企业应尽量使现金流出与流入同步，这样，就可以降低交易性现金余额，同时可以减少有价证券转换为现金的次数，提高现金的利用效率，节约转换成本。

7. 使用零余额账户

即企业与银行合作，保持一个主账户和一系列子账户。企业只在主账户保持一定的安全储备，而在系列子账户不需要保持安全储备。当从某个子账户签发的支票需要现金时，所需要的资金立即从主账户划拨过来，从而使更多的资金可以用作他用。

任务评价

工作任务清单	掌握情况	
	会做	熟练
成本模型下的最佳现金持有量		
存货模型下的最佳现金持有量		
随机模型下的最佳现金持有量		

任务 2

应收账款管理

任务导入

H 教育信息股份有限公司（以下简称"H 教育公司"）经过多年发展，已经形成一系列教育事业单位信息化领域的关键核心技术。尽管 H 教育公司的营业收入和净利润都有所下滑，但其经营业绩整体呈增长趋势。同时，H 教育公司应收账款也逐年增长。

由于 H 教育公司的客户主要为全国各地教育事业单位，资金审批、拨付的影响因素较为复杂，客户回款周期较长。截至报告期各期末，H 教育公司应收账款及合同资产合计余额分别为 22 692 万元、28 504 万元和 37 841 万元，占各期营业收入的比例为 41.58%、54.27% 和 67.88%，规模和占比均逐年提高。

对此，H 教育公司在招股书中提示了"应收账款金额较大且回收周期较长的风险"：若资金来源不能及时到位，会造成自身经营性现金流减少，并对公司的经营造成不利影响，公司存在应收账款金额较大、回款周期较长引致的风险。报告期内，H 教育公司应收账款周转率分别为 3.12 次、2.68 次和 1.97 次，不断降低。

任务分析

1. H 教育公司的应收账款占营业收入的"半壁江山"，这对公司的营运活动将带来什么样的影响？

2. H 教育公司应该如何加速应收账款的回收和管理？

相关知识

应收账款是企业因对外销售商品、产品、提供劳务等应向购货单位或接受劳务单位收取的债权，包括应收销售款、其他应收款、应收票据等。

一、应收账款的作用（The Role of Accounts Receivable）

在市场竞争日趋激烈的情况下，赊销是一种促进销售的重要手段。提供商业信用、采取赊销、分期付款等销售方式，可以扩大销售、增加利润，但应收账款的增加也会造成资金成本、坏账损失等费用的增加。因此，需要在应收账款所增加的盈利和所增加的成本之间做出权衡。应收账款管理就是分析赊销的条件，使赊销带来的盈利增加大于应收账款投资产生的成本费用增加，最终使得企业利润增加，企业价值上升。

1. 增加销售

随着企业面对的经营环境越来越复杂，为了增加销售，占领市场，获取更多的利润，一般都会采取赊销的政策，而这就必须对应收账款进行投入。

2. 减少存货

在某些商品的销售淡季，企业的产成品存货积压较多，企业持有产成品存货，要支付管理费、财产税和保险费等成本费用；相反，企业持有应收账款则无须支付上述费用。这些企业在淡季一般会采用较优惠的信用条件进行销售，以便将存货转化为应收账款，降低各种费用的支出。

二、应收账款的成本（The Cost of Accounts Receivable）

（一）机会成本

应收账款会占用企业一定量的资金，而企业若不将这部分资金投放于应收账款，便可以用于其他投资并可能获得收益。例如，投资债券获得利息收入，这种因投放于应收账款而放弃其他投资所带来的收益，即应收账款的机会成本。其计算公式如图 4-2-1 所示。

（二）管理成本

应收账款的管理成本是指企业因管理应收账款而发生的各种费用，主要包括对客户的资信调查费用、应收账款账簿记录费用、收账费用及其他费用。其中主要的是收账费用。

（三）坏账成本

在赊销交易中，债务人由于种种原因无力偿还债务，债权人就有可能无法收回应收账款而发生损失，这种损失就是坏账成本。可以说，企业发生坏账成本是不可避免的。而此项成本一般与应收账款发生的数量成正比。

应收账款占用资金的应计利息（即机会成本）

=应收账款占用资金×资金成本率

=应收账款平均余额×变动成本率

=日销售额×平均收现期

=日销售额×平均收现期×变动成本率×资本成本率

图 4-2-1　应收账款机会成本的计算公式

$$坏账成本 = 赊销额 \times 预计坏账损失率$$

三、制定信用政策（Make Credit Policy）

信用政策又称应收账款政策，是企业财务政策的一个重要组成部分。制定合理的信用政策，是加强应收账款管理、提高应收账款投资效益的重要前提。应收账款政策，即应收账款的管理政策，是指企业为对应收账款投资进行规划与控制而确立的基本原则与行为规范，主要包括信用标准、信用条件和收账政策三部分。

> **想一想**
>
> 应收账款持有量和应收账款信用成本之间有什么关系？

（一）信用标准

信用标准是指信用申请者获得企业提供信用所必须达到的最低信用水平，通常以预期的坏账损失率作为判别标准。

1. 信用的定性分析

信用的定性分析是指对申请人"质"方面的分析。常用的信用定性分析法是"5C"信用评价系统，即评估申请人信用品质的五个方面，包括品质、能力、资本、抵押和条件。

（1）品质（Character）。品质是指个人申请人或企业申请人管理者的诚实和正直表现。品质反映了个人或企业在过去的还款中所体现的还款意图和愿望，这是 5C 中最主要的因素。通常要根据过去的记录结合现状调查来进行分析，包括企业经营者的年龄、文化、技术、结构，遵纪守法情况，开拓进取及领导能力，有无获得荣誉奖励或纪律处分，团结协作精神及组织管理能力。

（2）能力（Capacity）。能力是指经营能力，通常通过分析申请者的生产经营能力及获利情况、管理制度是否健全、管理手段是否先进、产品生产销售是否正常、在市场上有无竞争力、经营规模和经营实力是否逐年增长等来评估。

（3）资本（Capital）。资本是指如果企业或个人当前的现金流不足以还债，他们在短期和长期内可供使用的财务资源。企业资本雄厚，说明企业具有强大的物质基础和抗风险能力。因此，信用分析必须调查了解企业资本规模和负债比率，反映企业资产或资本对于负债的保障程度。

（4）抵押（Collateral）。抵押是指当企业或个人不能满足还款条款时，可以用作债务担保的资产或其他担保物。信用分析必须分析担保抵押手续是否齐备、抵押品的估值和出售有无问题、担保人的信誉是否可靠等。

（5）条件（Condition）。条件是指影响申请者还款能力和还款意愿的经济环境。经济环境对企业发展前途具有一定影响，也是影响企业信用的一项重要的外部因素。信用分析必须对企业的经济环境，包括对企业发展前景、行业发展趋势、市场需求变化等进行分析，预测其对企业经营效益的影响。

2. 信用的定量分析

进行商业信用的定量分析可以从考察信用申请人的财务报表开始，通常使用比率分析法评价顾客的财务状况。常用的指标有流动性和营运资本比率（如流动比率、速动比率及现金对负债总额比率）、债务管理和支付比率（利息保障倍数、长期债务对资本比率、带息债务对资产总额比率及负债总额对资产总额比率）、盈利能力指标（销售回报率、总资产回报率和净资产收益率）。

将这些指标和信用评级机构及其他协会发布的行业标准进行比较，可以观察申请人的信用状况。

（二）信用条件

信用条件是销货企业要求赊购客户支付贷款的条件，由信用期间、折扣期限和现金折扣三个要素组成。

1. 信用期间

信用期间是企业允许顾客从购货到付款之间的时间，或者说是企业给顾客的付款期间，一般简称信用期。延长信用期限，可在一定程度上扩大销售，但与此同时应收账款的机会成本、坏账成本和管理成本也会相应增加。为此，是否给客户延长信用期限主要是衡量延长后增加的销售利润是否超过增加的成本费用。

【例 4-2-1】兴业公司目前采用的是 30 天付款的赊销政策。为增加销售额，拟将信用期延长至 60 天。假设风险投资的最低报酬率为 12%，其他数据见表 4-2-1。根据条件，判断兴业公司是否要放款信用期。

表 4-2-1　兴业公司收账政策与备选方案　　　　　　　　　　　　　　　　　　元

项目	方案一（30 天）	方案二（60 天）
全年销售量（件）	200 000	240 000
全年销售额（单价 5 元）	1 000 000	1 200 000
变动成本（每件 4 元）	800 000	960 000
固定成本	60 000	60 000
可能发生的收账费用（元）	4 000	5 000
可能发生的坏账损失（元）	6 000	8 000

解：（1）计算息税前利润的增加。

增加的息税前利润 ＝ 方案二的息税前利润 － 方案一的息税前利润

＝（1 200 000 － 960 000 － 60 000）－（1 000 000 － 800 000 － 60 000）

＝40 000（元）

（2）计算应收账款相关成本的增加。

1）变动成本的增加。

变动成本率 ＝4 ÷ 5 × 100% ＝80%

机会成本的增加 ＝ 方案二的机会成本 － 方案一的机会成本

＝1 200 000 ÷ 360 × 60 × 80% × 12% － 1 000 000 ÷ 360 × 30 × 80% × 12%

＝11 200（元）

2）收账费用和坏账损失的增加。

$$收账费用增加 = 5\,000 - 4\,000 = 1\,000（元）$$

$$坏账损失增加 = 8\,000 - 6\,000 = 2\,000（元）$$

3）相关成本的增加合计。

$$11\,200 + 1\,000 + 2\,000 = 14\,200（元）$$

（3）比较息税前利润的增加与相关成本的增加。

采用方案二增加息税前利润 40 000 元，而增加的成本只有 14 200 元，增加的收益大于增加的成本，故应采用方案二。

2. 折扣期限和现金折扣

折扣期限和现金折扣统称为折扣条件。如果企业给顾客提供现金折扣，那么顾客在折扣期付款时少付的金额所产生的"成本"将影响企业收益。当顾客利用了企业提供的现金折扣，而现金折扣又没有促使销售额增长时，则企业的净收益会下降。当然，上述收入方面的损失可能会全部或部分地由应收账款持有成本的下降所补偿。

现金折扣的表示常用如"5/10，3/20，N/30"这样的符号。其含义：5/10 表示 10 天内付款，可享受 5% 的价格优惠，即只需支付原价的 95%，如原价为 10 000 元，只需支付 9 500 元；3/20 表示 20 天内付款可享受 3% 的价格优惠，即只需支付原价的 97%，如原价为 10 000 元，则只需支付 9 700 元；N/30 表示付款的最后期限为 30 天，此时付款无优惠。资产企业采用什么程度的现金折扣，要与信用期间结合起来考虑。无论是信用期间还是现金折扣，都可能给企业带来收益，但也会增加成本。现金折扣可以刺激顾客提前付款缩短应收账款回收期，并扩大销量。但与此同时，它也会使企业增加成本，即价格折扣损失。当企业给予顾客某种现金折扣时，应当考虑折扣所能带来的收益与成本孰高孰低，权衡利弊。

【例 4-2-2】华安公司的资金成本率为 12%。现采用 30 天按发票金额付款的信用政策，销售收入为 1 000 万元，边际贡献率为 20%，平均收现期为 48 天，收账费用和坏账损失均占销售收入的 1.5%。公司为了加速账款回收和扩大销售收入以充分利用剩余生产能力，准备将信用政策调整为"2/10，1/20，N/30"。预计调整后销售收入将增加 5%，收账费用和坏账损失分别占销售收入的 2%、1.8%，有 10% 的客户在 10 天内付款，有 30% 的客户在 20 天内付款。

要求：根据计算结果说明华安公司是否应改变信用政策。

解：（1）收益增加 = 1 000 × 5% × 20% = 10（万元）

（2）信用政策调整后的平均收现期 = 10 × 10% + 20 × 30% + 30 × 60% = 25（天）

（3）信用政策调整后机会成本的增加 = 1 000 ×（1+5%）×（1−20%）÷ 360 × 25 × 12% − 1 000 ×（1−20%）÷ 360 × 48 × 12% = −5.8（万元）

（4）收账费用增加 = 1 000 ×（1+5%）× 2% − 1 000 × 1.5% = 6（万元）

（5）坏账损失增加 = 1 000 ×（1+5%）× 1.8% − 1 000 × 1.5% = 3.9（万元）

（6）现金折扣增加 = 1 000 ×（1+5%）× 10% × 2% + 1 000 ×（1+5%）× 30% × 1% = 5.25（万元）

（7）各项成本增加额合计 = −5.8 + 6 + 3.9 + 5.25 = 9.35（万元）

（8）改变信用政策的净损益 = 10 − 9.35 = 0.65（万元）

（三）收账政策

收账政策是指企业向客户收取逾期未付款项的收账策略与措施。企业的信用政策影响坏账损失，为了避免或减少坏账损失，提高收款的效率，企业应制定收款政策。一般来说，企业为了扩大产品销售，增强竞争能力，常对客户的逾期未付款项规定一个允许拖欠的期限，超过规定的期限，企业就将进行各种

你的钱什么
时候能回来？
——应收账款
的监控

形式的催收。

　　企业无论采用何种方式对拖欠款催收，都要付出一定的代价，即收账费用。一般来说，随着收账费用的增加，坏账损失会逐渐减少，但收账费用不是越多越好，因为收账费用增加到一定数额后，坏账损失不再减少，说明在市场经济条件下不可能避免坏账。投入多少收账费用为好，要在权衡增加的收账费用和减少的坏账损失后作出决定。

四、应收账款的日常管理（Daily Management of Accounts Receivable）

> **思政课堂**
>
> 　　掌握流动资产的管控技能，科学参与企业管理，持续精通业务，当好财务参谋。

　　应收账款的管理难度比较大，在确定合理的信用政策之后，还要做好应收账款的日常管理工作，包括对客户的信用调查和分析评价、应收账款的催收工作等。

（一）调查客户信用

　　信用调查是指收集和整理反映客户信用状况有关资料的工作。信用调查是企业应收账款日常管理的基础，是正确评价客户信用的前提条件。企业对顾客进行信用调查主要通过以下两种方法。

1. 直接调查

　　直接调查是指调查人员通过与被调查单位进行直接接触，以当面采访、询问、观看等方式获取信用资料的一种方法。直接调查可以保证收集资料的准确性和及时性，但也有一定的局限性，其获得的往往是感性资料，同时，若不能得到被调查单位的配合，则会使调查工作难以开展。

2. 间接调查

　　间接调查是以被调查单位及其他单位保存的有关原始记录和核算资料为基础，通过加工整理获得被调查单位信用资料的一种方法。这些资料主要来自以下几个方面：

　　（1）财务报表。通过财务报表分析，可以基本掌握一个企业的财务状况和信用状况。

　　（2）信用评级机构。专门的信用评级机构，因为它们的评估方法先进，评估调查细致，评估程序合理，所以可信度较高。在我国，目前的信用评级机构有三种形式：第一种是独立的社会评级机构，它们只根据自身的业务吸收有关专家参加，不受行政干预和集团利益的牵制，独立自主地开办信用评级业务；第二种是政策性银行、政策性保险公司负责组织的评级机构，一般由银行、保险公司有关人员和各部门专家进行评估；第三种是由商业银行、商业性保险公司组织的评级机构，由商业性银行、商业性保险公司组织专家对其客户进行评估。

　　（3）银行。银行是信用资料的一个重要来源，许多银行都设有信用部，为其顾客服务，并负责对其顾客信用状况进行记录、评估。但银行的资料一般仅愿意在内部及同行之间进行交流，而不愿意向其他单位提供。

　　（4）其他途径。如财税部门、市场监督管理部门、消费者协会等机构都可能提供相关的信用状况资料。

（二）分析应收账款账龄

　　企业已发生的应收账款的时间有长有短，对于已经超过信用期限的应收账款要特别关注。一般来说，逾期拖欠时间越长，款项催收越困难，形成坏账的可能性越大。因此，企业应定期对应收账款账龄进行分析，密切注意应收账款的回收情况，以加强应收账款的监督和控制。

　　企业应收账款账龄分析工作，主要是通过定期编制应收账款账龄分析表来进行的。所谓应收账款的账龄结构，是指各账龄应收账款的余额占应收账款总余额的比重。

假如4月份的销售在6月末的时候（未收回）应收账款为300 000元，详见表4-2-2。

表4-2-2　账龄分析表

4月份销售		300 000
4月份收款（销售额的6%）	6%×300 000	18 000
5月份收款（销售额的50%）	50%×300 000	150 000
6月份收款（销售额的30%）	30%×300 000	90 000
收款合计		258 000
4月份的销售仍未回收的应收账款		42 000

从账龄分析表可以看到，企业的应收账款在信用期内及超过信用期各时间档次的金额及比重即账龄结构。一般来说，拖欠时间越长，收回的难度越大，也越可能形成坏账。通过对账龄结构分析，做好信用记录，可以研究与制定新的信用政策和收账政策。

（三）组织应收账款回收

1. 确定合理的收账程序

催收账款的程序一般是信函通知、电话催收、派员面谈、法律行动。当客户拖欠账款时，要先给客户一封有礼貌的通知信件；然后，可寄出一封措辞较直率的信件；进一步则可通过电话催收；如再无效，企业的收账员可直接与客户面谈，协商解决；如果谈判不成，就只好交给企业的律师采取法律行动。

2. 确定合理的讨债方法

客户拖欠货款的原因可能比较多，但可概括为无力偿付和故意拖欠两大类。当客户无力偿付时，要进行具体分析：如果客户确实遇到暂时困难，经过努力可以东山再起，企业应帮助客户渡过难关，以便收回较多的账款；如果客户遇到严重困难，已达到破产界限，无法恢复，则应及时向法院起诉，以期在破产清算时得到债权的部分清偿。

故意拖欠是指客户虽然有能力付款，但为了无偿使用或其他目的，想方设法不付款，这时则需要确定合理的讨债方法，以达到收回货款的目的。常见的讨债方法有讲理法、疲劳战术法、激将法、软硬兼施法等。

（四）建立坏账准备

无论企业采取怎样严格的信用政策，只要存在商业信用行为，坏账损失就是无法避免的。一般来说，确定坏账损失的标准主要有以下两条：

（1）因债务人破产或死亡，以其破产财产或遗产清偿后，仍然不能收回的应收账款。

（2）债务人逾期未履行偿债义务，且具有明显特征表明无法收回。

企业的应收账款只要符合上述任何一个条件，就应作为坏账损失处理。为了适应市场经济的需要，增强企业的风险意识，企业应遵循谨慎性原则，对坏账损失的可能性预先进行估计，并建立坏账准备金制度。提取坏账准备金不仅可以增强企业抵御坏账风险的能力，而且有利于企业的资金周转，提高经济效益。

应收账款保理业务是指企业把由于赊销而形成的应收账款有条件地转让给银行，银行为企

业提供资金，并负责管理、催收应收账款和坏账担保等业务，企业可借此收回账款，加快资金周转。

需要指出的是，这里的银行也可以是保理商，还有些可能是集团公司下的财务公司（具有金融资质业务的财务公司）。

简单来讲，就是企业将应收账款（给下游客户定账期产生的）先转让给银行，银行提前支付给企业款项，应收账款由银行来催收，相当于企业提前取得销售回款，属于一种融资业务。

保理业务的分类如下：

（1）有追索权的保理和无追索权的保理。如果按照保理商是否有追索权来划分，保理可分为有追索权的保理和无追索权的保理。如果保理商对毫无争议的已核准的应收账款提供坏账担保，则称为无追索权保理，此时保理商必须为每个买方客户确定赊销额，以区分已核准与未核准应收账款，此类保理业务较常见。另一类是有追索权保理，此时保理商不负责审核买方资信，不确定赊销额度，也不提供坏账担保，仅提供贸易融资、账户管理及债款回收等服务。如果出现坏账，无论其原因如何，保理商都有权向供货商追索预付款。

（2）明保理和暗保理。按保理商是否将保理业务通知买方来划分，保理可分为明保理和暗保理。其中，暗保理即供货商为了避免让对方知道自己因流动资金不足而转让应收账款，并不将保理商的参与通知给买方，货款到期时仍由供货商出面催款，再向保理商偿还预付款。

（3）折扣保理和到期保理。如果保理商提供预付款融资，则为融资保理，又称为折扣保理。因为供货商将发票交给保理商时，只要在信用销售额度内的已核准应收账款，保理商立即支付不超过发期金额80%的现款，余额待收妥后结清，如果保理商不提供预付账款融资，而是在赊销到期时才支付，则为到期保理，届时无论货款是否收到，保理商都必须支付货款。

可以看出以上每种保理都存在一定的优势和劣势，销售商在选择采用哪种保理时，需要综合考虑。对于无追索权的保理一般适合销售企业对买方的信誉不是很了解（新客户），或者是面对信誉较差的客户，但从保理商角度来说，由于其中包含的风险都由保理商来承担，因而保理商会向销售企业收取一定可观的保理费用，所以对于销售企业来说成本相对比较高；相反，对于有追索权保理对销售企业来说风险由自己承担，保理商不承担风险，成本相对比较低。至于明保还是暗保，应该从企业后续是否能长期合作的角度来考虑。

折扣保理比较适合于资金不是很宽余、但资金周转又需要很快的企业。这种保理与应收账款的贴现相似，唯一不同的是应收账款的贴现到期不能收回账款，销售企业必须承担应有的风险。然而，保理则可以把风险转移给保理商，分散企业的风险。可是，这种保理所付出的代价相当高，企业应权衡风险和收益，使风险和收益相匹配。到期保理则只承担不能收回应收账款的风险(坏账风险)而不提前融资，只是到期了保理商支付款项。

任务评价

工作任务清单	掌握情况	
	会做	熟练
信用期限决策		
折扣条件决策		
应收账款日常管理		

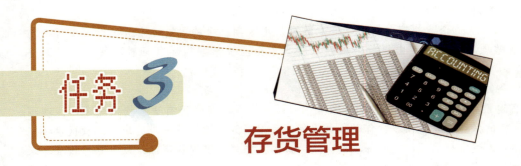

任务 3

存货管理

任务导入

假设你在网上订购乳制品，可指定每种商品的每周订购量，但送货时间不能确定。于是你订购了一周所需的鸡蛋、牛奶和黄油。但由于不清楚商品什么时候送到，你还是不得不在冰箱里存好足够一星期吃的各种乳制品，以免饿肚子。

又假设网络服务供应商将服务升级，为你提供一个无线设备，上面有每种乳制品的按钮。当你喝完一瓶牛奶时，就按下相应的按钮。第二天，供货商将会送上一瓶新的牛奶以补充喝完的部分。作为顾客，你会选择哪种服务？当然是第二种。

某电器股份有限公司总经理凭借他的存货管理方法，获得首届杰出销售总经理奖。据他介绍，这归功于公司的存货营销管理方法。例如，根据市场需求给某个厂家下 5 000 台的订单，说好至少需要 5 天，那么一天 1 000 台，仓库中相应料的供应量就是 5 000，正好够生产车间干 5 天，然后接下一个订单。循环往复，每个生产周期衔接得恰到好处。这样，既保证不断货，又有适当库存。你知道这是什么管理方法吗？这就是所要讲解的存货管理方法——零库存管理。

任务分析

1. 了解存货管理方法——零库存管理。
2. 掌握存货的日常管理。

相关知识

零库存管理起源于 20 世纪 60 年代，零库存并不是等于不要储备和没有储备。所谓的零库存，是指物料（包括原材料、半成品和产成品等）在采购、生产、销售、配送等一个或几个经营环节中，不以仓库存储的形式存在，而均是处于周转的状态。它并不是指以仓库储存形式的某种或某些物品的储存数量真正为零，而是通过实施特定的库存控制策略，实现库存量的最小化。我国企业从 20 世纪 70 年代末期开始逐渐接触并引进这一生产管理方式，最初，长春第一汽车制造厂最先开始应用看板系统控制生产现场作业。近年来，第一汽车制造厂、第二汽车制造厂、上海大众汽车有限公司、海尔集团、海信电器等企业，应用零库存管理，取得了丰富的经验，创造了良好的经济效益。

一、存货管理的概念及意义（The Concept and Significance of Inventory Management）

（一）存货管理的概念

存货是指企业在日常生产经营过程中为销售或耗用而储备的物资。其包括材料、燃料、低值易耗品、在产品、半成品、产成品、商品等。存货在流动资产中所占的比重较大，存货管理水平的高低对企业生产经营的顺利与否具有直接的影响，并且最终会影响到企业的收益、风险和流动性的综合水平。因此，存货管理在整个流动资产管理中具有重要的地位。

> **思政课堂**
>
> 让学生知晓管企需有道，治国需有方，只有科学规划，才能让企业可持续发展。

（二）存货管理的意义

如果工业企业能在生产投料时随时购入所需的原材料，或者商业企业能在销售时随时购入该项商品，就不需要储备存货。但是实际上，企业不可能做到随用随买，对于一般的企业来说，持有一定数量的存货是十分必要的。企业持有存货的需要来自以下原因。

1. 保证生产或销售的经营需要

为了避免或减少出现停工待料、停业待货等事故，企业需要储存存货。

2. 降低进货成本

企业为了生产或销售的经营需要和降低进货成本而储备一定的存货。但是，过多的存货要占用较多的资金，并且会增加包括仓储费、保险费、维护费、管理人员工资在内的各项开支。进行存货管理，就是要在存货成本与存货收益之间进行利弊权衡，实现两者的最佳结合。因此，存货管理的目标就是要在充分发挥存货作用的前提下，不断降低存货成本，以最低的存货成本保障企业生产经营的顺利进行。

3. 适应市场变化

存货储备能增强企业在生产和销售方面的机动性与适应市场变化的能力。企业有了足够的库存储备，当市场的需求量增加时，能及时供应市场，满足客户的需要。另外，在通货膨胀时，适当地储存存货，企业能因物价上涨而获得好处。

4. 维持均衡生产

如果生产季节性产品或需求波动比较大的产品，企业可能会超负荷生产，适量的存货储备可以有效缓解这一问题，实现均衡发展。

二、存货的成本（Cost of Inventory）

为了充分发挥存货的作用，企业必须储备一定量的存货，但也会由此而发生各项支出，这就是存货成本。存货的成本主要包括以下内容。

（一）进货成本

进货成本是指存货的取得成本（TC_a），主要由存货进价和进货费用构成。其中，存货进价又称购置成本，是指存货本身的价值，等于采购单价（P）与采购数量（D）的乘积。在一定时期进货总量既定的条件下，无论企业采购次数如何变动，存货的进价通常是保持相对稳定的（假设物价不变且无采购数量折扣），因而属于决策无关成本。进货费用又称订货成本，是指企业为组织进货而开支的费用，如与材料采购有关的办公费、差旅费、邮政资费（简称邮资）、电话电报费、运输费、检验费、入库搬运费等支出。进货费用有一部分与订货次数有关，如差旅费、邮资、电话电报费等费用与进货次数成正比例变动，这类变动性进货费用属于决策的相关成本，称为变动订货成本。每次订货的变动成本用 B 表示，订货次数等于存货年需求量 A 与每次进货量 Q 之商。另一部分与订货次数无关，如专设采购机构的基本开支等，这类固定性进货费用则属于决策的无关成本，称为固定订货成本，用 F_1 表示。

想一想

存货的数量和持有成本之间有什么关系？

进货成本 = 购置成本 + 订货成本 = 购置成本 + 变动订货成本 + 固定订货成本

$$TC_a = PD + \frac{A}{Q}B + F_1$$

（二）储存成本

企业为持有存货而发生的费用即存货的储存成本（TC_c），主要包括存货资金占用费（以贷款购买存货的利息成本）或机会成本（以现金购买存货而同时损失的证券投资收益等）、仓储费用、保险费用、存货残损霉变损失等。与进货费用一样，储存成本可以按照与储存数额的关系分为变动性储存成本和固定性储存成本两类。其中，固定性储存成本与存货储存数额的多少没有直接的联系，如仓库折旧费、仓库管理人员的工资等，这类成本属于决策的无关成本，用 F_2 表示；变动性储存成本则随着存货储存数额的增减成正比例变动关系，如存货占用资金的应计利息、存货残损和变质损失、存货的保险费用等，年单位变动储存成本用 C 表示，这类成本属于决策的相关成本。

储存成本 = 固定性储存成本 + 变动性储存成本

$$TC_c = F_2 + \frac{Q}{2}C$$

（三）缺货成本

缺货成本是因存货不足而给企业造成的损失，包括由于材料供应中断造成的停产损失、成品供应中断导致延误发货的信誉损失及丧失销售机会的损失等。缺货成本能否作为决策的相关成本，应视企业是否允许出现存货短缺的不同情形而定。若允许缺货，则缺货成本便与存货数量反向相关，即属于决策相关成本；反之，若企业不允许发生缺货情形，此时缺货成本为零，也就无须加以考虑。

三、存货经济进货批量决策（Inventory Economy Purchase Volume Decision）

（一）存货经济进货批量基本模型

经济进货批量是指能够使一定时期存货的相关总成本达到最低点的进货数量。通过上述对存货成本的分析可知，企业储存存货的总成本即存货进货成本、存货储存成本和存货缺货成本三者之和。其中，订货固定成本和储存固定成本与进货数量没有直接关系，是决策无关成本。进价成本是指存货本身的价值，在一定时期进货总量既定的条件下，无论企业采购次数如何变动，存货的进价成本通常是保持相对稳定的（假设物价保持不变且无商业折扣），也属于决策无关成本，因而可以不予考虑。因此，决定存货经济进货批量的成本因素主要包括变动性进货费用（简称进货费用）、变动性储存成本（简称储存成本）及允许缺货时的缺货成本。不同的成本项目与进货批量呈现着不同的变动关系：减少进货批量，增加进货次数，可降低储存成本，但会导致订货成本与缺货成本的提高；相反，增加进货批量，减少进货次数，尽管有利于降低进货费用与缺货成本，但同时会影响储存成本的提高。因此，如何协调各项成本之间的关系，使其总和保持最低水平，是企业组织进货过程需要解决的主要问题。

经济进货批量基本模型以如下假设为前提，详见图4-3-1。

（1）订货提前期是常数；

（2）货物是一次性入库；

（3）单位货物成本为常数，无批量折扣；

（4）不允许出现缺货情形；

（5）存货总需求量是已知常数；

（6）货物是一种独立需求的物品，不受其他货物影响；

（7）库存储存成本与库存水平呈线性关系。

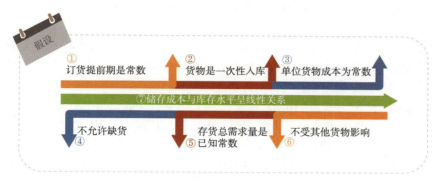

图4-3-1　经济进货批量基本模型假设

在满足以上假设的前提下，存货的进价成本、订货固定成本和储存固定成本均为常量。因为不存在缺货，短缺成本也不是决策的相关成本。此时，与存货订购批量、批次直接相关的成本只有变动订货成本和变动储存成本两项，详见图4-3-2。用公式表示为

$$存货相关总成本 = 变动订货成本 + 变动储存成本$$

$$T = \frac{A}{Q}B + \frac{Q}{2}C$$

存货成本					
取得成本			储存成本		缺货成本
固定订货成本	变动订货成本	购置成本	固定储存成本	变动储存成本	缺货成本
F_1	$\frac{A}{Q} \times B$	$P \times D$	F_2	$\frac{Q}{2} \times C$	—

图4-3-2　存货成本

式中，T为存货相关总成本；A为存货全年需求量；Q为存货的经济进货批量；B为平均每次变动订货成本；C为单位年变动储存成本。

在上式中，A、B、C为常数时，相关总成本T的大小就取决于Q，为了求出T的最小值，对上式求导数，可得出存货经济订货批量基本模型，如图4-3-3所示。

公式如下：

$$存货经济订货批量(Q) = \sqrt{\frac{2AB}{C}}$$

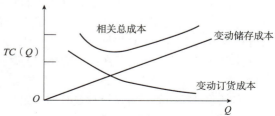

图4-3-3　存货经济订货批量基本模型图

据此，还可以得出以下几个指标：

$$经济进货批量的存货相关总成本(TC) = \sqrt{2ABC}$$

$$经济进货批量平均占用资金(W) = \frac{PQ}{2} = P\sqrt{\frac{AB}{2C}}$$

$$年度最佳进货批次(N) = \frac{A}{Q} = \sqrt{\frac{AC}{2B}}$$

【例4-3-1】泰山集团将玻璃套装门在山东生产，然后运至上海，管理当局预计年度需求量为10 000套。该产品购进单价为395元（包括运费）。与订购这些产品相关的资料如下：

（1）去年订单共22份，总处理成本13 400元，其中固定成本10 760元，预计未来成本性态不变。

（2）产品从山东运抵上海后，接受部门要进行检查。为此雇佣一名检验人员，每月支付工资3 000元，每个订单发生费用280元，另外检验工作需要8小时，发生变动费用每小时2.5元。

要求：计算经济批量模型中的"每次订货成本"。

解：此题求B，$B = (13\ 400 - 10\ 760)/22 + 280 + 2.5 \times 8 = 420$（元）

【例4-3-2】泰山集团将玻璃套装门在山东生产，然后运至上海，管理当局预计年度需求量为10 000套。该产品购进单价为395元（包括运费）。与订购这些产品相关的资料如下：

（1）去年订单共22份，总处理成本13 400元，其中固定成本10 760元，预计未来成本性态不变。

（2）产品从山东运抵上海后，接受部门要进行检查。为此雇佣一名检验人员，每月支付工资3 000元，每个订单发生费用280元，另外检验工作需要8小时，发生变动费用每小时2.5元。

（3）公司租借仓库来储存产品，估计成本为每年2 500元，另外加上每套门4元。

（4）在储存过程中会出现破损，估计破损成本平均每套门28.5元。

（5）占用资金利息等其他储存成本每套门20元。

要求：计算经济批量模型中"单位存货储存成本"。

解：此题求C，$C = 4 + 28.5 + 20 = 52.5$（元）

【例4-3-3】同例4-3-2。

要求：（1）计算经济订货批量。

（2）计算每年与批量相关的存货总成本。

解：（1）$Q = \sqrt{\dfrac{2AB}{C}} = \sqrt{\dfrac{2 \times 10\ 000 \times 420}{52.5}} = 400$

（2）$TC = \sqrt{2ABC} = \sqrt{2 \times 10\ 000 \times 420 \times 52.5} = 21\ 000$

（二）存在商业折扣的存货经济进货批量模型

为了鼓励客户购买更多的商品，销售企业通常会给予不同程度的价格优惠，即实行商业折扣或称为价格折扣。购买越多，获得的价格优惠越大。此时，进货企业对经济进货批量的确定，除考虑进货费用和储存成本外，还应考虑存货的进价成本，因为此时的存货进价成本已经与进货数量的大小有了直接联系，属于决策相关成本，即在经济进货批量基本模式其他各种假设条件均具备的前提下，存在数量折扣时的存货相关总成本，可按下式计算：

$$存货相关总成本 = 存货进价 + 相关订货成本 + 相关储存成本$$

实行数量折扣的经济进货批量具体确定步骤如下：

（1）确定无商业折扣条件下的经济批量和存货相关总成本；

（2）加进不同批量的商业折扣差异因素，分别计算存货相关总成本；

（3）比较不同批量下的相关存货总成本，找出存货总成本最低的订货批量。

如果给予数量折扣的进货批量是一个范围，如进货数量在 100 ～ 199 千克可享受 3% 的价格优惠，此时按给予数量折扣的最低进货批量，即按 100 千克计算存货相关总成本。因为在给予数量折扣的进货批量范围内，无论进货量是多少，存货进价成本总额都是相同的，而相关总成本的变动规律是进货批量越小，相关总成本就越低，即按 100 千克计算的存货相关总成本 < 按 101 千克计算的相关总成本 < 按 102 千克计算的相关总成本 <……< 按 199 千克计算的相关总成本。

【例 4–3–4】泰山集团每年需要甲零件 6 000 件，每次订货成本为 150 元，甲零件的单位储存成本为 5 元，该种零件的单价为 20 元，若一次订购量在 2 000 件以上时，可获得 3% 的折扣，一次订货量在 3 000 件以上时，可获得 5% 的折扣。求泰山集团的经济订货批量。

解：（1）按经济进货批量基本模型确定的经济订货批量为

$$经济订货批量（Q）= \sqrt{\frac{2AB}{C}} = \sqrt{\frac{2×6\,000×150}{5}} = 600（件）$$

$$存货相关总成本（TC）= \sqrt{2ABC} + PD = \sqrt{2×6\,000×150×5} + 6\,000×20 = 123\,000（元）$$

（2）每次采购 2 000 件时，存货的相关总成本为

$$存货相关总成本 = 6\,000×20×(1-3\%) + \frac{6\,000}{2\,000}×150 + \frac{2\,000}{2}×5 = 121\,850（元）$$

（3）每次采购 3 000 件时，存货的相关总成本为

$$存货相关总成本 = 6\,000×20×(1-5\%) + \frac{6\,000}{3\,000}×150 + \frac{3\,000}{2}×5 = 121\,800（元）$$

（4）由上述计算结果比较可知，每次进货 3 000 件时的存货相关总成本最低，所以泰山集团的最佳经济进货批量为 3 000 件。

四、存货日常管理（Daily Inventory Management）

存货日常管理的目标是在保证企业生产经营正常进行的前提下尽量减少库存，防止积压。实践中形成的行之有效的管理方法有存货 ABC 分类管理法、及时生产的存货系统法（简称 JIT）、存货储存期控制法、存货定额控制法、存货供应时点控制法等。本部分仅介绍存货 ABC 分类管理法和及时生产的存货系统法。

（一）存货 ABC 分类管理法

存货 ABC 分类管理法就是按照一定的标准，将企业的存货划分为 A、B、C 三类，分别实行分品种重点管理、分类别一般控制和按总额灵活掌握的存货管理方法。企业存货品种繁多，有的价格昂贵，但品种数量很少；有的价值低廉，但种类、数量很多。在存货管理中，企业应分清主次，突出重点，确定管理重点和管理技术，从而经济有效地管理存货，以提高存货资金管理的整体效果。

1. 存货 ABC 分类的标准

存货 ABC 分类的标准主要有两个：一是金额标准；二是品种数量标准。其中，金额标准是最基本的，品种数量标准仅作为参考。A 类存货的特点是存货金额很大，但品种数量较少，对资产影响大；B 类存货金额一般，品种数量相对较多；B 类存货品种数量繁多，但价值金额很少。

一般来说，存货的划分标准大体如下：A 类存货金额占整个存货金额比重的 60% ～ 80%，品种数量占整个存货品种数量的 5% ～ 15%；B 类存货金额占整个存货金额比重的 15% ～ 25%，品种数量占整个存货品种数量的 15% ～ 25%；B 类存货金额占整个存货金额比重的 5% ～ 15%，品种数量占整个存货品种数量的 60% ～ 80%，见表 4–3–1。

表 4-3-1 ABC 分类标准图

库存	数量比	价值比
A 类	5%～15%	60%～80%
B 类	15%～25%	15%～25%
C 类	60%～80%	5%～15%

将存货划分为 A、B、C 三类后，应采取不同的管理方法。由于 A 类存货占用着企业绝大多数的资金，对整个存货管理的好坏有极大影响，是存货管理的重点，一般要采取经济存货批量来加以控制，并要经常检查这类存货的库存情况。同时，由于 A 类存货品种数量较少，企业完全有能力按照每个品种进行管理。C 类存货尽管品种数量繁多，但其所占金额却很小，可以只对其进行总量控制和管理，通常可按经验确定资金占用量，或者规定一个进货点，当存货低于这个进货点，就组织进货。B 类存货金额相对较小，可以通过划分类别的方式进行管理，参照其在生产中的重要程度，采购及管理的难易，采用 A 类或 C 类的管理方法。

2. 存货 ABC 分类管理法的应用步骤

存货 ABC 分类管理法的应用步骤如下：

（1）列示企业全部存货的明细表，并计算出每种存货的价值总额及占全部存货金额的百分比；

（2）按照金额标准由大到小进行排序并累加金额百分比；

（3）当金额百分比累加到 80% 左右时，以上存货视为 A 类存货；百分比介于 80%～90% 的存货作 B 类存货，其余则为 C 类存货。

【例 4-3-5】小王是某大学毕业生，毕业后到武汉某仓储公司担任仓库主管一职，刚进仓库，就有员工反映仓库内原材料不足，当小王看到仓库库存明细表（表 4-3-2）并得知仓库内所有物品均统一进货时，小王就发现仓库管理中存在的问题了。请你运用所学知识分析该仓库存在的问题。

表 4-3-2 仓库库存明细表

产品序号	数量	单价/元
1	20	20
2	20	10
3	20	10
4	10	680
5	12	100
6	10	20
7	25	20
8	15	10
9	30	5
10	20	10

解：（1）根据产品序号计算每种产品总价值：

产品序号 1：$20 \times 20 = 400$（元）

产品序号 2：$20 \times 10 = 200$（元）

依此类推：产品 3 = 200 元

产品 4 = 6 800 元

产品 5 = 1 200 元

产品 6 = 200 元

产品 7 = 500 元

产品 8 = 150 元

产品 9 = 150 元

产品 10 = 200 元

（2）计算仓库中产品总金额：400＋200＋200＋6 800＋1 200＋200＋500＋150＋150＋200＝10 000（元）

（3）编制 ABC 分析表。ABC 分析表栏目构成如下：第一栏产品名称或产品序号；第二栏产品数量；第三栏产品单价；第四栏产品总价；第五栏产品占总资金百分比；第六栏该产品资金累计百分比；第七栏产品数量占总数量累计百分比；第八栏为分类结果，详见表4-3-3。

注：在排序时，要按照该产品总价从高到低排序；当总价相等时，再由产品单价从高到低排序。

表 4-3-3　ABC 分析表

产品序号	数量	单价／元	总价／元	资金百分比	累计百分比	累计数量百分比	分类结果
4	10	680	6 800	68	68	5.5	A
5	12	100	1 200	12	80	13	A
7	25	20	500	5	85	26.7	B
1	20	20	400	4	89	37.6	B
6	100	20	200	2	91	48.5	C
2	20	10	200	2	93	59.4	C
3	20	10	200	2	95	64.9	C
10	20	10	200	2	97	75.8	C
8	15	10	150	1.5	98.5	83.9	C
9	30	5	150	1.5	100	100	C
合计	182		10 000	100	100	100	

（二）及时生产的存货系统法

及时生产的存货系统是指通过合理规划企业的产供销过程，使从原材料采购到产成品销售每个环节都能紧密衔接，减少制造过程中不增加企业价值的作业，减少库存，消除浪费，从而降低成本，提高产品质量，最终实现企业效益最大化。

（1）及时生产的存货系统的基本原理。及时生产的存货系统的基本原理是只有在使用之前才从供应商处进货，从而将原材料或配件的库存数量减到最小；只有在出现需求或接到订单时才开始生产，从而避免产成品的库存。及时生产的存货系统要求企业在生产经营的需要与材料物资的供应之间实现同步，使物资传送与作业加工速度处于同一节拍，最终将存货降到最低限度，甚至零库存。

（2）及时生产的存货系统的优缺点。及时生产的存货系统的优点是降低库存成本；减少从订货到交货的加工等待时间，提高生产效率；降低废品率、再加工和担保成本。但及时生产的存货系统要求企业内外部全面协调和配合，一旦供应链破坏或企业不能在很短的时间内根据客户需求调整生产，企业生产经营的稳定性就会受到影响，经营风险加大。另外，为了保证能够按合同约定频繁、小量配送，供应商可能要求额外加价，企业因此丧失了从其他供应商那里获得更低价格的机会收益。

目前，已有越来越多的企业利用及时生产的存货系统减少甚至消除对存货的需求，即实行零库存管理，如沃尔玛、海尔等。

任务评价

工作任务清单	掌握情况	
	会做	熟练
存货的成本		
存货经济订货批量模型的计算		
存在商业折扣的存货经济进货批量模型的计算		
存货的日常管理		

任务 4 Python 在营运资金管理中的应用

一、实施场景

本案例应用 Python 建立应收账款的账龄分析模型。该模型的主要功能：通过读取应收账款明细表资料，获取应收账款数据，计算应收账款的账龄等指标，综合分析该公司的应收账款的账龄结构，并对分析结果进行可视化呈现。

二、实施要求

（1）读取应收账款数据，并进行数据清洗；
（2）DataFrame 的创建、读写、筛选、计算和输出；
（3）使用 Matplotlib 对分析结果进行可视化呈现。

> **思政课堂**
>
> 激励学生不断提高大数据分析技能。

三、实施步骤（图 4-4-1）

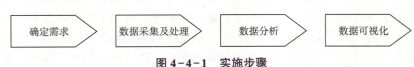

确定需求　数据采集及处理　数据分析　数据可视化

图 4-4-1　实施步骤

（一）确定需求

通过读取应收账款明细账等资料，对应收账款的账龄进行计算，对分析结果进行可视化呈现。引入相关库：数据分析工具、画图工具等。代码如下：

```
# 案例资料：分析日期：2022 年 12 月 31 日
# 引入数据分析库
import numpy as np
import pandas as pd
# 引入画图工具 matplotlib
from matplotlib import pyplot as plt
plt.rcParams["font.sans-serif"] = ["SimHei"]
```

（二）数据采集及处理

本案例数据来源于 Excel 表，使用 Pandas 读取案例资料。代码如下：

```
# 读取案例资料，显示应收账款明细数据
df = pd.read_excel(' 应收账款明细表 .xlsx')
```

读取结果如图 4-4-2 所示。

	客户名称	区域	购货日期	货物总价	应收账款	已收账款	结余欠款	宽限天数	到期日	逾期天数
0	A公司	华东	2021-04-01	21250	21250	12510	8740	30	2021/05/01	609
1	B公司	华南	2022-01-02	98000	98000	88000	10000	2	2022/01/04	361
2	C公司	华中	2022-02-25	45000	45000	35000	10000	11	2022/03/08	298
3	D公司	华北	2022-03-04	65000	65000	35000	30000	1	2022/03/05	301
4	A公司	华东	2022-08-09	860000	860000	766000	94000	15	2022/08/24	129
5	B公司	华南	2022-08-20	52000	52000	25000	27000	15	2022/09/04	118
6	C公司	华中	2022-09-11	48000	48000	40000	8000	15	2022/09/26	96
7	D公司	华北	2022-09-12	48000	48000	42000	6000	15	2022/09/27	95
8	A公司	华东	2022-10-13	56000	56000	36000	20000	15	2022/10/28	64
9	B公司	华南	2022-10-24	47000	47000	41000	6000	15	2022/11/08	53
10	C公司	华中	2022-11-15	78000	78000	48000	30000	15	2022/11/30	31
11	D公司	华北	2022-11-10	72000	72000	42000	30000	15	2022/11/25	36
12	A公司	华东	2022-11-26	81000	81000	35000	46000	15	2022/12/11	20
13	B公司	华南	2022-12-07	96000	96000	26000	70000	15	2022/12/22	9
14	C公司	华中	2022-12-10	28000	28000	12000	16000	15	2022/12/25	6
15	D公司	华北	2022-12-12	36000	36000	15000	21000	15	2022/12/27	4

图 4-4-2 应收账款明细图

（三）数据分析

（1）判断应收账款是否逾期以及按客户计算各逾期区间金额。代码如下：

```
# 判断应收账款是否逾期以及按客户计算各逾期区间金额
df.loc[df[' 逾期天数 ']>0,' 逾期提醒 ']=' 逾期 '
df.loc[(df[' 逾期天数 '] > 0) & (df[' 逾期天数 '] <= 30),' 逾期 1 个月内 ']=df[' 结余欠款 ']
df.loc[(df[' 逾期天数 '] > 30) & (df[' 逾期天数 '] <= 90),' 逾期 1-3 月 ']=df[' 结余欠款 ']
df.loc[(df[' 逾期天数 '] > 90) & (df[' 逾期天数 '] <= 180),' 逾期 3-6 月 ']=df[' 结余欠款 ']
df.loc[df[' 逾期天数 ']>180,' 逾期 6 个月以上 ']=df[' 结余欠款 ']
df.fillna('', inplace=True)
del df[' 货物总价 ']
```

运行结果如图 4-4-3 所示。

	客户名称	区域	购货日期	应收账款	已收账款	结余欠款	宽限天数	到期日	逾期天数	逾期提醒	逾期1个月内	逾期1-3月	逾期3-6月	逾期6个月以上
0	A公司	华东	2021-04-01	21250	12510	8740	30	2021/05/01	609	逾期				8740.0
1	B公司	华南	2022-01-02	98000	88000	10000	2	2022/01/04	361	逾期				10000.0
2	C公司	华中	2022-02-25	45000	35000	10000	11	2022/03/08	298	逾期				10000.0
3	D公司	华北	2022-03-04	65000	35000	30000	1	2022/03/05	301	逾期				30000.0
4	A公司	华东	2022-08-09	860000	766000	94000	15	2022/08/24	129	逾期			94000.0	
5	B公司	华南	2022-08-20	52000	25000	27000	15	2022/09/04	118	逾期			27000.0	
6	C公司	华中	2022-09-11	48000	40000	8000	15	2022/09/26	96	逾期			8000.0	
7	D公司	华北	2022-09-12	48000	42000	6000	15	2022/09/27	95	逾期			6000.0	
8	A公司	华东	2022-10-13	56000	36000	20000	15	2022/10/28	64	逾期		20000.0		
9	B公司	华南	2022-10-24	47000	41000	6000	15	2022/11/08	53	逾期		6000.0		
10	C公司	华中	2022-11-15	78000	48000	30000	15	2022/11/30	31	逾期		30000.0		
11	D公司	华北	2022-11-10	72000	42000	30000	15	2022/11/25	36	逾期		30000.0		
12	A公司	华东	2022-11-26	81000	35000	46000	15	2022/12/11	20	逾期	46000.0			
13	B公司	华南	2022-12-07	96000	26000	70000	15	2022/12/22	9	逾期	70000.0			
14	C公司	华中	2022-12-10	28000	12000	16000	15	2022/12/25	6	逾期	16000.0			
15	D公司	华北	2022-12-12	36000	15000	21000	15	2022/12/27	4	逾期	21000.0			

图 4-4-3　应收账款逾期图

（2）计算汇总各销售区域应收账款逾期情况。代码如下：

```
# 计算汇总各销售区域应收账款逾期情况
data1 = df[(df[' 逾期天数 '] > 0) & (df[' 逾期天数 '] <= 30)]
data2 = df[(df[' 逾期天数 '] > 30) & (df[' 逾期天数 '] <= 90)]
data3 = df[(df[' 逾期天数 '] > 90) & (df[' 逾期天数 '] <= 180)]
data4 = df[df[' 逾期天数 '] > 180]
# 转换为 DataFrame
df1 = pd.DataFrame({' 销售区域 ':[' 华东 ',' 华南 ',' 华中 ',' 华北 '],
                    ' 应收账款 ':df.groupby(' 客户名称 '). 应收账款 .sum().tolist(),
                    ' 已收账款 ':df.groupby(' 客户名称 '). 已收账款 .sum().tolist(),
                    ' 结余欠款 ':df.groupby(' 客户名称 '). 结余欠款 .sum().tolist(),
                    ' 逾期 1 个月内 ':data1[' 结余欠款 '].tolist(),
                    ' 逾期 1-3 月 ':data2[' 结余欠款 '].tolist(),
                    ' 逾期 3-6 月 ':data3[' 结余欠款 '].tolist(),
                    ' 逾期 6 个月以上 ':data4[' 结余欠款 '].tolist()})
df1
```

运行结果如图 4-4-4 所示。

	销售区域	应收账款	已收账款	结余欠款	逾期1个月内	逾期1-3月	逾期3-6月	逾期6个月以上
0	华东	1018250	849510	168740	46000	20000	94000	8740
1	华南	293000	180000	113000	70000	6000	27000	10000
2	华中	199000	135000	64000	16000	30000	8000	10000
3	华北	221000	134000	87000	21000	30000	6000	30000

图 4-4-4　各销售区域应收账款逾期情况图

（四）数据可视化

使用 Matplotlib 对分析结果进行可视化呈现。

1. 按销售区域的应收账款欠款余额可视化分析

（1）创建画布并指定画图数据。代码如下：

```
# 按销售区域的应收账款欠款可视化分析
# 创建画布
plt.figure(figsize=(12,5),dpi=100)
# 绘制各销售区域应收账款欠款占比饼图
plt.subplot(121)
# 指定数据
plt.pie(df1[' 结余欠款 '].tolist(),labels=[' 华东 ',' 华南 ',' 华中 ',' 华北 '],autopct='%.2f%%')
# 设置标题
plt.title(' 各销售区域应收账款欠款占比 ')
# 绘制各销售区域应收账款欠款余额柱状图
plt.subplot(122)
# 指定数据
plt.bar(df1[' 销售区域 '].tolist(),df1[' 结余欠款 '].tolist(),color = 'crimson')
# 设置标题
plt.title(' 各销售区域应收账款欠款余额 ')
# 显示图形
plt.tight_layout()
plt.show()
```

（2）运行结果如图 4-4-5 和图 4-4-6 所示。

图 4-4-5　各销售区域应收账款欠款占比

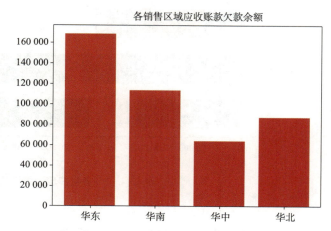

图 4-4-6　各销售区域应收账款欠款余额

2. 按客户的应收账款欠款余额可视化

（1）创建画布并指定画图数据。代码如下：

```
# 按客户的应收账款欠款余额可视化
# 创建画布
```

```
plt.figure(figsize=(8,4),dpi=100)
# 指定数据
x = ['A 公司 ', 'B 公司 ', 'C 公司 ', 'D 公司 ']
y1 = df1[' 逾期 1 个月内 '].values
y2 = df1[' 逾期 1-3 月 '].values
y3 = df1[' 逾期 3-6 月 '].values
y4 = df1[' 逾期 6 个月以上 '].values
plt.barh(x, y1, label=' 逾期 1 个月内 ', height=0.67)
plt.barh(x, y2, left=y1, label=' 逾期 1-3 月 ', height=0.67)
plt.barh(x, y3, left=y1+y2, label=' 逾期 3-6 月 ', height=0.67)
plt.barh(x, y4, left=y1+y2+y3, label=' 逾期 6 个月以上 ', height=0.67)
# 设置标题等
plt.xlabel(" 金额 ")
plt.ylabel(" 公司名称 ")
plt.legend()
plt.title(" 各客户应收账款逾期金额 ")
# 显示图形
plt.tight_layout()
plt.show()
```

（2）运行结果如图 4-4-7 所示。

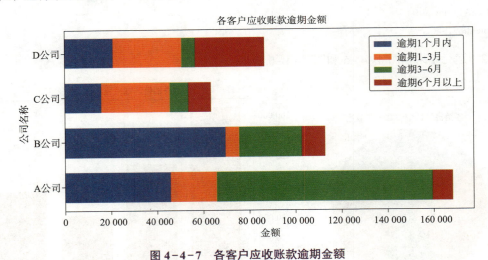

图 4-4-7　各客户应收账款逾期金额

工作领域小结

　　1.营运资金是指流动资产减去流动负债后的余额。其特点有投资回收期短、流动性强、各种形态同时并存和资金占用额波动性大。对营运资金的管理可采用匹配战略。

　　2.现金是可以立即投入流动的交换媒介。企业持有一定量的现金有交易、预防和投机等动机。通过确定最佳现金持有量和加强日常管理，达到满足企业各种业务往来的需要和将闲置现金降到最低限度的目标。

3. 应收账款是指企业因对外销售产品、材料、供应劳务及其他原因，应向购货单位或接受劳务的单位及其他单位收取的款项，包括应收销售款、其他应收款、应收票据等。通过制定合理的信用政策和收账政策，充分发挥应收账款功能，权衡应收账款的收益与成本，以尽可能少的成本获取尽可能多的经济效益。

4. 存货是指企业在生产经营过程中为销售或者耗用而储备的物资，包括材料、燃料、低值易耗品、在产品、半成品、产成品、商品等。企业在分析存货成本的基础上，建立存货经济批量模型并加强日常管理，充分发挥存货作用，不断降低存货成本，以最低的存货成本保障企业生产经营的顺利进行。

5. 能通过 Python 对应收账款进行账龄分析，建立应收账款客户的信用评价模型。

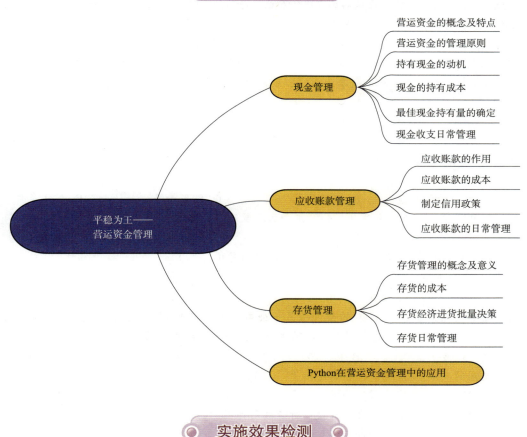

一、单项选择题

1. 企业在确定为了应付紧急情况而持有的现金数额时，不需考虑的因素是（　　　）。

　　A. 企业愿意承担风险的程度　　　　　　　　B. 企业临时举债能力的强弱

　　C. 金融市场投资机会的多少　　　　　　　　D. 企业对现金流量预测的可靠程度

2. 预计明年现金需要量 100 万元，已知有价证券的报酬率为 8%，每次将有价证券转换为现金的转换成本为 100 元，则最佳现金持有量为（　　　）元。

A. 47 000   B. 49 000   C. 52 000   D. 50 000

3. 运用成本模型计算最佳现金持有量时，下列公式中正确的是（   ）。

  A. 最佳现金持有量 =min（管理成本 + 机会成本 + 转换成本）

  B. 最佳现金持有量 =min（管理成本 + 机会成本 + 短缺成本）

  C. 最佳现金持有量 =min（机会成本 + 经营成本 + 转换成本）

  D. 最佳现金持有量 =min（机会成本 + 经营成本 + 短缺成本）

4. 下列各项中，不属于应收账款成本构成要素的是（   ）。

  A. 机会成本   B. 管理成本   C. 坏账成本   D. 短缺成本

5. 下列各项中，属于应收账款机会成本的是（   ）。

  A. 应收账款占用资金的应计利息   B. 客户资信调查费用

  C. 坏账损失   D. 收账费用

6. 假设某企业预测的年赊销额为 2 000 万元，应收账款平均收账天数为 45 天，变动成本率为 60%，资金成本率为 8%，一年按 360 天计算，则应收账款的机会成本为（   ）万元。

  A. 250   B. 200   C. 15   D. 12

7. 某企业预计下年度销售净额为 1 800 万元，应收账款周转天数为 90 天（一年按 360 天计算），变动成本率为 60%，资本成本为 10%，则应收账款的机会成本是（   ）万元。

  A. 27   B. 45   C. 108   D. 180

8. 下列各项中，不属于信用条件构成要素的是（   ）。

  A. 信用期限   B. 现金折扣（率）   C. 现金折扣期   D. 商业折扣

9. 在企业应收账款管理中，明确规定了信用期限、折扣期限和现金折扣率等内容的是（   ）。

  A. 客户资信程度   B. 收账政策   C. 信用等级   D. 信用条件

10. 下列各项中，与丧失现金折扣的机会成本呈反向变化的是（   ）。

  A. 现金折扣率   B. 折扣期   C. 信用标准   D. 信用期

11. 在下列各项中，不属于商业信用融资内容的是（   ）。

  A. 赊购商品   B. 预收货款

  C. 办理应收票据贴现   D. 用商业汇票购货

12. 某公司按照 2/20、$N/60$ 的条件从另一公司购入价值 1 000 万元的货物，由于资金调度的限制，该公司放弃了获取 2% 现金折扣的机会，公司为此承担的信用成本率是（   ）。

  A. 2.00%   B. 12.00%   C. 12.24%   D. 18.37%

13. 信用的 "5C" 系统中，资本是指（   ）。

  A. 客户的财务实力和财务状况，表明客户可能偿还债务的背景

  B. 客户拒付款项或无力支付款项时能被用作抵押的资产

  C. 影响客户付款能力的经济环境

  D. 企业流动资产的数量和质量及与流动负债的比例

14. 企业目前信用条件 "$N/30$"，赊销额为 3 600 万元，预计将信用期延长为 "$N/60$"，赊销额将变为 7 200 万元，若该企业变动成本率为 60%，资金成本率为 10%。计算该企业维持赊销业务所需资金变化为（   ）。

  A. 增加 3 600 万元   B. 增加 54 万元   C. 增加 360 万元   D. 增加 540 万元

15. 下列各项中，不直接影响保险储备量计算的是（   ）。

  A. 平均每天正常耗用量   B. 预计最长订货提前期

C. 预计每天最小耗用量　　　　　　　　　D. 正常订货提前期

16. 以下各项与存货有关的成本费用中，不影响经济进货批量的是（　　）。

A. 专设采购机构的基本开支　　　　　　　B. 采购员的差旅费

C. 存货资金占用费　　　　　　　　　　　D. 存货的保险费

17. 下列各项中，不属于建立存货经济进货批量基本模型假设前提的是（　　）。

A. 一定时期的进货总量可以较为准确地预测　B. 允许出现缺货

C. 仓储条件不受限制　　　　　　　　　　D. 存货价格稳定

二、多项选择题

1. 下列各项中，决定预防性现金需求数额的因素有（　　）。

A. 企业临时融资的能力　　　　　　　　　B. 企业预测现金收支的可靠性

C. 金融市场上的投资机会　　　　　　　　D. 企业愿意承担短缺风险的程度

2. 企业如果延长信用期限，可能导致的结果有（　　）。

A. 扩大当期销售　　　　　　　　　　　　B. 延长平均收账期

C. 增加坏账损失　　　　　　　　　　　　D. 增加收账费用

3. 在确定因放弃现金折扣而发生的信用成本时，需要考虑的因素有（　　）。

A. 数量折扣百分比　　B. 现金折扣百分比　　C. 折扣期　　　　D. 信用期

4. 下列各项中，属于建立存货经济进货批量基本模型假设前提的有（　　）。

A. 一定时期的进货总量可以较为准确地预测　B. 允许出现缺货

C. 仓储条件不受限制　　　　　　　　　　D. 存货的价格稳定

5. 企业应收账款的决策围绕着很多方面展开，其中包括（　　）。

A. 赊销对象　　　　　B. 赊销额度　　　　C. 赊销产品类型　　D. 赊销期限

三、判断题

1. 企业之所以持有一定数量的现金，主要是出于交易动机、预防动机和投机动机。（　　）

2. 某企业拟以"2/20、N/40"的信用条件购进原料一批，则企业放弃现金折扣的机会成本率为18%。（　　）

3. 在存货模式下，持有现金的机会成本与现金固定性转换成本相等时，此时的现金持有量为最佳现金持有量。（　　）

4. 赊账是扩大销售的有力手段之一，企业应尽可能放宽信用条件，增加赊销量。（　　）

5. 为提高营运资金周转率，企业的营运资金应维持在既没有过度资本化，又没有过量交易的水平上。（　　）

6. 应付账款筹资属于商业信用筹资方式。（　　）

7. 能够使企业的进货费用、储存成本和缺货成本之和最低的进货批量，便是经济进货批量。（　　）

8. 企业的存货总成本随着订货批量的增加而呈正方向变化。（　　）

9. 存货管理的目标是在保证生产和销售需要的前提下，最大限度地降低存货成本。（　　）

10. 企业存货不用急着处理，应该好好保存，也许以后能用得上。（　　）

四、计算题

1. 某企业预测2023年度销售收入净额为4 500万元，现销与赊销比例为1：4，应收账款平均收账天数为60天，变动成本率为50%，企业的资金成本率为10%，一年按360天计算。要求：

（1）计算2023年度赊销额。

（2）计算 2023 年度应收账款的平均余额。

（3）计算 2023 年度维持赊销业务所需要的资金额。

（4）计算 2023 年度应收账款的机会成本额。

（5）若 2023 年应收账款需要控制在 400 万元，在其他因素不变的条件下，应收账款平均收账天数应调整为多少天？

2. B 公司是一家制造类企业，产品的变动成本率为 60%，一直采用赊销方式销售产品，信用条件为 $N/60$。如果继续采用 $N/60$ 的信用条件，预计 2023 年赊销收入净额为 1 000 万元，坏账损失为 20 万元，收账费用为 12 万元。

为扩大产品的销售量，B 公司拟将信用条件变更为 $N/90$。在其他条件不变的情况下，预计 2023 年赊销收入净额为 1 100 万元，坏账损失为 25 万元，收账费用为 15 万元。假定等风险投资最低报酬率为 10%，一年按 360 天计算，所有客户均于信用期满付款。要求：

（1）计算信用条件改变后 B 公司收益的增加额。

（2）计算信用条件改变后 B 公司应收账款成本增加额。

（3）为 B 公司做出是否应改变信用条件的决策并说明理由。

3. A 企业 2022 年产品销售收入为 4 000 万元，总成本为 3 000 万元，其中固定成本为 600 万元。2023 年该企业有两种信用政策可供选用：

甲方案给予客户 60 天信用期限（$N/60$），预计销售收入为 5 000 万元，货款将于第 60 天收到，其信用成本为 140 万元；

乙方案的信用政策为（2/10，1/20，$N/90$），预计销售收入为 5 400 万元，将有 30% 的货款于第 10 天收到，20% 的货款于第 20 天收到，其余 50% 的货款于第 90 天收到（前两部分货款不会产生坏账，后一部分货款的坏账损失率为该部分货款的 4%），收账费用为 50 万元。

该企业产品销售额的相关范围为 3 000 ～ 6 000 万元，企业的资金成本率为 8%（为简化计算，本题不考虑增值税因素）。要求：

（1）计算该企业 2022 年的下列指标：

1）变动成本总额；

2）以销售收入为基础计算的变动成本率。

（2）计算乙方案的下列指标：

1）应收账款平均收账天数；

2）应收账款平均余额；

3）维持应收账款所需资金；

4）应收账款机会成本；

5）坏账成本；

6）采用乙方案的信用成本。

（3）计算以下指标：

1）甲方案的现金折扣；

2）乙方案的现金折扣；

3）甲乙两方案信用成本前收益之差；

4）甲乙两方案信用成本后收益之差。

（4）为该企业做出采取何种信用政策的决策，并说明理由。

注意：此题只要最终能算出第（4）问即可，可以不必按照每小问顺序计算。保留两位小数。

4. 某公司年度需耗用乙材料 36 000 千克，该材料采购成本为 200 元／千克，年度储存成本为 16 元／千克，平均每次进货费用为 20 元。要求：

（1）计算本年度乙材料的经济进货批量。

（2）计算本年度乙材料经济进货批量下的相关总成本。

（3）计算本年度乙材料经济进货批量下的平均资金占用额。

（4）计算本年度乙材料最佳进货批次。

5. 某企业每年需耗用 A 材料 45 000 件，单位材料年储存成本 20 元，平均每次进货费用为 180 元，A 材料全年平均单价为 240 元。假定不存在数量折扣，不会出现陆续到货和缺货的现象。要求：

（1）计算 A 材料的经济进货批量。

（2）计算 A 材料年度最佳进货批数。

（3）计算 A 材料的相关进货成本。

（4）计算 A 材料的相关储存成本。

（5）计算 A 材料经济进货批量平均占用资金。

注意：保留整数。

6. 某公司是一家汽车生产企业，全年需要发动机 360 000 台，均衡耗用。全年生产时间为 360 天，每次的订货费用为 160 元，每台发动机持有储存费用为 80 元，每台发动机的进价为 900 元。根据经验，发动机从发出订单到进入可使用状态一般需要 5 天，保险储备量为 2 000 台。要求：

（1）计算经济订货批量。

（2）计算全年最佳订货次数。

（3）计算最低存货成本。

工作领域五

守望初心——利润分配管理

知识目标

1. 了解利润分配的基本原则。
2. 了解利润分配的程序。
3. 掌握股利支付的形式和程序。
4. 理解股利分配理论。
5. 熟悉常见的四种股利政策。
6. 掌握 Python 在利润分配管理中的应用。

技能目标

工作领域	工作任务	技能点	重要程度
守望初心——利润分配管理	利润分配概述	能理解并记忆利润分配应考虑的因素	★★☆☆☆
		能了解掌握利润分配的项目和程序	★★★☆☆
		能了解股权登记日、除息日的确定	★★★☆☆
	股利政策	能掌握收入管理的方法	★★☆☆☆
		能掌握销售管理的方法	★★★☆☆
		能掌握成本管理的方法	★★★★☆
		能掌握股利分配政策的制定	★★★☆☆
	Python 在利润分配管理中的应用	能读取公司 Excel 表资料	★★☆☆☆
		能掌握 DataFrame 的创建、读写、筛选、计算和输出	★★★★☆
		能熟练使用 Matplotlib 对分析结果进行可视化呈现	★★★☆☆

素养目标 ▶

1. 提高学生识别判断能力，培养独立思考的意识；
2. 增强对社会政策的了解，养成主动学习的习惯；
3. 大数据技术导入，提高学生与时俱进的创新意识；
4. 明确岗位职责，树立良好的团队分工协作精神。

思政案例导入 ▶

A上市公司自2013年以来盈利情况和经营状况一直处于稳定状态，且在收益分配上每年均会发放一定比例的现金股利（0.5～0.8元/股）。然而2022年由于环境因素的影响，公司盈利水平有所下降。总资产报酬率从2021年的14%下降到6%，且现金流量也明显趋于恶化。公司2023年年初召开了董事会，就2022年度的利润分配进行讨论，形成预案，以供股东大会决议。

董事吴斌：公司2022年应分配一定比例现金股利，理由：第一，公司长期以来均分配了现金股利，且逐年递增，若突然停止分配股利，难免影响公司形象和环境；第二，根据测算，以目前公司的资产负债率尚有举债空间，可适当增加举债，因此可以保证现金流量不会有问题。

董事李丽：公司2022年应暂停支付现金股利，理由：第一，公司2022年经营及获利状况不佳，公司能否在短期内有明显改观尚难以预测。因此，为保护公司的资本实力，公司不宜分配现金股利。第二，公司的现金存量不多，且现金流量状况不佳，所以不主张分配现金股利。

案例思考：

1. 若你是该公司董事，你会赞同谁的建议，或提出何种建议？为什么？
2. 你认为公司该如何制定股利政策？

> **思政课堂**
>
> 通过企业利润分配案例，引导学生关注现实问题，理实一体，提高学生逻辑分析能力，学会具体问题具体分析，透过现象看本质。

利润分配概述

任务导入

一天，财务部唐宋看到了公司制定的2022年度利润分配方案：第一，鉴于法定盈余公积的累计额已达注册资本的 50%，不再计提盈余公积；第二，每 10 股发放现金股利 1 元；第三，每 10 股发放股票股利 1 股；发放股利时公司的股价为 10 元／股。她心想，股票股利若按面值或市价确定，发放股利后公司的所有者权益各项目会产生什么不同影响？公司的利润分配政策又会受到哪些因素的制约？利润分配的顺序是怎样的？

任务分析

1. 熟悉利润分配的基本原则。
2. 理解利润分配的制约因素。
3. 掌握利润分配的项目和程序。

相关知识

收益分配管理是对企业收益分配的主要活动及其形成的财务关系的组织与调节，是企业将一定时期内所创造的经营成果在企业内、外各利益相关者之间进行有效分配的过程。分配管理指的是对利润分配的管理。

企业利润反映了企业在一定时间内生产经营活动的最终财务成果，在市场经济条件下，企业利润的多少是评价企业经济效益水平和企业管理水平的重要依据，它决定着企业收益分配参与者的利益和企业发展的能力，同时，也是社会积累的源泉。利润是指企业在一定会计期间的经营成果，是收入弥补成本费用后的余额。由于成本费用包括的内容与表现形式不同，利润所包含的内容与形式也有一定区别。它包括主营业务成本利润和其他业务利润、营业利润、利润总额和净利润。利润分配有广义和狭义之分。广义的利润分配是指对企业收入和利润进行分配的过程；狭义的利润分配则指对企业净利润的分配。本工作领域所指的利润分配是指对净利润的分配。

一、利润分配的基本原则（The Basic Principle of Profit Distribution）

（一）依法分配原则

企业的利润分配必须依法进行。为了规范企业的利润分配行为，维护各利益相关者的合法权益，国家颁布了相关法规。这些法规规定了企业利润分配的基本要求、一般程序和重要比例，企业应当认真执行，不得违反。

（二）分配与积累并重原则

利润分配必须坚持分配与积累并重的原则。企业通过经营活动获取收益，既要保证企业简单再生产的持续进行，又要不断积累企业扩大再生产的财力基础。恰当处理分配与积累之间的关系，留存一部分净利润，能够增强企业抵抗风险的能力，同时，也可以提高企业经营的稳定性与安全性。

（三）资本保全原则

企业的收益分配必须以资本的保全为前提。企业的收益分配是对投资者投入资本的增值部分所进行的分配，而不是投资者资本金的返还。以企业的资本金进行的分配，属于一种清算行为，而不是收益的分配。企业必须在有可供分配留存收益的情况下进行收益分配，只有这样才能充分保护投资者的利益。

想一想

企业利润分配会不会对资本结构产生影响？

（四）兼顾各方利益原则

利润分配必须兼顾各方面的利益。企业是经济社会的基本单元，企业的收入分配涉及国家、企业股东、债权人、职工等多方面的利益。正确处理他们之间的关系，协调其矛盾，对企业的生存、发展是至关重要的。企业在进行利润分配时，应当统筹兼顾，维护各利益相关者的合法权益。

（五）投资与收入对等原则

企业进行利润分配应当体现"谁投资，谁受益"、收入大小与投资比例相对等的原则。这是正确处理投资者利益关系的关键。企业在向投资者分配利润时，应本着平等一致的原则，按照投资者投资额的比例进行分配，不允许任何一方随意多分多占，以从根本上实现利润分配中的公开、公平和公正，保护投资者的利益。

二、利润分配的制约因素（Constraints on Profit Distribution）

利润分配涉及企业相关各方的切身利益，受众多不确定因素的影响，在确定分配政策时，应当考虑各种相关因素的影响，主要包括法律、公司、股东及其他因素。

（一）法律因素

为了保护债权人和股东的利益，法律法规就公司的利润分配作出了如下规定。

1. 资本保全约束

公司不能用资本（包括实收资本或股本和资本公积）发放股利，目的是维持企业资本的完整性，防止企业任意减少资本结构中的所有者权益的比例，保护企业完整的产权基础，保障债权人的利益。

2. 资本积累约束

公司必须按照一定的比例和基数提取各种公积金，股利只能从企业的可供股东分配利润中支付。此处可供股东分配利润包含公司当期的净利润按照规定提取各种公积金后的余额和以前累积的未分配利润。另外，在进行利润分配时，一般应当贯彻"无利不分"的原则，即当企业出现年度亏损时，一般不进行利润分配。

3. 超额累积利润约束

由于资本利得与股利收入的税率不一致，如果公司为了股东避税而使得盈余的保留大幅度超过了公司目前及未来的投资需要时，将被加征额外的税款。

4. 偿债能力约束

偿债能力是企业按时、足额偿付各种到期债务的能力。如果当期没有足够的现金派发股利，则不能保证企业在短期债务到期时有足够的偿债能力，这就要求公司考虑现金股利分配对偿债能力的影响，确定在分配后仍能保持较强的偿债能力，以维持公司的信誉和借贷能力，从而保证公司正常的资金周转。

（二）公司因素

公司基于短期经营和长期发展的考虑，在确定利润分配政策时，需要关注以下因素。

1. 现金流量

由于会计规范的要求和核算方法的选择，公司盈余与现金流量并非完全同步，净收入的增加不一定意味着可供分配的现金流量的增加。公司在进行利润分配时，要保证正常的经营活动对现金的需求，以维持资金的正常周转，使生产经营得以有序进行。

2. 资产的流动性

企业现金股利的支付会减少其现金持有量，降低资产的流动性，而保持一定的资产流动性是企业正常运转的必备条件。

3. 盈余的稳定性

企业的利润分配政策在很大程度上会受盈余稳定性的影响。一般来说，公司的盈余越稳定，其股利支付水平也就越高。对于盈余不稳定的公司，可以采用低股利政策。

4. 投资机会

如果公司的投资机会多，对资金的需求量大，那么它就很可能会考虑采用低股利支付水平的分配政策；相反，如果公司的投资机会少，对资金的需求量小，那么它就很可能倾向于采用较高的股利支付水平的分配政策。另外，如果公司将留存收益用于再投资所得报酬低于股东个人单独将股利收入投资于其他投资机会所得的报酬时，公司就不应多留留存收益，而应多发放股利，这样有利于股东价值的最大化。

5. 筹资因素

如果公司具有较强的筹资能力，随时能筹集到所需资金，那么它会具有较强的股利支付能力。另外，留存收益是企业内部筹资的一种重要方式，它与发行新股或举债相比，不需花费筹资费用，同时，增加了公司权益资本的比重，降低了财务风险，便于以低成本取得债务资本。

6. 其他因素

由于股利的信号传递作用，公司不宜经常改变其利润分配政策，应保持一定的连续性和稳定性。另外，利润分配政策还会受其他因素的影响，如不同发展阶段、不同行业的公司股利支付比例会有差异，这就要求公司在进行政策选择时要考虑发展阶段及所处行业状况。

（三）股东因素

股东在控制权、稳定的收入和避税方面的考虑也会对公司的利润分配政策产生影响。

1. 控制权

现有股东往往将股利政策作为维持其控制地位的工具。公司支付较高的股利会导致留存收益减少，当公司为有利可图的投资机会筹集所需资金时，发行新股的可能性增大，新股东的加入必然稀释现有股东的控制权。所以，股东会倾向于较低的股利支付水平，以便从内部的留存收益中取得所需资金。

2. 稳定的收入

如果股东依赖现金股利维持生活，他们往往要求公司能够支付稳定的股利，而反对留存过多的利润。还有一些股东认为通过增加留存收益引起股价上涨而获得的资本利得是有风险的，而目前的股利是确定的，即便是现在较少的股利，也强于未来的资本利得，因此，他们往往也要求较多的股利支付。

3. 避税

政府对企业利润征收所得税以后，还要对自然人股东征收个人所得税，股利收入的税率要高于资本利得的税率。一些高股利收入的股东出于避税的考虑，往往倾向于较低的股利支付水平。

（四）其他因素

1. 债务契约

一般来说，股利支付水平越高，留存收益越少，公司的破产风险加大，就越有可能损害债权人的利益。因此，为了保证自己的利益不受侵害，债权人通常都会在债务契约、租赁合同中加入关于借款公司股利政策的限制条款。

2. 通货膨胀

通货膨胀会带来货币购买力水平下降，导致固定资产重置资金不足，此时，企业往往不得不考虑留用一定的利润，以便弥补由于购买力下降而造成的固定资产重置资金缺口。因此，在通货膨胀时期，企业一般会采取偏紧的利润分配政策。

三、利润分配的项目和程序（Items and Procedures for Profit Distribution）

利润分配关系着国家、企业及所有者等各方面的利益，必须严格按照国家的法令和制度执行。根据《公司法》及相关法律制度的规定，公司净利润的分配应按照下列顺序进行，并构成了分配管理的主要内容。

> **思政课堂**
>
> 培养学生坚持准则、实事求是的职业道德，增强学生判断能力与爱国守法的意识，从表象中探究背后原因，找寻内在实质。

（一）弥补以前年度亏损

企业在提取法定公积金之前，应先用当年利润弥补以前年度亏损。企业年度亏损可以用下一年度的税前利润弥补，下一年度不足弥补的，可以在五年之内用税前利润连续弥补，连续五年未弥补的亏损则用税后利润弥补。其中，税后利润弥补亏损可以用当年实现的净利润，也可以用盈余公积转入。

（二）提取法定公积金

根据《公司法》的规定，法定公积金的提取比例为当年税后利润（弥补亏损后）的10%。当年法定公积金的累积额已达注册资本的50%时，可以不再提取法定公积金。根据企业的需要，提取的法定公积金可用于弥补亏损或转增资本，但企业用法定公积金转增资本后，法定公积金的余额不得低于转增前公司注册资本的25%。提取法定公积金的主要目的是增加企业内部积累，以利于企业扩大再生产。

（三）提取任意公积金

根据《公司法》的规定，公司从税后利润中提取法定公积金后，经股东会或股东大会决议，还可以从税后利润中提取任意公积金。这是为了满足企业经营管理的需要，控制向投资者分配利润的水平，以及调整各年度利润分配的波动。

（四）向股东（投资者）分配股利（利润）

根据《公司法》的规定，公司弥补亏损和提取公积金后所余税后利润，可以向股东（投资者）分配。其中，有限责任公司股东按照实缴的出资比例分取红利，全体股东约定不按照出资比例分取红利的除外；股份有限公司按照股东持有的股份比例分配，但股份有限公司章程规定不按照持股比例分配的除外。《公司法》规定，公司持有的本公司股份不得分配利润。

另外，近年来，以期权形式或类似期权形式进行的股权激励在一些大公司逐渐流行起来。从本质上来说，股权激励是企业对管理层或员工进行的一种经济利益分配。

四、股利支付的形式与程序（Forms and Procedures of Dividend Payment）

（一）股利支付的形式

1. 现金股利

现金股利是以现金支付的股利，它是股利支付最常见的方式。公司选择发放现金股利除要有足够的留存收益外，还要有足够的现金，而现金充足与否往往会成为公司发放现金股利的主要制约因素。

股利种类与
支付程序

2. 财产股利

财产股利是以现金以外的其他资产支付的股利，主要是以公司所拥有的其他公司的有价证券，如债券、股票等，作为股利支付给股东。

3. 负债股利

负债股利是以负债方式支付的股利，通常以公司的应付票据支付给股东，有时也以发放公司债券的方式支付股利。财产股利和负债股利实际上是现金股利的替代，但这两种股利支付形式在我国公司实务中很少使用。

4. 股票股利

股票股利是公司以增发股票的方式所支付的股利，我国实务中通常也称其为"红股"。发放股票股利对公司来说，并没有现金流出企业，也不会导致公司的财产减少，而只是将公司的未分配利润转化为股本和资本公积。但股票股利会增加流通在外的股票数量，同时降低股票的每股价值。它不改变公司股东权益总额，但会改变股东权益的构成。

例如，甲上市公司在2022年发放股票股利前，其资产负债表上的股东权益账户情况见表5-1-1。

表5-1-1　发放股票股利前股东权益账户情况表　　　　　　　　万元

股本（面值1元，发行在外2 000万股）	2 000
资本公积	2 000
盈余公积	3 000
未分配利润	3 000
股东权益合计	10 000

假设该公司宣布发放10%的股票股利，现有股东每持有10股即可获赠1股普通股。若该股票当时市价为5元，那么随着股票股利的发放，需从"未分配利润"项目划转出的资金为

$$2\ 000 \times 10\% \times 5 = 1\ 000（万元）$$

由于股票面值（1元）不变，发放200万股，"股本"项目应增加200万元，其余的800万元（1 000-200）应作为股票溢价转至"资本公积"项目，而公司的股东权益总额并未发生改变，仍是10 000万元，股票股利发放后资产负债表上的股东权益见表5-1-2。

表5-1-2　股票股利发放后资产负债表上的股东权益　　　　　　　万元

股本（面值1元，发行在外2 200万股）	2 200
资本公积	2 800
盈余公积	3 000
未分配利润	2 000
股东权益合计	10 000

假设一位股东派发股票股利之前持有公司的普通股为5万股，那么他所拥有的股权比例为

$$5 \div 2\ 000 \times 100\% = 0.25\%$$

派发股利之后，他所拥有的股票数量和股份比例为

$$5 \times (1 + 10\%) = 5.5（万股）$$

$$5.5 \div 2\ 200 \times 100\% = 0.25\%$$

可见，发放股票股利不会对公司股东权益总额产生影响，但会引起资金在各股东权益项目间的再分配。而且股票股利派发前后每位股东的持股比例也不会发生变化。需要说明的是，本例中股票股利以市价计算价格的做法，是很多西方国家所通行的，但在我国，股票股利价格则是按照股票面值来计算的。

发放股票股利虽不直接增加股东的财富，也不增加公司的价值，但对股东和公司都有特殊意义。

（1）对股东来讲，股票股利的优点主要如下：

1）理论上，派发股票股利后，每股市价会成反比例下降，但实务中这并非必然结果。因为市场和投资者普遍认为，发放股票股利往往预示着公司会有较大的发展和成长，这样的信息传递会稳定股价或使股价下降比例减小甚至不降反升，股东便可以获得股票价值相对上升的好处。

2）由于股利收入和资本利得税率的差异，如果股东把股票股利出售，还会给他带来资本利得纳税上的好处。

（2）对公司来讲，股票股利的优点主要如下：

1）发放股票股利不需要向股东支付现金，在再投资机会较多的情况下，公司就可以为再投资提供成本较低的资金，从而有利于公司的发展。

2）发放股票股利可以降低公司股票的市场价格，既有利于促进股票的交易和流通，又有利于吸引更多的投资者成为公司股东，进而使股权更为分散，有效地防止公司被恶意控制。

3）股票股利的发放可以传递公司未来发展前景良好的信息，从而增强投资者的信心，在一定程度上稳定股票价格。

（二）股利支付的程序

公司股利的发放必须遵守相关的要求，按照日程安排来进行。一般情况下，先由董事会提出分配预案，然后提交股东大会决议，股东大会决议通过才能进行分配。股东大会决议通过分配预案后，要向股东宣布发放股利的方案，并确定股利宣告日、股权登记日、除息日和股利发放日。

> **思政课堂**
> 增强对社会政策的了解，养成主动学习的习惯。

1. 股利宣告日

股利宣告日是指股东大会决议通过并由董事会将股利支付情况予以公告的日期。公告中将宣布每股应支付的股利、股权登记日、除息日和股利支付日。

2. 股权登记日

股权登记日是指有权领取本期股利的股东资格登记截止日期，也称除权日。凡是在此指定日期收盘之前取得公司股票，成为公司在册股东的投资者都可以作为股东享受公司本期分派的股利。在这一天之后取得股票的股东则无权领取本次分派的股利。

3. 除息日

除息日是指领取股利的权利与股票分离的日期。在除息日之前购买股票的股东才能领取本次股利，而在除息日当天或是以后购买股票的股东，则不能领取本次股利。由于失去了"收息"的权利，除息日的股票价格会下跌。除息日是股权登记的下一个交易日。

4. 股利发放日

股利发放日是指公司按照公布的分红方案向股权登记日在册的股东实际支付股利的日期。

【例5-1-1】甲上市公司于2022年6月10日公布2021年度的最后分红方案，其公告如下："2022年6月9日在北京召开的股东大会，通过了董事会关于每股分派0.15元的2021年股息分配方案。股权登记日为6月25日，除息日为6月26日，股东可在7月10日至25日之

间通过深圳交易所按交易方式领取股息。特
此公告。"

那么，该公司的股利支付程序如图5-1-1
所示。

| | 6月10日
宣告日 | 6月25日
登记日 | 6月26日
除息日 | 7月10日 | 7月25日
支付期间 |

图5-1-1 股利支付程序

任务评价

工作任务清单	掌握情况	
	会做	熟练
利润分配的基本原则		
利润分配的制约因素		
利润分配的项目与程序		
股票股利的优点		
股利支付的程序		

任务2 股利政策

任务导入

W企业股份有限公司（以下简称W公司）成立于1984年5月。1991年1月29日，W
公司A股在深圳证券交易所挂牌交易；1993年3月，W公司发行4 500万股B股，该股份于
1993年5月28日在深圳证券交易所上市。从1999年到2020年，W公司的股利政策可分为两
个阶段：第一阶段是1999—2001年；第二阶段是2002—2020年。W公司的股利政策为其融资
提供了便利，在资本市场上，W公司凭借一贯的良好形象，融资相对其他企业更容易。值得注
意的是，高分配必须有高收益做保障才能持续下去，那么企业怎样才能取得高收益，又如何进
行合理分配呢？这正是本任务所要学习的内容。

任务分析

1. 了解收入管理的概念并掌握收入分配的方法。
2. 了解成本管理的概念并掌握成本管理的相关方法。
3. 了解股利分配理论并掌握股利政策。

相关知识

企业通过销售产品、转让资产、对外投资等活动取得收入，而这些收入的去向主要是两个方面：一是弥补成本费用，即取得收入而发生的资源耗费；二是形成利润，即收入扣除成本费用后的余额。对企业收入的分配，首先是对成本费用进行补偿，然后对其余额（即利润）按照一定的程序进行再分配。

一、收入管理（Revenue Management）

销售收入是企业收入的主要构成部分，是企业能够持续经营的基本条件，销售收入的制约因素主要是销量和价格，销售预测分析与销售定价管理构成了收入管理的主要内容。销售预测分析是指通过市场调查，以有关的历史资料和各种信息为基础，运用科学的预测方法或管理人员的实际经验，对企业产品在计划期间的销售量或销售额做出预计或估量的过程。销售预测的方法有很多种，主要包括定性分析法和定量分析法。销售定价管理是指在调查分析的基础上，选用合适的产品定价方法，为销售的产品制定最为恰当的售价，并根据具体情况运用不同价格策略，以实现经济效益最大化的过程。

> 思政课堂
>
> 传承"君子爱财，取之有道"的理念。

（一）销售预测的定性分析法

销售预测的定性分析法，是指由专业人员根据实际经验，对预测对象的未来情况及发展趋势做出预测的一种分析方法。其主要包括营销员判断法、专家判断法和产品寿命周期分析法。

1. 营销员判断法

营销员判断法具有用时短、耗费小、比较实用等优点，但同时又具有较多的主观因素和较大的片面性等缺点。

2. 专家判断法

专家判断法是由专家根据他们的经验和判断能力对特定产品的未来销售量进行判断与预测的方法。其主要有个别专家意见汇集法、专家小组法、德尔菲法三种不同形式。

3. 产品寿命周期分析法

产品寿命周期分析法是利用产品销售量在不同寿命周期阶段上的变化趋势，进行销售预测的一种定性分析方法。

（二）销售预测的定量分析法

销售预测的定量分析法，是指在预测对象有关资料完备的基础上，运用一定的数学方法，建立预测模型，做出预测。其一般包括趋势预测分析法和因果预测分析法。

1. 趋势预测分析法

趋势预测分析法主要包括算术平均法、加权平均法、移动平均法、指数平滑法等。

> 想一想
>
> 定性分析法和定量分析法的优缺点。

（1）算术平均法。算术平均法是指将若干历史时期的实际销售量或销售额作为样本值，求出其算术平均数，并将该平均数作为下期销售量预测值的一种方法。

（2）加权平均法。加权平均法是指将若干历史时期的实际销售量或销售额作为样本值，将各个样本值按照一定的权数计算得出加权平均数，并将该加权平均数作为下期销售量预测值的一种方法。

（3）移动平均法。移动平均法是指从 n 期的时间数列销售量中选取 m 期（m 数值固定，且 $m<n/2$）数据作为样本值，求其 m 期的算术平均数，并不断向后移动计算观测其平均值，以最

后一个 m 期的平均数作为未来第 $n+1$ 期销售预测值的一种方法。

（4）指数平滑法。指数平滑法实质上是一种加权平均法，是以事先确定的平滑指数 a 及 $(1-a)$ 作为权数进行加权计算，预测销售量的一种方法。

2. 因果预测分析法

因果预测分析法是指分析影响产品销售量（因变量）的相关因素（自变量）及它们之间的函数关系，并利用这种函数关系进行产品销售预测的方法。因果预测分析法最常用的是回归分析法。

回归直线法也称一元回归分析法。它假定影响预测对象销售量的因素只有一个，根据直线方程式 $y=a+bx$，按照最小二乘法原理，来确定一条误差最小的、能正确反映自变量 x 和因变量 y 之间关系的直线。其常数项 a 和系数项 b 的计算公式为

$$b = \frac{n\sum xy - \sum x \sum y}{n\sum x^2 - \left(\sum x\right)^2}$$

$$a = \frac{\sum y - b\sum x}{n}$$

求出 a、b 后，代入 $y=a+bx$，结合自变量 x 的取值，即可求出预测对象 y 的预测销售量或销售额。

（三）影响产品价格的因素

1. 价值因素

价格是价值的货币体现，价值的大小决定着价格的高低，而价值量的大小又是由生产产品的社会必要劳动时间决定的。

2. 成本因素

成本是影响定价的基本因素。

3. 市场供求因素

市场供求变动对价格的变动具有重大的影响。

4. 竞争因素

产品竞争程度不同，对定价的影响也不同。

5. 政策法规因素

各个国家对市场物价的高低和变动都有限制与法律规定，同时，国家会通过生产市场、货币金融等手段间接调节价格。

（四）产品定价的方法

产品定价的方法主要包括以成本为基础的定价方法和以市场需求为基础的定价方法两大类。

1. 以成本为基础的定价方法

企业成本范畴基本上有三种成本可以作为定价基础，即变动成本、制造成本和全部成本费用。

（1）全部成本费用加成定价法。全部成本费用加成定价法就是在全部成本费用的基础上，加合理利润来定价。

（2）保本点定价法。保本点定价法的基本原理，是按照刚好能够保本的原理来制定产品销售价格。采用这一方法确定的价格是最低销售价格。

2. 以市场需求为基础的定价方法

（1）需求价格弹性系数定价法。需求价格弹性系数定价法是根据需求价格弹性系数来定价的方法。

（2）边际分析定价法。边际分析定价法是指基于微分极值原理，通过分析不同价格与销售量组合下的产品边际收入、边际成本和边际利润之间的关系，进行定价决策的一种定量分析方法。

二、成本管理（Cost Management）

（一）成本管理的内容

（1）成本预测。成本预测是以现有条件为前提，在历史成本资料的基础上，根据未来可能发生的变化，运用科学的方法，对未来的成本水平及其发展趋势进行描述和判断的成本管理活动。

（2）成本决策。成本决策是在成本预测及有关成本资料的基础上，综合经济效益、质量、效率和规模等指标，运用定性和定量的方法对各个成本方案进行分析并选择最优方案的成本管理活动。

（3）成本计划。成本计划是以营运计划和有关成本数据、资料为基础，根据成本决策所确定的目标，针对计划期企业的生产耗费和成本水平进行的具有约束力的成本筹划管理活动。

（4）成本控制。成本控制是成本管理者根据预定的目标，对成本的发生和形成过程及影响成本的各种因素条件施加主动的影响或干预，把实际成本控制在预期目标内的成本管理活动。

（5）成本核算。成本核算是根据成本核算对象，按照国家统一的会计制度和企业管理要求，对营运过程中实际发生的各种耗费按照规定的成本项目进行归集、分配和结转，取得不同成本核算对象的总成本和单位成本，向有关使用者提供成本信息的成本管理活动。

（6）成本分析。成本分析是成本管理的重要组成部分，是利用成本核算提供的成本信息及其他有关资料，分析成本水平与构成的变动情况，查明影响成本变动的各种因素和产生的原因，并采取有效措施控制成本的成本管理活动。

（7）成本考核。成本考核是对成本计划及其有关指标实际完成情况进行定期总结和评价，并根据考核结果和责任制的落实情况，进行相应奖励和惩罚，以监督和促进企业加强成本管理责任制，提高成本管理水平的成本管理活动。

（二）本量利分析

本量利分析所考虑的相关因素主要包括销售量、单价、销售收入、单位变动成本、固定成本、营业利润等。这些因素之间的关系可以用下列基本公式来反映：

$$利润 = 销售收入 - 总成本$$
$$= 销售收入 - （变动成本 + 固定成本）$$
$$= 销售量 \times 单价 - 销售量 \times 单位变动成本 - 固定成本$$
$$= 销售量 \times （单价 - 单位变动成本） - 固定成本$$

本量利分析的基本原理就是在假设单价、单位变动成本和固定成本为常量及产销一致的基础上，将利润、产销量分别作为因变量与自变量，给定产销量，便可以求出其利润，或者给定目标利润，计算出目标产量。

本量利分析主要包括盈亏平衡分析、目标利润分析、敏感性分析、边际分析等内容。

1. 盈亏平衡分析

盈亏平衡分析（也称保本分析），是指分析、测定盈亏平衡点，以及有关因素变动对盈亏平衡点的影响等，是本量利分析的核心内容。

（1）盈亏平衡点。当利润为零时，求出的销售量就是盈亏平衡点的业务量，即

盈亏平衡点的业务量 = 固定成本 ÷ （单价 - 单位变动成本）= 固定成本 ÷ 单位边际贡献

若用销售额来表示，则盈亏平衡点的销售额计算公式为

$$盈亏平衡点的销售额 = 盈亏平衡点的业务量 \times 单价$$

或

$$盈亏平衡点的销售额 = 固定成本 \div （1 - 变动成本率） = 固定成本 \div 边际贡献率$$

（2）盈亏平衡作业率。以盈亏平衡点为基础，还可以得到另一个辅助性指标，即盈亏平衡作业率，或称为保本作业率。

（3）本量利关系图。在进行本量利分析时，不仅可以通过数据计算出达到盈亏平衡状态时的销售量与销售额，还可以通过绘制本量利关系图的方法进行分析。

2. 目标利润分析

（1）目标利润分析的基本原理。

$$目标利润 = 销售量 \times （单价 - 单位变动成本） - 固定成本$$

$$实现目标利润销售量 = （固定成本 + 目标利润） \div （单价 - 单位变动成本）$$

$$实现目标利润销售额 = （固定成本 + 目标利润） \div 边际贡献率$$

或

$$实现目标利润销售额 = 实现目标利润销售量 \times 单价$$

例如，某企业生产和销售单一产品，产品的单价为 50 元，单位变动成本为 25 元，固定成本为 50 000 元。如果将目标利润定为 40 000 元，则有

$$实现目标利润的销售量 = （50\ 000 + 40\ 000） \div （50 - 25） = 3\ 600（件）$$

$$实现目标利润的销售额 = 3\ 600 \times 50 = 180\ 000（元）$$

如果企业预测的目标利润是税后利润，则上述公式应作如下调整：

$$实现目标利润的销售量 = \frac{固定成本 + 税后目标利润 \div （1 - 所得税税率） + 利息}{单位边际贡献}$$

$$实现目标利润的销售额 = \frac{固定成本 + 税后目标利润 \div （1 - 所得税税率） + 利息}{边际贡献率}$$

（2）实现目标利润的措施。目标利润是本量利分析的核心要素，它既是企业经营的动力和目标，也是本量利分析的中心。

（三）本量利分析的应用

本量利分析在经营决策中得到大量的应用。它可以根据各个备选方案的成本、业务量与利润三者之间的相互依存关系，在特定情况下确定最优决策方案。

【例 5-2-1】某公司在原有生产线使用年限到期之后，面临着更换生产线的选择。可以选择购买与原来一样的生产线，也可以购买一条自动化程度较高的生产线。原有生产线的价格为 150 000 元，而新的生产线的价格为 300 000 元，两种生产线的使用年限均为 5 年，无残值。两种生产线生产出来的产品型号、质量相同，市场售价为 50 元/件。有关数据见表 5-2-1、表 5-2-2。试进行方案决策。

表 5-2-1　两条生产线的成本费用数据资料　　　　　　　　　　　　　　　　　元

项目	原生产线	新生产线
直接材料	15	15
直接人工	12	10
变动制造费用	10	10
固定制造费用（假设只有折旧）	30 000	60 000

续表

项目		原生产线	新生产线
年销售费用	固定部分	10 000	
	变动部分	5	
年管理费用（假设均为固定费用）		10 000	

表5-2-2　两条生产线盈亏平衡点的计算分析　　　　　　　　　　元

项目	原生产线	新生产线
单位产品售价	50	50
单位变动成本	15+12+10+5=42	15+10+10+5=40
单位边际贡献	8	10
年固定成本	30 000+10 000+10 000=50 000	60 000+10 000+10 000=80 000
盈亏平衡点销售额	50 000÷8×50=312 500	80 000÷10×50=400 000

解：假设年产销额为 X，则两种生产方式下的年利润分别为

$$原生产线利润 = X \div 50 \times 8 - 50\,000$$
$$新生产线利润 = X \div 50 \times 10 - 80\,000$$

由

$$X \div 50 \times 8 - 50\,000 = X \div 50 \times 10 - 80\,000$$

得

$$X = 750\,000（元）$$

这说明，当年产销额为 750 000 元时，使用两种生产线的年利润相等；当年产销额低于 750 000 元时，采用原来的生产线获得利润较多；当年产销额高于 750 000 元时，采用新的生产线获得利润较多。因此，如何选择取决于对产销额的估计。

三、股利分配概述（Summary of Dividend Distribution）

> **思政课堂**
> 提高学生识别判断能力，培养独立思考的意识。

（一）股利分配理论

股利分配理论是指人们对股利分配的客观规律的科学认识与总结。其核心问题是股利政策与公司价值的关系问题。具有代表性的股利分配理论主要有股利无关论和股利相关论两种观点。

1. 股利无关论

股利无关论认为，股利政策对公司的市场价值（或股票价格）不会产生任何影响，公司市场价值的高低是由公司投资决策的获利能力决定的，与公司的利润分配政策无关。

需要说明的是，这一理论建立在一些假定之上。

2. 股利相关论

股利相关论认为，企业的股利政策会影响到股票价格。其主要观点包括"在手之鸟"理论、信号传递理论、代理理论、差别税收理论。

（二）股利政策

股利政策是指在法律允许的范围内，企业是否发放股利，发放多少股利以及何时发放股利的方针与对策。常采用的股利政策主要有以下几种。

1. 剩余股利政策

剩余股利政策是指公司生产经营所获得的净收益首先应满足公司的资金需求，如果还有剩

余，再派发股利；如果没有剩余，则不派发股利。

优点：留存收益优先保证再投资的需要，从而有助于降低再投资的资本成本，保持最佳的资本结构，实现企业价值的长期最大化。

缺点：完全遵照执行剩余股利政策，将使股利发放额每年随投资机会和盈利水平的波动而波动，不利于投资者安排收入与支出，也不利于公司树立良好的形象。剩余股利政策一般适用于公司初创阶段。

例如，某公司 2018 年度净利润为 4 000 万元，2019 年度投资计划所需资金 3 500 万元，公司的目标资本结构为自有资金占 60%，借入资金占 40%。则按照目标资本结构的要求，公司投资方案所需的自有资金数额为 3 500×60%＝2 100（万元），按照剩余股利政策的要求，该公司 2018 年度可向投资者分红（发放股利）的数额为 4 000－2 100＝1 900（万元）。

2. 固定或稳定增长的股利政策

固定或稳定增长的股利政策是公司将每年派发的股利额固定在某一特定水平或是在此基础上维持某一固定比率逐年稳定增长。

优点：第一，固定或稳定增长的股利政策能将公司未来获利能力强、财务状况稳定及管理层对未来充满信心等信息传递出去。这有利于公司树立良好的形象，增强投资者对公司的信心，进而有利于稳定公司股票价格。第二，固定或稳定增长的股利政策，有利于吸引那些打算作长期投资的股东。这部分股东希望其投资的获利能够成为其稳定的收入来源，以便安排各种经常性的支出。

缺点：第一，公司股利支付与公司盈利相脱离，造成投资的风险与投资的收益不对称。第二，由于公司盈利较低时仍要支付较高的股利，容易引起公司资金短缺，导致财务状况恶化，甚至侵蚀公司留存收益和公司资本。

3. 固定股利支付率政策

固定股利支付率政策是公司确定固定的股利支付率，并长期按此比率从净利润中支付股利的政策。

4. 低正常股利加额外股利政策

低正常股利加额外股利政策是公司事先设定一个较低的经常性股利额，一般情况下，公司每期都按此金额支付股利，只有企业盈利较多时，再根据实际情况发放额外股利。

注意事项：

（1）实务中并没有一个严格意义上的最为科学的股利政策，往往是多种股利政策的结合。企业在进行收益分配时，应充分考虑各种政策的优点、缺点和企业的实际情况，选择适宜的收益分配政策。

（2）上面所介绍的几种股利政策中，固定或稳定增长的股利政策和低正常股利加额外股利政策是被企业普遍采用，并为广大的投资者所认可的两种基本政策。

任务评价

工作任务清单	掌握情况	
	会做	熟练
销售预测分析和销售定价管理		
应用本量利分析		
运用股利政策合理有效地进行利润分配		

任务 3 Python 在利润分配管理中的应用

一、实施场景

某公司生产甲、乙、丙三种产品，预计甲产品的单位制造成本为 120 元，计划销售 10 000 件，计划期的期间费用总额为 800 000 元；乙产品的计划销售量为 8 000 件，应负担的固定成本总额为 200 000 元，单位产品变动成本为 55 元；丙产品本期计划销售量为 11 500 件，目标利润总额为 254 000 元，完全成本总额为 516 000 元；该公司对甲产品要求的成本利润率为 20%，甲、乙、丙三种产品适用的消费税税率均为 8%。有关资料见表 5-3-1（计算结果保留小数点后两位）。

表 5-3-1　甲、乙、丙三种产品资料　　　　　　　　　　　　　　　　元

项目	甲产品	乙产品	丙产品
单位制造成本	120		
计划销售量	10 000	8 000	11 500
期间费用总额	800 000		
固定成本总额		200 000	
单位产品变动成本		55	
目标利润总额			254 000
完全成本总额			516 000
成本利润率	20%		
消费税税率	8%	8%	8%

> **思政课堂**
>
> 大数据技术导入，提高学生与时俱进的创新意识。

二、实施要求

（1）通过读取 Excel 表格中公司的产品资料，找出相关数据；

（2）DataFrame 的创建、读写、筛选、计算和输出；

（3）使用 Matplotlib 对分析结果进行可视化呈现。

数据来源及主要工具如图 5-3-1 所示。

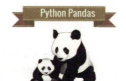

图 5-3-1　数据来源及主要工具

三、实施步骤（图5-3-2）

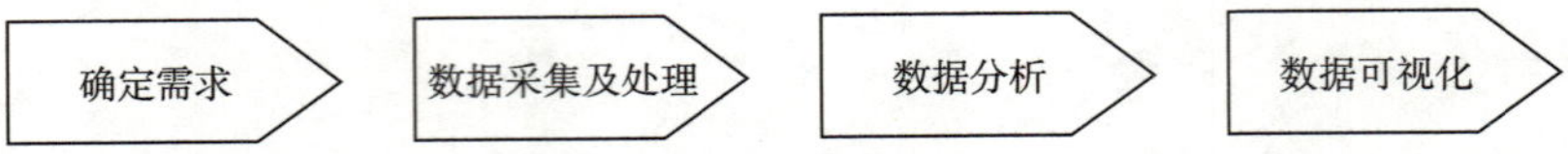

```
确定需求  ▷  数据采集及处理  ▷  数据分析  ▷  数据可视化  ▷
```

图5-3-2 实施步骤

（一）确定需求

读取并显示该公司的甲、乙、丙产品等资料，运用完全成本加成定价法计算单位甲产品的价格，运用保本点定价法计算单位乙产品的价格，运用目标利润法计算单位丙产品的价格，最后对分析结果进行可视化呈现。引入相关库，代码如下：

```python
# 引入数据分析库
import numpy as np
import pandas as pd
# 引入画图工具 matplotlib
from matplotlib import pyplot as plt
plt.rcParams["font.sans-serif"] = ["SimHei"]
```

（二）数据采集及处理

案例数据来源于 Excel 表，通过 Pandas 读取案例资料。代码如下：

```python
# 读取并显示案例资料
df = pd.read_excel(' 产品价格案例数据 .xlsx')
df.fillna('', inplace=True)
df
```

读取结果如图5-3-3所示。

	项目	甲产品	乙产品	丙产品
0	单位制造成本	120.0		
1	计划销售量	10000.0	8000.0	11500.0
2	期间费用总额	800000.0		
3	固定成本总额		200000.0	
4	单位产品变动成本		55.0	
5	目标利润总额			254000.0
6	完全成本总额			516000.0
7	成本利润率	0.2		
8	消费税税率	0.08	0.08	0.08

图5-3-3 甲产品、乙产品、丙产品数据资料

（三）数据分析

运用完全成本加成定价法计算单位甲产品的价格，运用保本点定价法计算单位乙产品的价格，运用目标利润法计算单位丙产品的价格。代码如下：

```python
# 各产品价格计算过程
```

```
df=df.set_index(' 项目 ')
#(1) 运用完全成本加成定价法计算单位甲产品的价格
完全成本 =df.loc[' 单位制造成本 ',' 甲产品 ']+df.loc[' 期间费用总额 ',' 甲产品 ']/df.loc[' 计划销售量 ',
' 甲产品 ']
    成本利润率 =df.loc[' 成本利润率 ',' 甲产品 ']
    消费税税率 1=df.loc[' 消费税税率 ',' 甲产品 ']
    单位甲产品价格 =round( 完全成本 *(1+ 成本利润率 )/(1- 消费税税率 1),2)

# (2) 运用保本点定价法计算单位乙产品的价格
    单位固定成本 =df.loc[' 固定成本总额 ',' 乙产品 ']/df.loc[' 计划销售量 ',' 乙产品 ']
    单位变动成本 =df.loc[' 单位产品变动成本 ',' 乙产品 ']
    消费税税率 2=df.loc[' 消费税税率 ',' 乙产品 ']
    单位乙产品价格 =round(( 单位固定成本 + 单位变动成本 )/(1- 消费税税率 2),2)

# (3) 运用目标利润法计算单位丙产品的价格
    目标利润总额 =df.loc[' 目标利润总额 ',' 丙产品 ']
    完全成本总额 =df.loc[' 完全成本总额 ',' 丙产品 ']
    销售量 =df.loc[' 计划销售量 ',' 丙产品 ']
    消费税税率 3=df.loc[' 消费税税率 ',' 丙产品 ']
    单位丙产品价格 =round(( 目标利润总额 + 完全成本总额 )/( 销售量 *(1- 消费税税率 3)),2)
print(' 单位甲产品价格为：', 单位甲产品价格 ,' 元 ')
print(' 单位乙产品价格为：', 单位乙产品价格 ,' 元 ')
print(' 单位丙产品价格为：', 单位丙产品价格 ,' 元 ')
# 在数据表中新增单位价格行并显示
df.loc[' 单位价格 ']=[ 单位甲产品价格 , 单位乙产品价格 , 单位丙产品价格 ]
df.reset_index()
```

计算结果如图 5-3-4 所示。

单位甲产品价格： 260. 87元
单位乙产品价格： 86. 96元
单位丙产品价格： 72. 78元

	项目	甲产品	乙产品	丙产品
0	单位制造成本	120.0		
1	计划销售量	10000.0	8000.0	11500.0
2	期间费用总额	800000.0		
3	固定成本总额		200000.0	
4	单位产品变动成本		55.0	
5	目标利润总额			254000.0
6	完全成本总额			516000.0
7	成本利润率	0.2		
8	消费税税率	0.08	0.08	0.08
9	单位价格	260.87	86.96	72.78

图 5-3-4　甲产品、乙产品、丙产品价格图

（四）数据可视化

使用 Matplotlib 对分析结果进行可视化呈现。

（1）创建画布并指定画图数据。代码如下：

```python
# 三种产品价格对比图
# 创建画布
plt.figure(figsize = (12,5),dpi = 100)
# 绘制三种产品价格对比饼图
plt.subplot(122)
# 指定数据
labels = ' 甲产品 ',' 乙产品 ',' 丙产品 '
sizes = np.array(df.loc[' 单位价格 '])
colors = ['red', 'gold', 'skyblue']
p, tx, autotexts = plt.pie(sizes, labels = labels, colors = colors,
        autopct = "", shadow = True)
for i, a in enumerate(autotexts):
    a.set_text("{}".format(sizes[i]))
plt.title(' 三种产品价格对比饼图 ')
plt.legend(loc = 'best',fontsize = 10)


# 绘制三种产品价格对比柱状图
plt.subplot(121)
plt.bar(df.columns.tolist(),df.loc[' 单位价格 '].tolist(),color = 'yellowgreen',width = 0.6)
# 设置标题
plt.title(' 三种产品价格对比柱状图 ')
# 显示图形
plt.tight_layout()
plt.show()
```

（2）运行结果如图 5-3-5 和图 5-3-6 所示。

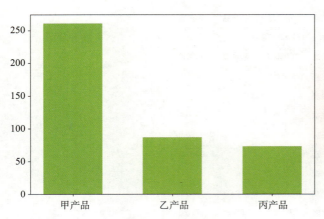

图 5-3-5　甲、乙和丙产品价格对比柱状图

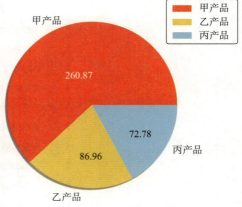

图 5-3-6　甲、乙和丙产品价格对比饼图

工作领域小结

　　利润分配是公司对盈利进行分配或留存用于再投资的决策问题，在公司经营中起着至关重要的作用，关系到公司未来的长远发展、股东对投资回报的要求和资本结构的合理性。合理的利润分配，一方面可以为企业规模扩张提供资金来源；另一方面可以为企业树立良好形象，吸引潜在的投资者和债权人，实现公司价值即股东财富最大化。

　　同时，上市公司非常重视股利分配政策的制定，通常会在综合考虑各种相关因素后，对各种不同的股利分配政策进行比较，最终选择一种符合本公司特点与需要的股利分配政策予以实施。另外，也让学生了解并熟悉大数据 Python 技术在利润分配项目中的运用。

工作领域思维导图

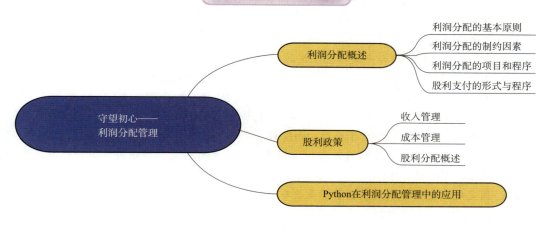

实施效果检测

一、单项选择题

　　1. 股利的支付可减少管理层可支配的自由现金流量，在一定程度上可抑制管理层的过度投资或在职消费行为。这种观点体现的股利理论是（　　　）。

　　A. 股利无关理论　　　　　　　　　　B. 信号传递理论

　　C. "手中鸟"理论　　　　　　　　　　D. 代理理论

　　2. 在下列公司中，通常适合采用固定股利政策的是（　　　）。

　　A. 收益显著增长的公司　　　　　　　B. 收益相对稳定的公司

　　C. 财务风险较高的公司　　　　　　　D. 投资机会较多的公司

　　3. 下列销售预测方法中，不属于定性分析方法的是（　　　）。

　　A. 营销员判断法　　　　　　　　　　B. 专家判断法

　　C. 趋势预测分析法　　　　　　　　　D. 产品寿命周期分析法

　　4. A 公司 2014 年实际销售量是 300 000 件，原预测销售量为 280 000 件，平滑指数 $a = 0.5$，则用指数平滑法预测该公司 2015 年的销售量为（　　　）件。

　　A. 300 000　　　　　　B. 280 000　　　　　　C. 290 000　　　　　　D. 320 000

5. 在下列公司中，通常适合采用低正常股利加额外股利政策的是（   ）。

    A. 收益显著增长的公司   B. 收益相对稳定的公司

    C. 公司初创阶段   D. 盈利与现金流量很不稳定的公司

6. 下列方法确定的价格是最低销售价格的是（   ）。

    A. 完全成本加成定价法   B. 保本点定价法

    C. 目标利润法   D. 变动成本定价法

7. 已知企业只生产一种产品，单位变动成本为每件45元，固定成本总额为60 000元，产品单价为120元，为使安全边际率达到60%，该企业当期至少应销售的产品数量为（   ）件。

    A. 2 000   B. 1 333   C. 800   D. 1 280

8. 某企业生产单一产品，年销售收入为100万元，变动成本总额为60万元，固定成本总额为16万元，则该产品的边际贡献率为（   ）。

    A. 76%   B. 60%   C. 24%   D. 40%

二、多项选择题

1. 处于初创阶段的公司，一般不宜采用的股利分配政策有（   ）。

    A. 固定股利政策   B. 剩余股利政策

    C. 固定股利支付率政策   D. 稳定增长股利政策

2. 关于股利分配政策的说法中，下列正确的有（   ）。

    A. 剩余股利政策一般适用于公司初创阶段

    B. 固定或稳定增长的股利政策有利于树立公司的良好形象，增强投资者对公司的信心，稳定公司股票价格

    C. 固定股利支付率政策体现了"多盈多分、少盈少分、无盈不分"的股利分配原则

    D. 低正常股利加额外股利政策有利于股价的稳定

3. 关于股票股利的说法中，下列正确的有（   ）。

    A. 在盈利总额不变的情况下，发放股票股利会导致每股收益下降

    B. 在盈利总额和市盈率不变的情况下，发放股票股利不会改变股东持股的市场价值总额

    C. 在盈利总额不变，市盈率上升的情况下，发放股票股利不会改变股东持股的市场价值总额

    D. 发放股票股利可以促进公司股票的交易和流通

4. 根据《公司法》及相关法律制度的规定，公司净利润的分配应当包括（   ）。

    A. 弥补以前年度亏损   B. 提取法定公积金

    C. 提取任意公积金   D. 向股东分配股利

5. 关于发放股票股利的表述中，下列正确的有（   ）。

    A. 不会导致公司现金流出   B. 会增加公司流通在外的股票数量

    C. 会改变公司股东权益的内部结构   D. 会对公司股东总额产生影响

三、判断题

1. 根据《公司法》的规定，法定公积金的提取比例为当年税后利润的10%。当年法定公积金的累积额已达到注册资本的50%时，可以不再提取。（   ）

2. 代理理论认为，高支付率的股利政策有助于降低企业的代理成本，但同时也会增加企业的外部融资成本。（   ）

3. 安全边际率和保本作业率是互补的，安全边际率高则保本作业率低，其和为1。（   ）

4. 本量利分析的各种模型既然是建立在多种假设的前提条件下，因而我们在实际应用时，不能忽视它们的局限性。（　　　）

5. 若单位产品售价与单位变动成本发生同方向同比例变动，则盈亏平衡点的业务量不变。（　　　）

四、计算题

甲公司生产并销售 A 产品，产销平衡，目前单价为 60 元 / 件，单位变动成本为 24 元 / 件，固定成本总额为 72 000 元，目前销售量水平为 10 000 件。计划期决定降价 10%，预计产品销售量将提高 20%，计划期单位变动成本和固定成本总额不变。要求：

（1）计算当前 A 产品的单位边际贡献、边际贡献率和安全边际率。

（2）计算计划期 A 产品的盈亏平衡点的业务量和盈亏平衡作业率。

工作领域六

健康体检——企业财务分析

知识目标

1. 了解财务分析的意义和依据。
2. 熟悉财务分析的内容。
3. 掌握财务分析的方法。
4. 掌握财务报表基础分析的方法。
5. 理解财务报表综合分析的方法。
6. 掌握 Python 在财务分析中的应用。

技能目标

工作领域	工作任务	技能点	重要程度
健康体检——企业财务分析	财务分析概述	掌握连环替代法计算	★☆☆☆☆
		掌握差额分析法计算	★☆☆☆☆
	财务报表基础分析	掌握偿债能力分析	★★★☆☆
		掌握营运能力分析	★★★☆☆
		掌握盈利能力分析	★★☆☆☆
		掌握发展能力分析	★★☆☆☆
		掌握现金流量分析	★★☆☆☆
	财务报表综合分析	掌握杜邦分析法的架构	★★☆☆☆
		运用杜邦分析法	★★★☆☆
	Python 在财务分析中的应用	掌握财务数据采集及处理	★★★☆☆
		掌握财务数据分析	★★★★☆
		掌握财务数据可视化	★★★☆☆

素养目标 ▶

1. 培养学生举一反三、主动思考和融会贯通的能力；
2. 培养学生求真务实、严谨细致、精益求精的工匠精神；
3. 树立学生与时俱进、终身学习的人生态度；
4. 激发学生科技强国的使命感和低碳环保的责任心。

思政案例导入 ▶

自工业革命以来，科学技术加速推动人类发展与进步，但同时也为世界带来了诸如温室效应、雾霾等生态问题。如何在不延缓人类前进脚步的前提下，让文明得以可持续发展，成为全球范围的核心议题。GFLY 公司自创办以来，致力利用有限的锂资源，为人类的发展和进步创造绿色、清洁、健康的生活。

> **思政课堂**
> 激发学生科技强国的使命感和低碳环保的责任心。

GFLY 公司深耕锂行业，通过对锂资源的应用，提供优质电池原料，加快汽车的电动化进程，减少尾气排放；将储能设备应用于太阳能、风力发电，发展用清洁能源取代传统化石能源；回收废旧电池，避免污染的同时，达成资源循环利用；为药企供应锂化合物，帮助人类抑制心脑血管疾病……以推动和实现人类的可持续发展战略为核心发展目标。GFLY 公司披露 2022 年中报，该公司实现营业收入为 144.44 亿元，实现净利润为 72.54 亿元。

案例思考：

1. 了解什么是财务分析。
2. 以 GFLY 公司财务数据为例，结合 Python 技术进行财务分析工作。

任务 1

财务分析概述

任务导入

孟鑫同学看完 GFLY 公司的背景资料后，接到了为该公司进行财务分析的小组任务，不免有些犯愁了。经过小组成员的商讨，她制订了完成任务的计划安排，打算从财务分析的概念入手，去了解财务分析的内容，掌握好财务分析所具备的方法，才能按 GFLY 公司的数据进行相应的财务分析。

任务分析

1. 了解财务分析的内容；
2. 掌握财务分析的方法。

相关知识

财务分析是以会计核算和报表资料及其他相关资料为依据，采用一系列专门的分析技术和方法，系统分析和评价企业财务状况、经营成果及未来发展趋势的经济管理活动。财务分析为企业的投资者、债权人、经营者及其他关心企业的组织或个人了解企业过去、评价企业现状、预测企业未来做出正确决策提供准确的信息。查看企业财务报表是与企业"对话"最直接的方式之一，分析企业财务报表相当于给企业做个"健康体检"。

一、财务分析的内容（Content of Financial Analysis）

财务分析信息的需求者主要包括企业所有者、企业债权人、企业经营决策者和政府等。不同主体出于不同的利益考虑，对财务分析信息有着各自不同的要求。

（1）企业所有者。企业所有者作为投资人，关心其资本的保值和增值状况，因此较为重视企业盈利能力指标，主要进行企业盈利能力分析。

（2）企业债权人。企业债权人因不能参与企业剩余收益分享，所以，重点关注的是其投资的安全性，因此更重视企业偿债能力指标，主要进行企业偿债能力分析，同时，也关注企业盈利能力分析。

（3）企业经营决策者。企业经营决策者必须对企业经营理财的各个方面，包括营运能力、偿债能力、盈利能力及发展能力的全部信息予以详尽的了解和掌握，进行各方面综合分析，并关注企业财务风险和经营风险。

（4）政府。政府兼具多重身份，既是宏观经济管理者，又是国有企业的所有者和重要的市场参与者，因此，政府对企业财务分析的关注点因所具身份不同而异。

（5）其他信息需求者。如企业的供应商通过偿债能力信息，了解企业是否能及时清算各种款项等。

因此，为了满足不同需求者的需求，财务分析一般包括偿债能力分析、营运能力分析、盈利能力分析、发展能力分析和现金流量分析等方面。

二、财务分析的方法（Methods of Financial Analysis）

财务分析的方法多种多样，但常用的有比较分析法、比率分析法和因素分析法三种方法。

（一）比较分析法

比较分析法，是通过对比两期或连续数期财务报告中的相同指标，确定其增减变动的方向、数额和幅度，来说明企业财务状况或经营成果变动趋势的一种方法。比较分析法的具体运用主要有重要财务指标的比较、会计报表的比较和会计报表项目构成的比较三种方式。

1. 重要财务指标的比较

重要财务指标的比较是指将不同时期财务报告中的相同指标或比率进行纵向比较，直接观察其增减变动情况及变动幅度，考察其发展趋势，预测其发展前景。不同时期财务指标的比较主要有以下两种方法：

（1）定基动态比率，是以某一时期的数额为固定的基期数额而计算出来的动态比率。

$$定基动态比率 = \frac{分析期数额}{固定基期数额} \times 100\%$$

（2）环比动态比率，是以每一分析期的数据与上期数据相比较计算出来的动态比率。

$$环比动态比率 = \frac{分析期数额}{前期数额} \times 100\%$$

2. 会计报表的比较

会计报表的比较一般采用水平分析法。这种方法是将连续数期的会计报表的金额并列起来，比较各指标不同期间的增减变动金额和幅度，据以判断企业财务状况和经营成果发展变化的方法，具体包括资产负债表比较、利润表比较和现金流量表比较等。

$$变动金额 = 报表某项目分析期金额 - 报表同项目基期金额$$

$$变动率 = \frac{变动金额}{报表某项目基期金额} \times 100\%$$

3. 会计报表项目构成的比较

会计报表项目构成的比较一般采用垂直分析法。这种方法是在会计报表比较的基础上发展而来的，是以会计报表中的某个总体指标作为100%，再计算出各组成项目占该总体指标的百分比，从而比较各个项目百分比的增减变动，以此来判断有关财务活动的变化趋势。

$$某项目的比重 = \frac{该项目金额}{各项目总金额} \times 100\%$$

采用比较分析法时，应当注意以下问题：

（1）用于对比的各个时期的指标，其计算口径必须保持一致；

（2）应剔除偶发性项目的影响，使分析所利用的数据能反映正常的生产经营状况；

（3）应运用例外原则对某项有显著变动的指标做重点分析。

（二）比率分析法

比率分析法是通过计算各种比率指标来确定财务活动变动程度的方法。比率指标的类型主要有构成比率、效率比率和相关比率三类。

1. 构成比率

构成比率又称结构比率，是某项财务指标的各组成部分数值占总体数值的百分比，反映部分与总体的关系。例如，企业资产中流动资产、固定资产和无形资产占资产总额的百分比（资产构成比率），企业负债中流动负债和长期负债占负债总额的百分比（负债构成比率）等。利用构成比率，可以考察总体中某个部分的形成和安排是否合理，以便协调各项财务活动。

$$构成比率 = \frac{某个组成部分数值}{总体数值} \times 100\%$$

2. 效率比率

效率比率，是某项财务活动中所费与所得的比率，反映投入与产出的关系。例如，将利润项目与营业成本、营业收入、资本金等项目加以对比，可以计算出成本利润率、营业利润率和资本金利润率等指标，从不同角度观察比较企业盈利能力的高低及其增减变化情况。

3. 相关比率

相关比率，是以某个项目和与其有关但又不同的项目加以对比所得的比率，反映有关经济活动的相互关系。例如，将流动资产与流动负债进行对比，计算出流动比率，可以判断企业的短期偿债能力。

采用比率分析法时，应当注意以下几点：

（1）对比项目的相关性；

（2）对比口径的一致性；

（3）衡量标准的科学性。

（三）因素分析法

因素分析法是依据分析指标与其影响因素的关系，从数量上确定各因素对分析指标影响方向和影响程度的一种方法。因素分析法具体有连环替代法和差额分析法两种。

1. 连环替代法

连环替代法是将分析指标分解为各个可以计量的因素，并根据各个因素之间的依存关系，顺次用各因素的比较值（通常为实际值）替代基准值（通常为标准值或计划值），据以测定各因素对分析指标的影响。

【例 6-1-1】某企业 2018 年 10 月某种原材料费用的实际数是 4 620 元，而其计划数是 4 000 元。实际比计划增加 620 元。由于原材料费用是由产品产量、单位产品材料消耗量和材料单价三个因素的乘积组成，因此就可以把材料费用这一总指标分解为三个因素，然后逐个来分析它们对材料费用总额的影响程度。现假设这三个因素的数值见表 6-1-1。试计算各因素对分析指标的影响。

表 6-1-1　某企业 2018 年 10 月某种原材料费用的相关数据

项目	单位	计划数	实际数
产品产量	件	100	110
单位产品材料消耗量	千克	8	7
材料单价	元	5	6
材料费用总额	元	4 000	4 620

解：根据表 6-1-1 中的资料，运用连环替代法，可以计算"产品产量""单位产品材料消耗量"和"材料单价"三个因素变动对材料费用总额"材料费用总额实际数较计划数增加 620 元"的影响。

计划指标：$100 \times 8 \times 5 = 4\,000$（元）　　　①

第一次替代：$110 \times 8 \times 5 = 4\,400$（元）　　　②

第二次替代：$110 \times 7 \times 5 = 3\,850$（元）　　　③

第三次替代：$110 \times 7 \times 6 = 4\,620$（元）　　　④

实际指标：

②－①＝$4\,400 - 4\,000 = 400$（元）　　　产量增加的影响

③－②＝$3\,850 - 4\,400 = -550$（元）　　材料节约的影响

④ － ③ ＝4 620－3 850＝770（元）　　价格提高的影响

400－550＋770＝620（元）　　全部因素的影响

2. 差额分析法

差额分析法是连环替代法的一种简化形式，是利用各个因素的比较值与基准值之间的差额，来计算各因素对分析指标的影响。

【例 6-1-2】沿用表 6-1-1 中的资料。可采用差额分析法计算确定各因素变动对材料费用的影响。

解：（1）产量增加对材料费用的影响：（110－100）×8×5＝400（元）

（2）材料节约对材料费用的影响：110×（7－8）×5＝－550（元）

（3）价格提高对材料费用的影响：110×7×（6－5）＝770（元）

采用因素分析法时，必须注意以下问题：

（1）因素分解的关联性。构成经济指标的因素，必须客观上存在着因果关系，并能够反映形成该项指标差异的内在构成原因，否则就失去了应用价值。

（2）因素替代的顺序性。确定替代因素时，必须根据各因素的依存关系，遵循一定的顺序并依次替代，不可随意加以颠倒，否则就会得出不同的计算结果。

（3）顺序替代的连环性。因素分析法在计算每一因素变动的影响时，都是在前一次计算的基础上进行，并采用连环比较的方法确定因素变化的影响结果。

（4）计算结果的假定性。由于因素分析法计算的各因素变动的影响数会因替代顺序不同而有差别，因而计算结果不免带有假定性，即它不可能使每个因素计算的结果都达到绝对的准确。

> **想一想**
>
> 财务分析的局限性有哪些？

三、财务评价（Financial Evaluation）

财务评价是对企业财务状况和经营情况进行的总结、考核和评价。它以企业的财务报表和其他财务分析资料为依据，注重对企业财务分析指标的综合考核。

财务综合评价的方法有很多，包括杜邦分析法、沃尔评分法、经济增加值法等。运用科学的评价方法对财务绩效实施综合评价，不仅可以真实反映企业经营绩效状况，判断企业的财务管理水平，而且有利于适时揭示财务风险，引导企业持续、快速、健康地发展。

任务评价

工作任务清单	掌握情况	
	会做	熟练
重要财务指标比较的计算		
会计报表比较的计算		
会计报表项目构成比较的计算		
构成比率的计算		
效率比率的计算		
相关比率的计算		
连环替代法的计算		
差额分析法的计算		

财务报表基础分析

任务导入

孟鑫同学顺利来到 GFLY 公司的财务部门实习，财务主管让她翻阅企业最新的年度财务报表，以便尽快熟悉企业财务状况。孟鑫一边查阅着年度财务报表，一边试着进行财务报表的基础分析，其认真严谨、积极进取的工作态度得到了企业前辈们的认可和好评。

任务分析

掌握企业偿债能力分析、营运能力分析、盈利能力分析、发展能力分析和现金流量分析。

相关知识

基本的财务报表分析方法主要是财务比率分析法，旨在通过财务报表数据的相对关系来揭示企业经营管理的各方面问题。基本的财务报表分析内容包括偿债能力分析、营运能力分析、盈利能力分析、发展能力分析和现金流量分析五个方面，如图 6-2-1 所示，以下分别加以介绍。

图 6-2-1　财务报表分析内容预览图

思政课堂

培养学生求真务实、严谨细致、精益求精的工匠精神。

为便于说明，本节各项财务指标的计算，将统一采用 GFLY 公司作为示例，该公司的资产负债表、利润表见表 6-2-1 和表 6-2-2。

表 6-2-1 资产负债表（简表）

编制单位：GFLY 公司　　　　　　　　　　　20×1 年 12 月 31 日　　　　　　　　　　　万元

资产	年初余额	年末余额	负债和所有者权益	年初余额	年末余额
流动资产：			流动负债：		
货币资金	217 559	633 221	短期借款	163 134	196 971
交易性金融资产	8 712	28 136	交易性金融负债	—	1 116
应收账款	135 881	249 863	应付票据	23 032	134 646
应收款项融资	40 919	82 334	应付账款	121 200	161 081
预付账款	54 452	21 777	应付职工薪酬	7 905	11 010
其他应收款	3 283	3 015	应交税费	13 160	126 958
存货	221 482	328 331	其他应付款	8 275	98 904
其他流动资产	195 197	115 997	一年内到期的非流动负债	71 072	90 225
流动资产合计	877 483	1 462 674	流动负债合计	407 778	820 911
非流动资产：			非流动负债：		
持有至到期投资	—	33 303	长期借款	165 801	363 896
长期股权投资	163 634	408 741	应付债券	213 382	—
长期应收款	39	4 277	租赁负债	2 440	1 988
工程物资	428	2 174	长期应付款	54 173	83 868
投资性房地产	7	7	预计非流动负债	728	1 792
在建工程	463 645	910 418	递延所得税负债	6 384	4 235
固定资产	227 211	302 881	长期递延收益	6 436	9 374
使用权资产	2 851	2 809	其他非流动负债	3 075	2 931
无形资产	356 154	509 042	非流动负债合计	452 419	468 084
开发支出	2 484	—	负债合计	860 197	1 288 995
商誉	—	1 762	所有者权益：		
长期待摊费用	6 895	9 469	实收资本（股本）	133 996	143 748
递延所得税资产	4 036	69 847	资本公积	484 289	1 195 447
其他非流动资产	97 170	188 261	其他综合收益	—	-50 454
非流动资产合计	1 324 554	2 442 991	专项储备	33 147	346
			盈余公积	39 948	57 977
			未分配利润	379 182	842 311
			归属于母公司股东权益合计	1 070 562	2 189 375
			少数股东权益	271 278	427 295
			所有者权益合计	1 341 840	2 616 670
资产	2 202 037	3 905 665	负债及所有者权益合计	2 202 037	3 905 665

表 6-2-2 利润表（简表）

编制单位：GFLY 公司　　　　　　　　　　　20×1 年　　　　　　　　　　　万元

项目	本年金额	上年金额
一、营业收入	1 116 221	552 399
减：营业成本	671 857	434 305

续表

项目	本年金额	上年金额
研发费用	33 852	13 976
税金及附加	8 810	2 339
销售费用	6 162	4 821
管理费用	47 009	22 677
财务费用	18 199	17 116
加：公允价值变动收益	222 869	52 629
投资收益	9 287	2 886
对联营企业和合营企业的投资收益	9 399	816
二、营业利润	571 887	113 496
加：营业外收入	6 678	202
减：营业外支出	1 210	971
三、利润总额	577 355	112 727
减：所得税费用	35 700	6 369
四、净利润	541 655	106 358

一、偿债能力分析（Solvency Analysis）

偿债能力是指企业偿还本身所欠债务的能力。债务按到期时间可分为短期债务和长期债务。偿债能力分析也由此分为短期偿债能力分析和长期偿债能力分析。

（一）短期偿债能力分析

企业在短期（一年或一个营业周期）需要偿还的负债，主要是指流动负债，因此，短期偿债能力衡量的是对流动负债的清偿能力。企业的短期偿债能力取决于短期内企业产生现金的能力，即在短期内能够转化为现金的流动资产的多少。所以，短期偿债能力比率也称为变现能力比率或流动性比率，主要考察的是流动资产对流动负债的清偿能力。企业短期偿债能力的衡量指标主要有流动比率、速动比率和现金比率。

1. 流动比率

（1）流动比率的含义。流动比率是企业流动资产与流动负债之比，表明每元流动负债有多少流动资产作为保障。

（2）流动比率的公式。

$$流动比率 = 流动资产 \div 流动负债$$

（3）流动比率的计算示例。

【例6-2-1】根据表6-2-1中的有关资料，GFLY公司20×1年年末流动资产为1 462 674万元，流动负债为820 911万元，计算该公司20×1年年末的流动比率（计算结果保留小数点后两位，下同）。

解：　　　　　　　$流动比率 = 1\ 462\ 674 \div 820\ 911 = 1.78$

投资这家公司安全吗？——短期偿债能力分析

（4）流动比率的理解。一般情况下，流动比率越高，说明企业短期偿债能力越强，债权人的权益越有保证。按照企业的长期经验，一般认为流动资产与流动负债的比例为2∶1较适宜。它表明企业财务状况稳定可靠，除满足日常生产经营的流动资金需要外，还有足够的财力偿付到期短期债务。如果流动资产与流动负债的比例过低，则表示企业可能捉襟见肘，难以如期偿还债务。当然，流动比率也不能过高，过高则表明企业流动资产占用较多，会影响资金的使用效率和企业的筹资成本，进而影响获利能力。究竟应保持多高水平的流动比率，主要根据企业对待风险与收益的态度来确定。另外，流动比率是否合理，不同行业、不同企业及同一企业不同时期的评价标准是不同的。

2. 速动比率

（1）速动比率的含义。速动比率是企业速动资产与流动负债之比，表明每元流动负债有多少速动资产作为偿债保障。

（2）速动比率的公式。

$$速动比率 = 速动资产 \div 流动负债$$

其中，货币资金、以公允价值计量且其变动计入当期损益的金融资产和各种应收款项，可以在较短时间内变现，称为速动资产；另外的流动资产包括存货、预付款项、一年内到期的非流动资产和其他流动资产等，属于非速动资产。

（3）速动比率的计算示例。

【例6-2-2】根据表6-2-1中的有关资料，GFLY公司20×1年年末货币资金为633 221万元，交易性金融资产为28 136万元，应收账款为249 863万元，应收款项融资82 334万元，其他应收款3 015万元，流动负债为820 911万元，计算该公司20×1年年末的速动比率。

解：　速动资产 = 633 221 + 28 136 + 249 863 + 82 334 + 3 015 = 996 569（万元）

速动比率 = 996 569 ÷ 820 911 = 1.21

（4）速动比率的理解。一般情况下，速动比率越大，短期偿债能力越强。由于通常认为存货占了流动资产的一半左右，因此剔除存货影响的速动比率至少是1。速动比率过低，企业面临偿债风险；但速动比率过高，会因占用现金及应收账款过多而增加企业的机会成本。影响此比率可信性的重要因素是应收账款的变现能力。因为应收账款的账面金额不一定都能转化为现金，而且对于季节性生产的企业，其应收账款金额存在着季节性波动，根据某一时点计算的速动比率不能客观反映其短期偿债能力。另外，使用该指标应考虑行业的差异性，如大量使用现金结算的企业其速动比率大大低于1是正常现象。

3. 现金比率

（1）现金比率的含义。现金比率是现金资产与流动负债的比值，其中现金资产包括货币资金和交易性金融资产等，表明每元流动负债有多少现金资产作为偿债保障。

（2）现金比率的公式

$$现金比率 =（货币资金 + 交易性金融资产）\div 流动负债$$

（3）现金比率的计算示例。

【例6-2-3】根据表6-2-1中的有关资料，GFLY公司20×1年年末货币资金为633 221万元，交易性金融资产为28 136万元，流动负债为820 911万元，计算该公司20×1年年末的现金比率。

解：　现金比率 =（633 221 + 28 136）÷ 820 911 = 0.81

（4）现金比率的理解。现金比率剔除了应收账款对偿债能力的影响，最能反映企业直接偿付流动负债的能力，由于流动负债是在一年内（或一个营业周期内）陆续到期清偿，所以并不需要企业时时保留相当于流动负债金额的现金资产。经研究表明，0.2的现金比率就可以接受。而这一比率过高，就意味着企业过多资源占用在盈利能力较低的现金资产上，从而影响了企业的盈利能力。

（二）长期偿债能力分析

长期偿债能力是指企业在较长的期间偿还债务的能力。企业不仅需要偿还流动负债，还需要偿还非流动负债，因此，长期偿债能力衡量的是对企业所有负债的清偿能力，是企业债权人、投资者、经营者和与企业有关联的各方面等都十分关注的重要问题。常用的衡量指标有资产负债率、产权比率、权益乘数和利息保障倍数。

1. 资产负债率

（1）资产负债率的含义。资产负债率是企业负债总额与资产总额之比。

（2）资产负债率的公式。

$$资产负债率 = 负债总额 \div 资产总额 \times 100\%$$

（3）资产负债率的计算示例。

【例6-2-4】根据表6-2-1中的有关资料，GFLY公司20×1年年末资产总额为3 905 665万元，负债总额为1 288 995万元，计算该公司20×1年年末的资产负债率。

解：　　　　　　资产负债率 = 1 288 995 ÷ 3 905 665 × 100% = 33%

（4）资产负债率的理解。资产负债率越大，说明企业偿债能力越弱；反之，企业的偿债能力越强。资产负债率反映总资产中有多大比例是通过负债取得的，可以衡量企业清算时资产对债权人权益的保障程度。当资产负债率高于50%，表明企业资产来源主要依靠的是负债，财务风险较大。当资产负债率低于50%，表明企业资产的主要来源是所有者权益，财务比较稳健。

2. 产权比率

（1）产权比率的含义。产权比率又称资本负债率，是负债总额与所有者权益之比。

（2）产权比率的公式。

$$产权比率 = 负债总额 \div 所有者权益 \times 100\%$$

（3）产权比率的计算示例。

【例6-2-5】根据表6-2-1中的有关资料，GFLY公司20×1年年末负债总额为1 288 995万元，所有者权益总额为2 616 670万元，计算该公司20×1年年末的产权比率。

解：　　　　　　产权比率 = 1 288 995 ÷ 2 616 670 × 100% = 49.26%

（4）产权比率的理解。一般来说，产权比率越低，表明企业长期偿债能力越强，债权人权益保障程度越高。在分析时同样需要结合企业的具体情况加以分析，当企业的资产收益率大于负债利息率时，负债经营有利于提高资金收益率，获得额外的利润，这时的产权比率可适当高些。产权比率高，是高风险、高报酬的财务结构；产权比率低，是低风险、低收益的财务结构。产权比率与资产负债率对评价偿债能力的作用基本一致，只是资产负债率侧重于分析债务偿付安全性的物质保障程度，产权比率则侧重于揭示财务结构的稳健程度及自有资金对偿债风险的承受能力。

3. 权益乘数

（1）权益乘数的含义。权益乘数是总资产与股东权益的比值，表明股东每投入1元钱可实际拥有和控制的金额。

（2）权益乘数的公式。

$$权益乘数 = 总资产 \div 股东权益$$

（3）权益乘数的计算示例。

【例6-2-6】根据表6-2-1中的有关资料，GFLY公司20×1年年末资产总额为3 905 665万元，所有者权益总额为2 616 670万元，计算该公司20×1年年末的权益乘数。

解：　　　　　　权益乘数 = 3 905 665 ÷ 2 616 670 = 1.49

（4）权益乘数的理解。企业负债比例越高，权益乘数越大。在企业存在负债的情况下，权益乘数大于1。产权比率和权益乘数是资产负债率的另外两种表现形式，是常用的反映财务杠杆水平的指标。

长期偿债能力分析

4.利息保障倍数

（1）利息保障倍数的含义。利息保障倍数是指企业息税前利润与应付利息之比，反映企业获利能力对债务偿付的保证程度。

（2）利息保障倍数的公式。

$$利息保障倍数 = 息税前利润 \div 应付利息$$

其中
$$息税前利润 = 净利润 + 利润表中的利息费用 + 所得税$$

注意：由于利润表中没有单独利息项目列示，实务中可通过"利润总额 + 财务费用"来估算息税前利润。公式中的被除数"息税前利润"是指利润表中扣除利息费用和所得税前的利润。公式中的除数"应付利息"是指本期发生的全部应付利息，不仅包括财务费用中的利息费用，还应包括计入固定资产成本的资本化利息。

（3）利息保障倍数的计算示例。

【例 6-2-7】根据表 6-2-2 中的有关资料，GFLY 公司 20×1 年年末利润总额为 577 355 万元，财务费用为 18 199 万元（假设全部为利息支出），计算该公司 20×1 年年末的利息保障倍数。

解： 利息保障倍数 =（577 355 + 18 199）÷ 18 199 = 32.72

（4）利息保障倍数的理解。利息保障倍数反映支付利息的利润来源（息税前利润）与利息支出之间的关系，该比率越高，长期偿债能力越强。从长期看，利息保障倍数至少要大于 1（国际公认标准为 3），也就是说，息税前利润至少要大于应付利息，企业才具有偿还债务利息的可能性。如果利息保障倍数过低，企业将面临亏损、偿债的安全性与稳定性下降的风险。在短期内，利息保障倍数小于 1 也仍然具有利息支付能力，因为计算息税前利润时减去的一些折旧和摊销费用并不需要支付现金。但这种支付能力是暂时的，当企业需要重置资产时，势必发生支付困难。因此，在分析时需要比较企业连续多个会计年度（如 5 年）的利息保障倍数，以说明企业付息能力的稳定性。

二、营运能力分析（Operation Ability Analysis）

营运能力主要是指企业营运资产的效率与效益。企业营运资产的效率主要是指资产的周转率或周转速度；企业营运资产的效益通常是指企业的产出量与资产占用量之间的比率。企业营运能力分析主要包括流动资产营运能力分析、固定资产营运能力分析和总资产营运能力分析三个方面。

（一）流动资产营运能力分析

反映流动资产营运能力的指标主要有应收账款周转率、存货周转率和流动资产周转率。

1.应收账款周转率

（1）应收账款周转率的含义。应收账款周转率是指企业一定时期内营业收入与平均应收账款余额的比率，反映企业应收账款变现速度的快慢和管理应收账款效率的高低。

（2）应收账款周转率的公式。

$$应收账款周转率（周转次数）= \frac{营业收入}{平均应收账款余额} = \frac{营业收入}{（期初应收账款 + 期末应收账款）\div 2}$$

$$应收账款周转天数 = \frac{360}{应收账款周转率} = \frac{平均应收账款余额 \times 360}{营业收入}$$

注意：第一，营业收入是指扣除销售折扣和折让后的销售净额。从理论上讲，应收账款是由赊销引起的，其对应的收入应为赊销收入，而非全部营业收入。但是赊销数据难以取得，且可以假设现金销售是收账时间为零的应收账款，因此，只要保持计算口径的历史一致性，使用销售净额不影响分析。营业收入数据可使用利润表中的"营业收入"。第二，应收账款包括会计报表中"应收票据"及"应收账款"等全部赊销账款在内，因为应收票据是销售形成的应收款项的另一种形式。第三，应收账款应为未扣除坏账准备的金额。第四，应收账款期末余额的可靠性问题。应收账款是特定时点的存量，容易受季节性、偶然性和人为因素的影响。在使用应收账款周转率进行行业绩评价时，最好使用多个时点的平均数，以减少这些因素的影响。

（3）应收账款周转率的计算示例。

【例6-2-8】根据表6-2-1和表6-2-2中的有关资料，GFLY公司20×1年营业收入为1 116 221万元，应收账款年初为135 881万元，应收账款年末为249 863万元，计算该公司20×1年年末的应收账款周转率。

解：
$$应收账款周转率（周转次数）=\frac{1\ 116\ 221}{(135\ 881+249\ 863)\div 2}=5.79$$

$$应收账款周转天数=\frac{360}{5.79}=62.18（天）$$

（4）应收账款周转率的理解。应收账款周转次数越高（或周转天数越短）表明应收账款管理效率越高。在一定时期内周转次数多（或周转天数少）说明企业收账迅速，信用销售管理严格；应收账款流动性强，从而增强企业短期偿债能力；可以减少收账费用和坏账损失，相对增加企业流动资产的投资收益。

2. 存货周转率

（1）存货周转率的含义。存货周转率是指一定时期内企业营业成本与存货平均资金占用额的比率，也称存货周转次数。用时间表示的存货周转率就是存货周转天数。

（2）存货周转率的公式。

$$存货周转率（周转次数）=\frac{营业成本}{平均存货余额}=\frac{营业成本}{(期初存货+期末存货)\div 2}$$

$$存货周转天数=\frac{360}{存货周转率}=\frac{平均存货余额\times 360}{营业成本}$$

（3）存货周转率的计算示例。

【例6-2-9】根据表6-2-1和表6-2-2中的有关资料，GFLY公司20×1年营业成本为671 857万元，存货年初为221 482万元，存货年末为328 331万元，计算该公司20×1年年末的存货周转率。

解：
$$存货周转率（周转次数）=\frac{671\ 857}{(221\ 482+328\ 331)\div 2}=2.44$$

$$存货周转天数=\frac{360}{2.44}=147.54（天）$$

（4）存货周转率的理解。一般来说，存货周转速度越快，存货占用水平越低，流动性越强，存货转化为现金或应收账款的速度就越快，这样会增强企业的短期偿债能力及盈利能力。在具体分析时，应注意行业的可比性，考虑企业的应收账款周转情况和信用政策。

3. 流动资产周转率

（1）流动资产周转率的含义。流动资产周转率（次数）是一定时期营业收入净额与企业流动资产平均占用额之间的比率。

（2）流动资产周转率的公式。

$$流动资产周转率（周转次数）=\frac{营业收入}{平均流动资产余额}=\frac{营业收入}{(期初流动资产+期末流动资产)\div 2}$$

$$流动资产周转天数=\frac{360}{流动资产周转率}=\frac{平均流动资产余额×360}{营业收入}$$

（3）流动资产周转率的计算示例。

【例6-2-10】根据表6-2-1和表6-2-2中的有关资料，GFLY公司20×1年营业收入为1 116 221万元，流动资产年初为877 483万元，流动资产年末为1 462 674万元，计算该公司20×1年年末的流动资产周转率。

解：

$$流动资产周转率（周转次数）=\frac{1\ 116\ 221}{(877\ 483+1\ 462\ 674)÷2}=0.95$$

$$流动资产周转天数=\frac{360}{0.95}=378.95（天）$$

（4）流动资产周转率的理解。在一定时期内，流动资产周转次数越多，表明以相同的流动资产完成的周转额越多，流动资产利用效果越好。流动资产周转天数越少，表明流动资产在经历生产销售各阶段所占用的时间越短，可相对节约流动资产，增强企业盈利能力。

（二）固定资产营运能力分析

反映固定资产营运能力的指标为固定资产周转率。它是反映企业固定资产周转情况，从而衡量固定资产利用效率的一项指标。

（1）固定资产周转率的含义。固定资产周转率是指企业在一定时期内的营业收入与平均固定资产净值之间的比值。

（2）固定资产周转率的公式。

$$固定资产周转率（周转次数）=\frac{营业收入}{平均固定资产}=\frac{营业收入}{(期初固定资产+期末固定资产)÷2}$$

$$固定资产周转天数=\frac{360}{固定资产周转率}=\frac{平均固定资产净值×360}{营业收入}$$

（3）固定资产周转率的计算示例。

【例6-2-11】根据表6-2-1和表6-2-2中的有关资料，GFLY公司20×1年营业收入为1 116 221万元，固定资产年初为227 211万元，固定资产年末为302 881万元，计算该公司20×1年年末的固定资产周转率。

解：

$$固定资产周转率（周转次数）=\frac{1\ 116\ 221}{(227\ 211+302\ 881)÷2}=4.21$$

$$固定资产周转天数=\frac{360}{4.21}=85.51（天）$$

（4）固定资产周转率的理解。一般来说，固定资产周转率高，说明企业固定资产利用效率高，结构合理，管理水平好；反之，则表明固定资产利用效率不高，企业的营运能力不强。

（三）总资产营运能力分析

反映总资产营运能力的指标为总资产周转率。它是衡量企业全部资产整体的使用效率。

（1）总资产周转率的含义。总资产周转率是指企业在一定时期内营业收入与平均资产总额的比值。

（2）总资产周转率的公式。

$$总资产周转率（周转次数）=\frac{营业收入}{平均资产总额}=\frac{营业收入}{(期初资产总额+期末资产总额)÷2}$$

$$总资产周转天数 = \frac{360}{总资产周转率} = \frac{平均资产总额 \times 360}{营业收入}$$

（3）总资产周转率的计算示例。

【例6-2-12】根据表6-2-1和表6-2-2中的有关资料，GFLY公司20×1年营业收入为1 116 221万元，资产总额年初为2 202 037万元，资产总额年末为3 905 665万元，计算该公司20×1年年末的总资产周转率。

解：　　总资产周转率（周转次数）$= \frac{1\ 116\ 221}{(2\ 202\ 037 + 3\ 905\ 665) \div 2} = 0.37$

$$总资产周转天数 = \frac{360}{0.37} = 972.97（天）$$

（4）总资产周转率的理解。一般来说，总资产周转率越高，表明总资产周转越快，企业销售能力越强。若在营业收入既定的情况下，总资产周转率的驱动因素是各项资产，因此，对总资产周转情况的分析还应结合各项资产的周转情况。

三、盈利能力分析（Profitability Analysis）

盈利能力是指企业获取利润的能力。利润是投资者取得投资收益、债权人收取本息的资金来源，是经营者经营业绩和管理效能的集中表现，也是职工集体福利设施不断完善的重要保障，因此，企业盈利能力分析十分重要。企业一般主要用营业毛利率、营业净利率、总资产净利率和净资产收益率去评价盈利能力；对于上市公司还可以通过每股收益、每股股利、市盈率、每股净资产、市净率等指标去评价。

1. 营业毛利率

（1）营业毛利率的含义。营业毛利率是企业在一定时期内营业毛利与营业收入的比值，反映产品每元营业收入所包含的毛利润。

（2）营业毛利率的公式。

$$营业毛利率 = \frac{营业毛利}{营业收入} \times 100\% = \frac{营业收入 - 营业成本}{营业收入} \times 100\%$$

盈利能力分析

（3）营业毛利率的计算示例。

【例6-2-13】根据表6-2-2中的有关资料，GFLY公司20×1年营业收入为1 116 221万元，营业成本为671 857万元，计算该公司20×1年的营业毛利率。

解：　　营业毛利率$= \frac{1\ 116\ 221 - 671\ 857}{1\ 116\ 221} \times 100\% = 39.81\%$

（4）营业毛利率的理解。营业毛利率越高，表明产品的竞争性越强，产品的盈利能力越强。将不同行业的营业毛利率进行横向比较，也可以说明行业间盈利能力的差异。

2. 营业净利率

（1）营业净利率的含义。营业净利率是企业在一定时期内净利润与营业收入的比值，反映每元营业收入最终赚取了多少利润。

（2）营业净利率的公式。

$$营业净利率 = \frac{净利润}{营业收入} \times 100\%$$

（3）营业净利率的计算示例。

【例6-2-14】根据表6-2-2中的有关资料，GFLY公司20×1年营业收入为1 116 221万元，净利润为541 655万元，计算该公司20×1年的营业净利率。

解：
$$营业净利率=\frac{541\ 655}{1\ 116\ 221}\times100\%=48.53\%$$

（4）营业净利率的理解。一般来说，营业净利率越高，对企业来说越好。值得注意的是，在利润表上，从营业收入到净利润需要扣除营业成本、期间费用、税金等项目，因此，将营业净利率按利润的扣除项目进行分解可以识别影响营业净利率的主要因素。

3. 总资产净利率

（1）总资产净利率的含义。总资产净利率是指净利润与平均总资产的比率，反映每元资产创造的净利润。

（2）总资产净利率的公式。

$$总资产净利率=\frac{净利润}{平均总资产}\times100\%$$

$$总资产净利率=\frac{净利润}{营业收入}\times\frac{营业收入}{平均总资产}=营业净利率\times总资产周转率$$

（3）总资产净利率的计算示例。

【例6-2-15】根据表6-2-1和表6-2-2中的有关资料，20×1年年初资产总额为2 202 037万元，年末资产总额为3 905 665万元，净利润为541 655万元，计算该公司20×1年年末的总资产净利率。

解：
$$总资产净利率=\frac{541\ 655}{(2\ 202\ 037+3\ 905\ 665)\div2}\times100\%=17.74\%$$

（4）总资产净利率的理解。一般来说，总资产净利率越高，表明企业资产的利用效果越好。通过公式可以看出，企业还可以通过提高营业净利率或加速资产周转来提高总资产净利率。

4. 净资产收益率

（1）净资产收益率的含义。净资产收益率是企业一定时期内净利润与平均所有者权益的比值，又称权益净利率或权益报酬率，表示每元权益资本赚取的净利润。

（2）净资产收益率的公式。

$$净资产收益率=\frac{净利润}{平均所有者权益}\times100\%$$

$$净资产收益率=\frac{净利润}{平均总资产}\times\frac{平均总资产}{平均净资产}=总资产净利率\times权益乘数$$

（3）净资产收益率的计算示例。

【例6-2-16】根据表6-2-1和表6-2-2中的有关资料，20×1年年初所有者权益总额为1 341 840万元，年末所有者权益总额为2 616 670万元，净利润为541 655万元，计算该公司20×1年年末的净资产收益率。

解：
$$净资产收益率=\frac{541\ 655}{(1\ 341\ 840+2\ 616\ 670)\div2}\times100\%=27.37\%$$

（4）净资产收益率的理解。净资产收益率是企业盈利能力指标的核心，也是杜邦财务指标体系的核心，更是投资者关注的重点。一般来说，净资产收益率越高，企业自有资本获取收益的能力越强，所有者和债权人的利益保障程度越高。但净资产收益率不是一个越高越好的概念，通过公式可以看出，企业若单纯通过加大举债力度提高权益乘数也是可以提高净资产收益率的，因此，分析时要注意企业的财务风险。

四、发展能力分析（Development Capability Analysis）

企业的发展能力也称企业的成长性，是企业通过自身的生产经营活动，不断扩大积累而形成的发展潜能。衡量企业发展能力的指标主要有营业收入增长率、总资产增长率、营业利润增长率、资本保值增值率和所有者权益增长率等。

1. 营业收入增长率

（1）营业收入增长率的含义。营业收入增长率是指企业本年营业收入增长额对上年营业收入总额的比率。

（2）营业收入增长率的公式。

企业发展能力
分析指标

$$营业收入增长率 = \frac{营业收入增长额}{上年营业收入总额} \times 100\%$$

（3）营业收入增长率的计算示例。

【例 6-2-17】根据表 6-2-2 中的有关资料，GFLY 公司 20×0 年营业收入为 552 399 万元，20×1 年营业收入为 1 116 221 万元，计算该公司 20×1 年营业收入增长率。

解：
$$营业收入增长率 = \frac{1\ 116\ 221 - 552\ 399}{552\ 399} \times 100\% = 102.07\%$$

（4）营业收入增长率的理解。营业收入增长率若大于 0，表示企业的营业收入有所增长，指标值越高，表明增长速度越快，企业市场前景越好；营业收入增长率若小于 0，则说明存在产品或服务不适销对路、质次价高等方面问题，市场份额萎缩。该指标在实际操作时，应结合企业历年的营业收入水平、企业产品或服务市场占有情况、行业未来发展及其他影响企业发展的潜在因素进行前瞻性预测，或者结合企业前三年的营业收入增长率作出趋势性分析判断。

2. 总资产增长率

（1）总资产增长率的含义。总资产增长率（总资产扩张率），是企业本年总资产增长额与年初资产总额的比率，反映企业本期资产规模的增长情况。

（2）总资产增长率的公式。

$$总资产增长率 = \frac{本年总资产增长额}{年初资产总额} \times 100\%$$

（3）总资产增长率的计算示例。

【例 6-2-18】根据表 6-2-1 中的有关资料，GFLY 公司 20×1 年年初资产总额为 2 202 037 万元，年末资产总额为 3 905 665 万元，计算该公司 20×1 年总资产增长率。

解：
$$总资产增长率 = \frac{3\ 905\ 665 - 2\ 202\ 037}{2\ 202\ 037} \times 100\% = 77.37\%$$

（4）总资产增长率的理解。总资产增长率越高，表明企业一定时期内资产经营规模扩张的速度越快。但在分析时，需要关注资产规模扩张的质和量的关系，以及企业的后续发展能力，避免盲目扩张。

3. 营业利润增长率

（1）营业利润增长率的含义。营业利润增长率（销售利润增长率），是企业本年营业利润增长额与上年营业利润总额的比率，反映企业营业利润的增减变动情况。

（2）营业利润增长率的公式。

$$营业利润增长率 = \frac{本年营业利润增长额}{上年营业利润总额} \times 100\%$$

（3）营业利润增长率的计算示例。

【例 6-2-19】根据表 6-2-2 中的有关资料，GFLY 公司 20×0 年营业利润为 113 496 万元，20×1 年营业利润为 571 887 万元，计算该公司 20×1 年营业利润增长率。

解：
$$营业利润增长率 = \frac{571\ 887 - 113\ 496}{113\ 496} \times 100\% = 403.88\%$$

（4）营业利润增长率的理解。营业利润率越高，说明企业商品销售额提供的营业利润越多，企业的盈利能力越强；反之，此比率越低，说明企业盈利能力越弱。

4. 资本保值增值率

（1）资本保值增值率的含义。资本保值增值率是指企业本年末所有者权益扣除客观增减因素后与年初所有者权益的比率，反映了投资者投入企业资本的保全性和增长性。

（2）资本保值增值率的公式。

$$资本保值增值率 = \frac{期末所有者权益}{期初所有者权益} \times 100\%$$

（3）资本保值增值率的计算示例。

【例 6-2-20】根据表 6-2-1 中的有关资料，GFLY 公司 20×1 年年初所有者权益总额为 1 341 840 万元，年末所有者权益总额为 2 616 670 万元，计算该公司 20×1 年资本保值增值率。

解：
$$资本保值增值率 = \frac{2\ 616\ 670}{1\ 341\ 840} \times 100\% = 195\%$$

（4）资本保值增值率的理解。一般来说，该指标越高，表明企业的资本保全状况越好，所有者权益增长越快，债权人的债务越有保障，企业发展后劲越强。

5. 所有者权益增长率

（1）所有者权益增长率的含义。所有者权益增长率是企业本年所有者权益增长额与年初所有者权益的比率，反映企业当年资本的积累能力。

（2）所有者权益增长率的公式。

$$所有者权益增长率 = \frac{本年所有者权益增长额}{年初所有者权益} \times 100\%$$

（3）所有者权益增长率的计算示例。

【例 6-2-21】根据表 6-2-1 中的有关资料，GFLY 公司 20×1 年年初所有者权益总额为 1 341 840 万元，年末所有者权益总额为 2 616 670 万元，计算该公司 20×1 年所有者权益增长率。

解：
$$所有者权益增长率 = \frac{2\ 616\ 670 - 1\ 341\ 840}{1\ 341\ 840} \times 100\% = 95\%$$

（4）所有者权益增长率的理解。一般来说，该指标越高，表明企业的资本积累越多，应对风险、持续发展的能力越强。

五、现金流量分析（Cash Flow Analysis）

现金流量分析一般包括现金流量的结构分析、流动性分析、获取现金能力分析、财务弹性分析及收益质量分析。本工作领域主要从获取现金能力分析及收益质量分析方面介绍现金流量比率。

（一）获取现金能力分析

获取现金的能力可以通过经营活动现金流量净额与投入资源之比来反映。其指标主要有营业现金比率、每股营业现金净流量和全部资产现金回收率等。

1. 营业现金比率

（1）营业现金比率的含义。营业现金比率是指经营活动净现金流量与营业收入的比值，反映企业通过销售获取现金的能力。

（2）营业现金比率的公式。

$$营业现金比率 = \frac{经营活动净现金流量}{营业收入} \times 100\%$$

（3）营业现金比率的理解。营业现金比率反映每元营业收入得到的经营活动现金流量净额，其数值越大越好。

2. 每股营业现金净流量

（1）每股营业现金净流量的含义。每股营业现金净流量是指企业经营活动现金流量净额与普通股股数的比值。

（2）每股营业现金净流量的公式。

$$每股营业现金净流量 = \frac{经营活动现金流量净额}{普通股股数} \times 100\%$$

（3）每股营业现金净流量的理解。每股营业现金净流量反映企业最大的分派股利能力，对于股东来说，该数值越高，表明被分派到的股利越多。

3. 全部资产现金回收率

（1）全部资产现金回收率的含义。全部资产现金回收率是指经营活动净现金流量与平均总资产的比值。

（2）全部资产现金回收率的公式。

$$全部资产现金回收率 = \frac{经营活动现金流量净额}{平均总资产} \times 100\%$$

（3）全部资产现金回收率的理解。一般来说，该指标越高，说明企业产生现金的能力较强，管理水平越好。

（二）收益质量分析

收益质量是指会计收益与公司业绩之间的相关性，主要包括净收益营运指数分析与现金营运指数分析。如果会计收益能如实反映公司业绩，则其收益质量高；反之，则收益质量不高。

1. 净收益营运指数

（1）净收益营运指数的含义。净收益营运指数是指经营净收益与净利润的比值。

（2）净收益营运指数的公式。

$$净收益营运指数 = \frac{经营净收益}{净利润} = \frac{净利润 - 非经营净收益}{净利润}$$

（3）净收益营运指数的理解。净收益营运指数越小，非经营收益所占比重越大，收益质量越差，因为非经营收益不反映公司的核心能力及正常的收益能力，可持续性较低。

2. 现金营运指数

（1）现金营运指数的含义。现金营运指数是指企业经营活动现金流量净额与企业经营所得现金的比值。

（2）现金营运指数的公式。

$$现金营运指数 = \frac{企业经营活动现金流量净额}{经营所得现金} = \frac{企业经营活动现金流量净额}{经营净收益 + 非付现费用}$$

（3）现金营运指数的理解。现金营运指数大于1，说明收益质量较好；小于1的现金营运指数反映了公司部分收益没有取得现金，而是停留在实物或债权形态，而实物或债权资产的风险远大于现金。现金营运指数越小，以实物或债权形式存在的收益占总收益的比重越大，收益质量越差。

知识链接

　　上市企业是指所发行的股票经过国务院或国务院授权的证券管理部门批准在证券交易所上市交易的股份有限公司。与一般公司相比，上市公司最大的特点在于可利用证券市场进行筹资，广泛地吸收社会上的闲散资金，从而迅速扩大企业规模，增强产品的竞争力和市场占有率。股东购买企业股票，必然对其盈利能力十分关心，反映上市公司盈利能力的财务指标主要有每股收益、每股股利、每股净资产、市盈率和市净率等，计算公式见表6-2-3。

表6-2-3　上市公司相关财务指标

序号	财务指标	计算公式
1	每股收益	每股收益 = 归属于普通股股东的净利润 / 发行在外普通股的加权平均数
2	每股股利	每股股利 = 普通股现金股利总额 / 年末普通股总数
3	每股净资产	每股净资产 = 期末普通股净资产 / 期末发行在外的普通股股数
4	市盈率	市盈率 = 每股市价 / 每股收益
5	市净率	市净率 = 每股市价 / 每股净资产

任务评价

工作任务清单	掌握情况	
	会做	熟练
偿债能力分析指标的应用		
营运能力分析指标的应用		
盈利能力分析指标的应用		
发展能力分析指标的应用		
现金流量分析指标的应用		

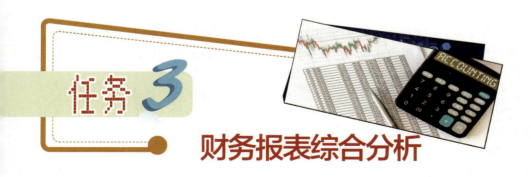

任务 3

财务报表综合分析

任务导入

　　孟鑫同学完成了GFLY公司财务报表基础分析后，对公司的财务状况有了进一步了解。一天，她看见财务岗的前辈正在制作杜邦分析体系图，便主动要求从旁协助。

任务分析

1. 了解财务报表综合分析的方法。
2. 掌握杜邦分析的体系架构和步骤。

相关知识

所谓财务综合分析，就是将企业营运能力、偿债能力和盈利能力等方面的分析纳入一个有机的分析系统之中，全面对企业财务状况、经营状况进行解剖和分析，从而对企业经济效益作出较为准确的评价与判断。

财务报表综合分析的方法主要有杜邦分析法和沃尔评分法两种。

一、杜邦分析法（DuPont Identity）

杜邦分析法是利用几种主要的财务比率之间的关系来综合地分析企业的财务状况。具体来说，它是一种用来评价公司盈利能力和股东权益回报水平，从财务角度评价企业绩效的一种经典方法。其基本思想是将企业净资产收益率逐级分解为多项财务比率乘积，这样有助于深入分析比较企业经营业绩。由于这种分析方法最早由美国杜邦公司使用，故名杜邦分析法。

1. 杜邦分析体系

杜邦分析法将净资产收益率（权益净利率）分解，如图 6-3-1 所示。运用杜邦分析法需要注意以下几点：

杜邦分析法

（1）净资产收益率是一个综合性最强的财务分析指标，是杜邦分析体系的起点。其分析关系式为

净资产收益率 = 营业净利率 × 总资产周转率 × 权益乘数

（2）营业净利率反映了企业净利润与营业收入的关系，它的高低取决于营业收入与成本总额的高低。营业净利率的提高可以通过增加营业收入和降低成本费用两个主要途径。

（3）总资产周转率是综合评价企业全部资产经营质量和利用效率的重要指标，综合反映了企业整体资产的营运能力。由于影响总资产周转率的一个重要因素是资产总额，因此需要通过分析各项资产的占用数额和周转速度来进行评价。

（4）权益乘数反映所有者权益与总资产的关系，主要受资产负债率指标的影响。资产负债率越高，权益乘数就越高，说明企业的负债程度比较高，给企业带来了较多的杠杆利益，同时，也带来了较大的财务风险。

> **思政课堂**
>
> 培养学生积极思考、沟通交流的能力，学会具体问题具体分析，透过现象看本质。

（5）在进行杜邦分析时，净资产收益率、总资产净利率、营业净利率和总资产周转率属于时期指标；权益乘数和资产负债率属于时点指标，因此，为了使指标具有可比性，有关资产、负债与权益等时点指标通常会使用平均值计算。

2. 杜邦分析步骤

（1）从净资产收益率开始，根据会计资料（主要是资产负债表和利润表）逐步分解计算各指标；

（2）将计算出的指标填入杜邦分析图；

（3）逐步进行前后期对比分析，也可以进一步进行企业间的横向对比分析。

【例 6-3-1】根据表 6-2-1 和表 6-2-2 的资料，可计算 GFLY 公司 20×1 年杜邦分析体系中的各项指标，见表 6-3-1。

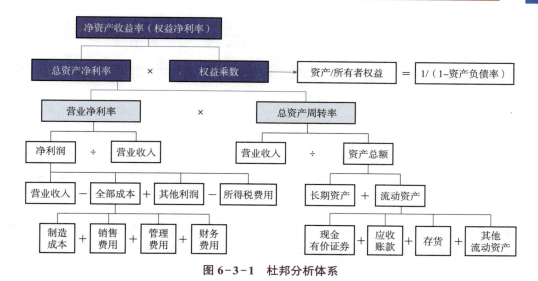

图 6-3-1　杜邦分析体系

表 6-3-1　杜邦分析体系中的各指标计算

指标	数据来源	计算	知识点回顾
营业净利率	表 6-2-2：营业收入 1 116 221 万元，净利润 541 655 万元	$\dfrac{541\ 655}{1\ 116\ 221}\times100\%=49\%$	例 6-2-14
总资产周转率	表 6-2-1：资产总额年初 2 202 037 万元，资产总额年末 3 905 665 万元；表 6-2-2：营业收入 1 116 221 万元	$\dfrac{1\ 116\ 221}{(2\ 202\ 037+3\ 905\ 665)\div2}=0.37$	例 6-2-12
资产负债率	表 6-2-1：资产总额年初 2 202 037 万元，年末 3 905 665 万元；负债总额年初 860 197 万元，年末 1 288 995 万元	$\dfrac{(860\ 197+1\ 288\ 995)\div2}{(2\ 202\ 037+3\ 905\ 665)\div2}=0.35$	例 6-2-4
权益乘数	表 6-2-1：资产总额年初 2 202 037 万元，年末 3 905 665 万元；所有者权益总额年初 1 341 840 万元，年末 2 616 670 万元	$\dfrac{(2\ 202\ 037+3\ 905\ 665)\div2}{(1\ 341\ 840+2\ 616\ 670)\div2}=1.54$	例 6-2-6
净资产收益率	表 6-2-1：所有者权益总额 1 341 840 万元，年末 2 616 670 万元；表 6-2-2：净利润 541 655 万元	$\dfrac{541\ 655}{(1\ 341\ 840+2\ 616\ 670)\div2}=0.27$	例 6-2-16

二、沃尔评分法（Wall Marking Way）

沃尔评分法的产生追溯到 20 世纪初，亚历山大·沃尔在出版的《信用晴雨表研究》和《财务报表比率分析》中提出了信用能力指数的概念，选择了 7 种财务比率，分别给定各指标的比重（总和为 100 分），然后确定标准比率（以行业平均数为基础），将实际比率与标准比率相比，得出相对比率，将此相对比率与各指标比重相乘，得出总评分。

【例 6-3-2】甲公司是一家电力企业，2021 年的财务状况评分结果见表 6-3-2。从表 6-3-2 可知，该企业的综合指数为 100.37，总体财务状况是不错的，综合评分达到标准的要求。

拓展：
作业成本法

表 6-3-2　沃尔综合评分表

财务比率	比重 ①	标准比率 ②	实际比率 ③	相对比率 ④ = ③ ÷ ②	综合指数 ⑤ = ① × ④
流动比率	25	2.00	1.66	0.83	20.75
净资产 / 负债	25	1.50	2.39	1.59	39.75
资产 / 固定资产	15	2.50	1.84	0.736	11.04
营业成本 / 存货	10	8	9.94	1.243	12.43
营业收入 / 应收账款	10	6	8.61	1.435	14.35
营业收入 / 固定资产	10	4	0.55	0.137 5	1.38
营业收入 / 净资产	5	3	0.40	0.133	0.67
合计	100				100.37

　　沃尔评分法从理论上讲存在缺陷，未能证明为什么要选择这 7 个指标，而不是更多或更少些，或者选择其他的财务比率，以及未能证明每个指标所占比重的合理性；从技术上讲也有一个问题，由于相对比率与各指标比重相乘，所以如果当某一个指标严重异常时，会对综合指数产生不符合逻辑的重大影响。

　　尽管沃尔评分法在理论上还有待证明，在技术上也不完善，但由于企业使用此方法评价行之有效，所以该方法还是在实践中被应用。现代社会与沃尔的时代相比，社会背景已有很大的变化，方法也有所更新改进，一般认为，企业财务评价的内容首先是盈利能力，其次是偿债能力，最后是成长能力。

任务评价

工作任务清单	掌握情况	
	会做	熟练
杜邦分析体系的架构		
杜邦分析体系的计算		

任务 4　Python 在财务分析中的应用

一、实施场景

　　本案例应用 Python 建立一个杜邦分析模型。该模型的主要功能：通过人机交互方式，用户输入需要分析的上市公司证券代码，自动从科云大数据中心爬取该上市公司的财务报表资料，对数据清洗和筛选等处理后，使用Python数据分析工具计算杜邦分析各指标，综合分析该上市公司的财务状况及经济效益，并使用画图工具对分析结果进行可视化呈现。

数据来源及主要工具如图6-4-1所示。

图6-4-1　数据来源及主要工具

二、实施要求

（1）通过爬虫获取上市公司财务报表数据，并进行数据清洗；
（2）数据结构DataFrame的创建、读写、筛选、计算和输出；
（3）使用Matplotlib和Pyecharts对分析结果进行可视化呈现。

三、实施步骤

（一）确定需求

人机交互方式确定需要分析的上市公司，根据输入的上市公司证券代码爬取该公司的财务报表资料，输出公司名称，按杜邦分析法筛选相关报表数据并进行指标计算，对分析结果进行可视化呈现。

（1）引入相关库：数据分析工具、画图工具和科云第三方库。代码如下：

```
# 引入数据分析库
import numpy as np
import pandas as pd
# 引入画图工具 matplotlib 和 pyecharts 模块
from matplotlib import pyplot as plt
from pyecharts import options as opts
from pyecharts.charts import Tree
# 引入科云第三方库
from keyun.utils import *
```

（2）建立变量Scode，接收用户输入的上市公司证券代码。代码如下：

```
# 输入需要分析的上市公司证券代码
Scode = str(input(' 请您输入需要分析的上市公司证券代码 :'))
```

（3）在科云数据库中，通过证券代码查找并输出该上市公司名称。代码如下：

```
# 查找并输出需要分析的上市公司名称
url = 'https://keyun-oss.acctedu.com/app/bigdata/2021/company/info/'
df_n = pd.read_json(url + Scode + '.json')
print(' 您要分析的上市公司是: '+df_n.loc['gsmc','jbzl'])
```

（4）本案例以002460为例，输入上市公司证券代码后，从系统爬取并输出上市公司名称，运行结果如下：

```
请您输入需要分析的上市公司证券代码：002460
```

您要分析的上市公司是：002460 江西赣锋锂业股份有限公司

（二）数据采集及处理

建立一个自定义函数 data_craw，该函数功能为爬取上市公司财务资料，进行数据清洗，输出清洗后的财务报表资料，保存后缀名为 _clean.csv 的新文件。

（1）自定义报表爬取及数据清洗函数 data_craw。代码如下：

```
defdata_craw(code):
    # 爬取上市公司财务报表
    url = 'https://keyun－oss.acctedu.com/app/bigdata/2021/company/year/cwbbzy_'
    spider(url + code + '.csv','cwbbzy_' + code + '.csv')
    # 财务报表读写及清洗
    df_c = pd.read_csv('cwbbzy_' + code + '.csv')        # 读取文件
    df_c = df_c.dropna(axis = 1).applymap(dataClean)     # 数据清洗
    df_c.to_csv('' + code + '_c_clean.csv',index = None)  # 输出新文件
    print(' 新文件：' + '' + code + '_c_clean.csv' + ' 已保存！ ')


# 根据上市公司证券代码运行自定义函数 data_craw
data_craw(Scode)
```

（2）根据用户输入的上市公司证券代码，运行自定义函数 data_craw，下载文件名为 cwbbzy_002460.csv 的财务报表资料，输出数据清洗后的新文件 002460_c_clean.csv。运行结果如下：

```
文件：cwbbzy_002460.csv 下载成功！
新文件：002460_c_clean.csv 已保存！
```

（3）输出该上市公司清洗后的财务报表数据（前 5 行）。代码如下：

```
df_c = pd.read_csv('' + Scode + '_c_clean.csv')
    print(df_n.loc['gsmc','jbzl'] + ' 财务数据 ')
df_c.head()
```

运行结果如图 6-4-2 所示。

	报告期	2021-12-31	2020-12-31	2019-12-31	2018-12-31	2017-12-31	2016-12-31	2015-12-31	2014-12-31	2013-12-31	2012-12-31	2011-12-31	2010-12-31	2009-12-31	2008-12-31	2007-12-31
0	营业收入(万元)	1116221.0	552399.0	534172.0	500388.0	438345.0	284412.0	135392.0	86948.0	68627.0	62815.0	47498.0	35972.0	24686.0	24130.0	21045.0
1	营业成本(万元)	671857.0	434305.0	408621.0	319728.0	260942.0	186090.0	105899.0	68375.0	52687.0	49161.0	37472.0	27780.0	18341.0	16880.0	15269.0
2	营业利润(万元)	571887.0	113496.0	47531.0	137051.0	175469.0	57594.0	12950.0	9214.0	7767.0	7015.0	5661.0	4731.0	3892.0	4337.0	3943.0
3	利润总额(万元)	577354.0	112727.0	47447.0	138653.0	173844.0	53442.0	14990.0	10127.0	8610.0	8210.0	6459.0	5149.0	4393.0	5340.0	4421.0
4	所得税费用(万元)	35700.0	6369.0	12108.0	16264.0	26986.0	6900.0	2510.0	1687.0	1655.0	1410.0	1150.0	881.0	1007.0	1448.0	1466.0

图 6-4-2 财务报表数据（前 5 行）

（三）数据分析

杜邦分析法是利用几种主要的财务比率之间的关系来综合地分析企业的财务状况。本模型主要计算下列指标：

营业净利率 = 净利润 / 营业收入。

总资产周转率 = 营业收入 / 平均资产总额。

总资产净利率 = 营业净利率 × 总资产周转率 = 净利润 / 平均资产总额。

资产负债率 = 平均负债总额 / 平均资产总额。

权益乘数 =1/（1 - 资产负债率）。

净资产收益率 = 营业净利率 × 总资产周转率 × 权益乘数 = 总资产净利率 × 权益乘数。

（1）财务报表数据筛选：分析计算 2017—2021 年的杜邦分析财务指标，涉及前后两个期间平均值的计算，选择 2016—2021 年资产负债表中的资产总计和负债总计，利润表中的营业收入和净利润数据。代码如下：

```
# 财务数据筛选：选择近 6 年杜邦分析所需数据项
df_c = pd.read_csv(''+Scode+'_c_clean.csv')
year=['2021 年 ', '2020 年 ', '2019 年 ', '2018 年 ', '2017 年 ', '2016 年 ']
df_c = df_c.set_index(' 报告期 ').loc[[' 净利润（万元）',' 营业收入（万元）',' 资产总计（万元）',' 负债合计（万元）']].iloc[:,:6]
df_c.columns=year
print(df_n.loc['gsmc','jbzl']+' 杜邦分析涉及的主要财务数据 ')
df_c
```

运行结果如图 6-4-3 所示。

报告期	2021年	2020年	2019年	2018年	2017年	2016年
净利润(万元)	541655.0	106358.0	35339.0	122388.0	146858.0	46542.0
营业收入(万元)	1116221.0	552399.0	534172.0	500388.0	438345.0	284412.0
资产总计(万元)	3905665.0	2202037.0	1421303.0	1352072.0	799910.0	380874.0
负债合计(万元)	1288995.0	860197.0	580275.0	554354.0	395593.0	131824.0

图 6-4-3　杜邦分析主要财务数据

（2）使用 for 循环计算 2017—2021 年各杜邦分析指标，并把计算结果储存在自定义变量中。代码如下：

```
# 计算杜邦分析财务比率
# 自定义变量，接收需要计算的各指标
营业净利率,总资产周转率,总资产净利率,资产负债率,权益乘数,净资产收益率 = ([] for i in range(6))
# 杜邦分析各指标计算
for i in range(5):
    x=str(2021-i)+' 年 '
    y=str(2020-i)+' 年 '
    营业净利率 .append(round(df_c.loc[' 净利润（万元）',x]/df_c.loc[' 营业收入（万元）',x],4))
```

```
    总资产周转率 .append(round(df_c.loc[' 营业收入 ( 万元 )',x]*2/(df_c.loc[' 资产总计 ( 万元 )',x]+df_c.loc
[' 资产总计 ( 万元 )',y]),4))
    总资产净利率 .append(round( 营业净利率 [i]* 总资产周转率 [i],4))
    资产负债率 .append(round((df_c.loc[' 负债合计 ( 万元 )',x]+df_c.loc[' 负债合计 ( 万元 )',y])/(df_c.loc[' 资产
总计 ( 万元 )',x]+df_c.loc[' 资产总计 ( 万元 )',y]),4))
    权益乘数 .append(round(1/(1 - 资产负债率 [i]),4))
    净资产收益率 .append(round( 营业净利率 [i]* 总资产周转率 [i]* 权益乘数 [i],4))


    # 把分析结果转换为 DataFrame 数据结构
    df=pd.DataFrame([ 营业净利率 , 总资产周转率 , 总资产净利率 , 资产负债率 , 权益乘数 , 净资产收益
率 ], columns=year[0:5], index=[' 营业净利率 ',' 总资产周转率 ',' 总资产净利率 ',' 资产负债率 ',' 权益乘数 ',
' 净资产收益率 '])
    # 显示杜邦分析分析结果
    print(df_n.loc['gsmc','jbzl']+'2017 - 2021 年各杜邦分析指标 ')
    df
```

运行结果如图 6-4-4 所示。

（四）数据可视化

根据数据分析结果，使用 Python 画图工具对该上市公司的杜邦分析各指标进行可视化呈现。

（1）使用 Pyecharts 绘制杜邦分析-2021 年财务比率树图。代码如下：

	2021年	2020年	2019年	2018年	2017年
营业净利率	0.4853	0.1925	0.0662	0.2446	0.3350
总资产周转率	0.3655	0.3049	0.3852	0.4650	0.7425
总资产净利率	0.1774	0.0587	0.0255	0.1137	0.2487
资产负债率	0.3519	0.3976	0.4091	0.4414	0.4467
权益乘数	1.5430	1.6600	1.6923	1.7902	1.8073
净资产收益率	0.2737	0.0974	0.0432	0.2036	0.4495

图 6-4-4　杜邦指标分析结果

```
    # 绘制杜邦分析-2021 年财务比率树图
    date = [{ 'children': [
            {'children':[{'name': ' 营业净利率 {:.2%}'.format(df.loc[' 营业净利率 ','2021 年 '])},
                {'name': ' 总资产周转率 {:.2%}'.format(df.loc[' 总资产周转率 ','2021 年 '])}],
            'name': ' 总资产净利率 {:.2%}'.format(df.loc[' 总资产净利率 ','2021 年 ']),},
            { 'name': ' 权益乘数 {:.2%}'.format(df.loc[' 权益乘数 ','2021 年 ']),},],
        'name': ' 净资产收益率 {:.2%}'.format(df.loc[' 净资产收益率 ','2021 年 ']),}]

    c = (Tree(init_opts=opts.InitOpts(width='900px',height='400px',bg_color='LightYellow'))
        .add('',date, pos_top='20%',
            symbol='roundRect',                                          # 节点图形
            symbol_size =[150,50],
            orient = 'TB',                                               # 竖直展示
            leaves_label_opts=opts.LabelOpts(position='inside'),         # 末端节点文本标签
            label_opts=opts.LabelOpts(position='inside', font_size=15))  # 普通节点文本标
        .set_global_opts(title_opts=opts.TitleOpts(title=' 杜邦分析 -2021 年财务比率 ',pos_right='33%')) # 标题
        .render_notebook())
    c
```

运行结果如图 6-4-5 所示。

图 6-4-5　杜邦分析财务比率树图

（2）根据杜邦分析涉及的主要财务数据，使用 Matplotlib 绘制柱状对比图。代码如下：

```
# 绘制 2017-2021 五年的资产、负债、营业收入和净利润的柱状对比图
# 创建画布
plt.figure(figsize=(10,5),dpi=100)
# 指定数据
x=np.arange(len(year))
plt.bar(x,round(df_c.loc[' 资产总计 ( 万元 )']/10000,2),label=' 资产总计 ',width=0.3,color = 'r')
plt.bar(x+0.2,round(df_c.loc[' 负债合计 ( 万元 )']/10000,2),label=' 负债合计 ',width=0.3)
plt.bar(x+0.4,round(df_c.loc[' 营业收入 ( 万元 )']/10000,2),label=' 营业收入 ',width=0.3)
plt.bar(x+0.6,round(df_c.loc[' 净利润 ( 万元 )']/10000,2),label=' 净利润 ',width=0.3)
# 设置标签、标题等
plt.xlabel(' 年份 ')
plt.ylabel(' 金额 ')
plt.title(' 资产总计 & 负债合计 & 营业收入 & 净利润 ( 亿元 )')
plt.xticks(x,year)
plt.legend()
# 显示图形
plt.show()
```

运行结果如图 6-4-6 所示。

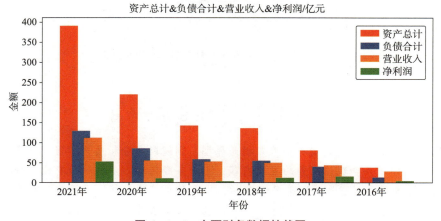

图 6-4-6　主要财务数据柱状图

（3）使用 Matplotlib 绘制 2017—2021 年的杜邦指标各种指标走势图。

```
#绘制该上市公司 2017-2021 五年的杜邦分析各种指标走势图
#创建画布
plt.figure(figsize=(10,6),dpi=100)
#指定数据
plt.plot(year[0:5],df.loc[' 营业净利率 '],label=' 营业净利率 ',linewidth=2,marker='s')
plt.plot(year[0:5],df.loc[' 总资产周转率 '],label=' 总资产周转率 ',linewidth=2,marker='s')
plt.plot(year[0:5],df.loc[' 总资产净利率 '],label=' 总资产净利率 ',linewidth=2,marker='s')
plt.plot(year[0:5],df.loc[' 资产负债率 '],label=' 资产负债率 ',linewidth=2,marker='s')
plt.plot(year[0:5],df.loc[' 权益乘数 '],label=' 权益乘数 ',linewidth=2,marker='s')
plt.plot(year[0:5],df.loc[' 净资产收益率 '],label=' 净资产收益率 ',linewidth=2,marker='s',color = 'r')
#设置标签、标题等
plt.xlabel(' 年份 ')
plt.ylabel(' 比率 ')
plt.title(' 杜邦分析各种指标走势图 ')
plt.xticks(year[0:5])
plt.legend()
#显示图形
plt.show()
```

2017—2021 年杜邦指标分析走势图如图 6-4-7 所示。

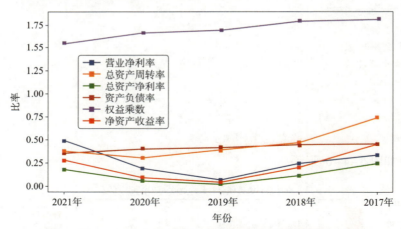

图 6-4-7　2017—2021 年杜邦指标分析走势图

工作领域小结

　　本工作领域以真实企业的财务报表数据为原型，围绕财务分析展开学习，其中包含三个理论任务和一个实训任务。理论任务的主要内容：①财务分析的方法，一般有比较分析法、比率分析法和因素分析法等；②财务报表基础分析，包括偿债能力分析、营运能力分析、盈利能力分析、发展能力分析和现金流量分析五个方面；③财务报表综合分析方法，包括杜邦分析法和沃尔评分法。实训任务则借助厦门科云财经大数据分析平台，将 Python 技术手段融入财务报表分析，为将来能高效精准地进行财务分析工作打下基础。

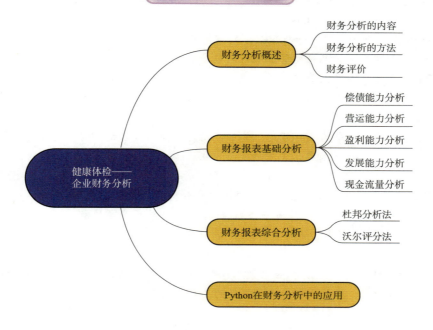

工作领域思维导图

健康体检——企业财务分析

- 财务分析概述
  - 财务分析的内容
  - 财务分析的方法
  - 财务评价
- 财务报表基础分析
  - 偿债能力分析
  - 营运能力分析
  - 盈利能力分析
  - 发展能力分析
  - 现金流量分析
- 财务报表综合分析
  - 杜邦分析法
  - 沃尔评分法
- Python在财务分析中的应用

实施效果检测

一、单项选择题

1. 在下列财务分析主体中，必须对企业运营能力、偿债能力、获利能力及发展能力的全部信息予以详尽了解和掌握的是（　　）。

A. 企业所有者 　　　　　　　　　　B. 企业债权人

C. 企业经营决策者 　　　　　　　　D. 政府

2. 下列财务指标中，最能反映企业即时偿付短期债务能力的是（　　）。

A. 资产负债率　　　　B. 流动比率　　　　C. 权益乘数　　　　D. 现金比率

3. 甲公司的流动资产由速动资产和存货组成，年末流动资产为70万元，年末流动比率为2，年末速动比率为1，则年末存货余额为（　　）万元。

A. 70　　　　　　　　B. 45　　　　　　　　C. 35　　　　　　　　D. 15

4. 甲公司2022年的营业收入为5 000万元，年初应收账款余额为200万元，年末应收账款余额为800万元，坏账准备按应收账款余额的8%计提。每年按360天计算，则该公司的应收账款周转天数为（　　）天。

A. 15　　　　　　　　B. 36　　　　　　　　C. 22　　　　　　　　D. 24

5. 甲公司2022年的营业净利率比2021年下降6%，总资产周转率提高8%，假定其他条件与2021年相同，那么甲公司2022年的净资产收益率比2021年提高（　　）。

A. 4.5%　　　　　　　B. 5.5%　　　　　　　C. 1.52%　　　　　　　D. 10.5%

6. 下列选项中，不是衡量企业发展能力的主要指标的是（　　）。

A. 净资产收益率 　　　　　　　　B. 所有者权益增长率

C. 资本保值增值率 　　　　　　　　D. 营业收入增长率

7. 甲公司 2022 年的净利润为 1 000 万元，非经营净收益 200 万元，非付现费用 800 万元，经营活动现金流量净额为 2 000 万元，那么，现金营运指数为（　　）。

    A. 1.25　　　　　　B. 0.5　　　　　　C. 0.75　　　　　　D. 1.15

8. 关于企业盈利能力指标的分析中，下列错误的是（　　）。

    A. 营业毛利率反映产品每元营业收入所包含的毛利润是多少

    B. 营业净利率反映产品最终的盈利能力

    C. 营业净利率反映每元营业收入最终赚取了多少利润

    D. 总资产净利率是杜邦财务指标体系的核心

9. 已知甲企业的总负债为 500 万元，其中流动负债为 100 万元，则流动负债占总负债的比例为 20%。这里的 20% 属于财务比率中的（　　）。

    A. 效率比率　　　　B. 相关比率　　　　C. 结构比率　　　　D. 动态比率

10. 在杜邦财务分析体系中，综合性最强的财务分析指标是（　　）。

    A. 营业净利率　　　B. 净资产收益率　　　C. 总资产净利率　　　D. 总资产周转率

二、多项选择题

1. 下列财务指标中，可以反映长期偿债能力的有（　　）。

    A. 总资产周转率　　　B. 权益乘数　　　C. 产权比率　　　D. 资产负债率

2. 关于资产负债率、产权比率、权益乘数的关系中，下列说法正确的有（　　）。

    A. 权益乘数 ＝1/ 产权比率

    B. 权益乘数 ＝1/（1－ 资产负债率）

    C. 产权比率越大，权益乘数越小

    D. 资产负债率、产权比率和权益乘数三者是同方向变化的指标

3. 在其他条件不变的情况下，会引起总资产周转率指标上升的经济业务有（　　）。

    A. 用银行存款偿还负债　　　　　　B. 用现金购置一项固定资产

    C. 借入一笔短期借款　　　　　　　D. 用银行存款支付一年的电费

4. 关于企业营运能力的分析中，下列正确的有（　　）。

    A. 存货周转率不能说明企业经营各环节的存货周转情况和管理水平

    B. 在营业收入既定的情况下，总资产周转率的驱动因素是各项资产

    C. 一定时期内固定资产周转次数多，说明企业固定资产利用效率不高

    D. 在一定时期内，流动资产周转次数越多，表明流动资产利用效果越好

5. 总资产净利率衡量的是企业资产的盈利能力，企业提高总资产净利率的方法有（　　）。

    A. 提高营业净利率　　　　　　　　B. 降低营业毛利率

    C. 降低资产周转速度　　　　　　　D. 加速资产周转速度

6. 目前我国会计准则要求企业披露的财务汇报包含（　　）等。

    A. 资产负债表　　　　　　　　　　B. 利润表

    C. 现金流量表　　　　　　　　　　D. 所有者权益变动表

7. 财务综合分析的方法包含（　　）。

    A. 比率分析法　　　B. 沃尔评分法　　　C. 杜邦财务分析法　　　D. 趋势分析法

8. 财务分析的内容包含（　　）。

    A. 偿债能力分析　　　B. 发展能力分析　　　C. 盈利能力分析　　　D. 营运能力分析

9. 通过对资产负债表和利润表有关资料进行分析，计算相关指标，可以（　　）。

    A. 了解企业的资产结构和负债水平是否合理

B. 判断企业的偿债能力

C. 判断企业的营运能力

D. 揭示企业在财务状况方面可能存在的问题

10. 一般来说，存货周转次数增加，其所反映的信息有（　　　　）。

　A. 盈利能力下降　　　　　　　　　　B. 存货周转期延长

　C. 存货流动性增强　　　　　　　　　D. 资产管理效率提高

三、判断题

1. 计算利息保障倍数时，其中的"应付利息"既包括当期计入财务费用中的利息费用，也包括计入固定资产成本的资本化利息。（　　　　）

2. 净资产收益率是指净利润与净资产平均数的比值，反映平均每元投资所创造的利润。（　　　　）

3. 净收益营运指数反映企业经营活动现金流量净额与企业经营所得现金的比值。（　　　　）

4. 短期偿债能力是指企业归还流动负债的能力，也称为企业流动性分析。（　　　　）

5. 总资产收益率等于销售净利率乘以总资产周转天数。（　　　　）

6. 基本每股收益 = 归属于普通股股东的净利润 / 发行在外的普通股股数；每股净资产 = 期末普通股净资产 / 期末发行在外的普通股加权平均数。（　　　　）

7. 使用沃尔分析法，当某一个指标严重异常时，会对综合指数产生不合逻辑的重大影响。（　　　　）

8. 权益乘数主要受资产负债率指标的影响，资产负债率越高，权益乘数就越高，说明企业的负债程度越低，杠杆效应越小。（　　　　）

9. 流动资产周转率属于财务绩效定量评价指标中评价企业资产质量状况的基本指标。（　　　　）

10. 一般来说，市盈率高，说明投资者情愿出更高的价格购置该公司股票，对该公司的发展前景看好，但股票的投资风险也较大。（　　　　）

四、计算题

1. 某公司 2022 年甲产品某种原材料费用的有关资料如下表所示。

项目	单位	计划数	实际数
产品产量	件	100	110
单位产品材料消耗量	千克	10	8
材料单价	元	6	7
材料费用总额	元	6 000	6 160

要求：用因素分析法（连环替代法和差额分析法）对甲产品材料费用变化原因进行分析。

2. A 公司的相关资料如下：2022 年度营业收入为 20 000 万元，营业成本为 12 000 万元，利润总额为 3 000 万元，净利润为 2 000 万元，财务费用中的利息费用为 1 100 万元，非经营净收益为 400 万元。另外，资本化的利息支出为 540 万元。A 公司 2022 年年初存货余额为 900 万元，2022 年年末存货余额为 1 500 万元。A 公司 2022 年年末股东权益为 16 000 万元，年末发行在外的普通股股数为 10 000 万股，年末每股市价为 4.8 元。要求：

（1）计算 A 公司的营业毛利率；

（2）计算 A 公司的存货周转率；

（3）计算 A 公司的利息保障倍数；

（4）计算 A 公司的净收益营运指数；

（5）计算 A 公司 2022 年年末市净率。

附录 财务成本管理用系数表

附表 1 复利现值系数表——(P/f, i, n)

期数 (n)	1%	2%	3%	4%	5%	6%	7%	8%	9%	10%	11%	12%	13%	14%	15%	16%	17%	18%	19%	20%	21%	22%	23%	24%	25%	26%	27%	28%	29%	30%
1	0.9901	0.9804	0.9709	0.9615	0.9524	0.9434	0.9346	0.9259	0.9174	0.9091	0.9009	0.8929	0.8850	0.8772	0.8696	0.8621	0.8547	0.8475	0.8403	0.8333	0.8264	0.8197	0.8130	0.8065	0.8000	0.7937	0.7874	0.7813	0.7752	0.7692
2	0.9803	0.9612	0.9426	0.9246	0.9070	0.8900	0.8734	0.8573	0.8417	0.8264	0.8116	0.7972	0.7831	0.7695	0.7561	0.7432	0.7305	0.7182	0.7062	0.6944	0.6830	0.6719	0.6610	0.6504	0.6400	0.6299	0.6200	0.6104	0.6009	0.5917
3	0.9706	0.9423	0.9151	0.8890	0.8638	0.8396	0.8163	0.7938	0.7722	0.7513	0.7312	0.7118	0.6931	0.6750	0.6575	0.6407	0.6244	0.6086	0.5934	0.5787	0.5645	0.5507	0.5374	0.5245	0.5120	0.4999	0.4882	0.4768	0.4658	0.4552
4	0.9610	0.9238	0.8885	0.8548	0.8227	0.7921	0.7629	0.7350	0.7084	0.6830	0.6587	0.6355	0.6133	0.5921	0.5718	0.5523	0.5337	0.5158	0.4987	0.4823	0.4665	0.4514	0.4369	0.4230	0.4096	0.3968	0.3844	0.3725	0.3611	0.3501
5	0.9515	0.9057	0.8626	0.8219	0.7835	0.7473	0.7130	0.6806	0.6499	0.6209	0.5935	0.5674	0.5428	0.5194	0.4972	0.4761	0.4561	0.4371	0.4190	0.4019	0.3855	0.3700	0.3552	0.3411	0.3277	0.3149	0.3027	0.2910	0.2799	0.2693
6	0.9420	0.8880	0.8375	0.7903	0.7462	0.7050	0.6663	0.6302	0.5963	0.5645	0.5346	0.5066	0.4803	0.4556	0.4323	0.4104	0.3898	0.3704	0.3521	0.3349	0.3186	0.3033	0.2888	0.2751	0.2621	0.2499	0.2383	0.2274	0.2170	0.2072
7	0.9327	0.8706	0.8131	0.7599	0.7107	0.6651	0.6227	0.5835	0.5470	0.5132	0.4817	0.4523	0.4251	0.3996	0.3759	0.3538	0.3332	0.3139	0.2959	0.2791	0.2633	0.2486	0.2348	0.2218	0.2097	0.1983	0.1877	0.1776	0.1682	0.1594
8	0.9235	0.8535	0.7894	0.7307	0.6768	0.6274	0.5820	0.5403	0.5019	0.4665	0.4339	0.4039	0.3762	0.3506	0.3269	0.3050	0.2848	0.2660	0.2487	0.2326	0.2176	0.2038	0.1909	0.1789	0.1678	0.1574	0.1478	0.1388	0.1304	0.1226
9	0.9143	0.8368	0.7664	0.7026	0.6446	0.5919	0.5439	0.5002	0.4604	0.4241	0.3909	0.3606	0.3329	0.3075	0.2843	0.2630	0.2434	0.2255	0.2090	0.1938	0.1799	0.1670	0.1552	0.1443	0.1342	0.1249	0.1164	0.1084	0.1011	0.0943
10	0.9053	0.8203	0.7441	0.6756	0.6139	0.5584	0.5083	0.4632	0.4224	0.3855	0.3522	0.3220	0.2946	0.2697	0.2472	0.2267	0.2080	0.1911	0.1756	0.1615	0.1486	0.1369	0.1262	0.1164	0.1074	0.0992	0.0916	0.0847	0.0784	0.0725
11	0.8963	0.8043	0.7224	0.6496	0.5847	0.5268	0.4751	0.4289	0.3875	0.3505	0.3173	0.2875	0.2607	0.2366	0.2149	0.1954	0.1778	0.1619	0.1476	0.1346	0.1228	0.1122	0.1026	0.0938	0.0859	0.0787	0.0721	0.0662	0.0607	0.0558
12	0.8874	0.7885	0.7014	0.6246	0.5568	0.4970	0.4440	0.3971	0.3555	0.3186	0.2858	0.2567	0.2307	0.2076	0.1869	0.1685	0.1520	0.1372	0.1240	0.1122	0.1015	0.0920	0.0834	0.0757	0.0687	0.0625	0.0568	0.0517	0.0471	0.0429
13	0.8787	0.7730	0.6810	0.6006	0.5303	0.4688	0.4150	0.3677	0.3262	0.2897	0.2575	0.2292	0.2042	0.1821	0.1625	0.1452	0.1299	0.1163	0.1042	0.0935	0.0839	0.0754	0.0678	0.0610	0.0550	0.0496	0.0447	0.0404	0.0365	0.0330
14	0.8700	0.7579	0.6611	0.5775	0.5051	0.4423	0.3878	0.3405	0.2992	0.2633	0.2320	0.2046	0.1807	0.1597	0.1413	0.1252	0.1110	0.0985	0.0876	0.0779	0.0693	0.0618	0.0551	0.0492	0.0440	0.0393	0.0352	0.0316	0.0283	0.0254
15	0.8613	0.7430	0.6419	0.5553	0.4810	0.4173	0.3624	0.3152	0.2745	0.2394	0.2090	0.1827	0.1599	0.1401	0.1229	0.1079	0.0949	0.0835	0.0736	0.0649	0.0573	0.0507	0.0448	0.0397	0.0352	0.0312	0.0277	0.0247	0.0219	0.0195
16	0.8528	0.7284	0.6232	0.5339	0.4581	0.3936	0.3387	0.2919	0.2519	0.2176	0.1883	0.1631	0.1415	0.1229	0.1069	0.0930	0.0811	0.0708	0.0618	0.0541	0.0474	0.0415	0.0364	0.0320	0.0281	0.0248	0.0218	0.0193	0.0170	0.0150
17	0.8444	0.7142	0.6050	0.5134	0.4363	0.3714	0.3166	0.2703	0.2311	0.1978	0.1696	0.1456	0.1252	0.1078	0.0929	0.0802	0.0693	0.0600	0.0520	0.0451	0.0391	0.0340	0.0296	0.0258	0.0225	0.0197	0.0172	0.0150	0.0132	0.0116
18	0.8360	0.7002	0.5874	0.4936	0.4155	0.3503	0.2959	0.2502	0.2120	0.1799	0.1528	0.1300	0.1108	0.0946	0.0808	0.0691	0.0592	0.0508	0.0437	0.0376	0.0323	0.0279	0.0241	0.0208	0.0180	0.0156	0.0135	0.0118	0.0102	0.0089
19	0.8277	0.6864	0.5703	0.4746	0.3957	0.3305	0.2765	0.2317	0.1945	0.1635	0.1377	0.1161	0.0981	0.0829	0.0703	0.0596	0.0506	0.0431	0.0367	0.0313	0.0267	0.0229	0.0196	0.0168	0.0144	0.0124	0.0107	0.0092	0.0079	0.0068
20	0.8195	0.6730	0.5537	0.4564	0.3769	0.3118	0.2584	0.2145	0.1784	0.1486	0.1240	0.1037	0.0868	0.0728	0.0611	0.0514	0.0433	0.0365	0.0308	0.0261	0.0221	0.0187	0.0159	0.0135	0.0115	0.0098	0.0084	0.0072	0.0061	0.0053
21	0.8114	0.6598	0.5375	0.4388	0.3589	0.2942	0.2415	0.1987	0.1637	0.1351	0.1117	0.0926	0.0768	0.0638	0.0531	0.0443	0.0370	0.0309	0.0259	0.0217	0.0183	0.0154	0.0129	0.0109	0.0092	0.0078	0.0066	0.0056	0.0048	0.0040
22	0.8034	0.6468	0.5219	0.4220	0.3418	0.2775	0.2257	0.1839	0.1502	0.1228	0.1007	0.0826	0.0680	0.0560	0.0462	0.0382	0.0316	0.0262	0.0218	0.0181	0.0151	0.0126	0.0105	0.0088	0.0074	0.0062	0.0052	0.0044	0.0037	0.0031
23	0.7954	0.6342	0.5067	0.4057	0.3256	0.2618	0.2109	0.1703	0.1378	0.1117	0.0907	0.0738	0.0601	0.0491	0.0402	0.0329	0.0270	0.0222	0.0183	0.0151	0.0125	0.0103	0.0086	0.0071	0.0059	0.0049	0.0041	0.0034	0.0029	0.0024
24	0.7876	0.6217	0.4919	0.3901	0.3101	0.2470	0.1971	0.1577	0.1264	0.1015	0.0817	0.0659	0.0532	0.0431	0.0349	0.0284	0.0231	0.0188	0.0154	0.0126	0.0103	0.0085	0.0070	0.0057	0.0047	0.0039	0.0032	0.0027	0.0022	0.0018
25	0.7798	0.6095	0.4776	0.3751	0.2953	0.2330	0.1842	0.1460	0.1160	0.0923	0.0736	0.0588	0.0471	0.0378	0.0304	0.0245	0.0197	0.0160	0.0129	0.0105	0.0085	0.0069	0.0057	0.0046	0.0038	0.0031	0.0025	0.0021	0.0017	0.0014
26	0.7720	0.5976	0.4637	0.3607	0.2812	0.2198	0.1722	0.1352	0.1064	0.0839	0.0663	0.0525	0.0417	0.0331	0.0264	0.0211	0.0169	0.0135	0.0109	0.0087	0.0070	0.0057	0.0046	0.0037	0.0030	0.0025	0.0020	0.0016	0.0013	0.0011
27	0.7644	0.5859	0.4502	0.3468	0.2678	0.2074	0.1609	0.1252	0.0976	0.0763	0.0597	0.0469	0.0369	0.0291	0.0230	0.0182	0.0144	0.0115	0.0091	0.0073	0.0058	0.0047	0.0037	0.0030	0.0024	0.0019	0.0016	0.0013	0.0010	0.0008
28	0.7568	0.5744	0.4371	0.3335	0.2551	0.1956	0.1504	0.1159	0.0895	0.0693	0.0538	0.0419	0.0326	0.0255	0.0200	0.0157	0.0123	0.0097	0.0077	0.0061	0.0048	0.0038	0.0030	0.0024	0.0019	0.0015	0.0012	0.0010	0.0008	0.0006
29	0.7493	0.5631	0.4243	0.3207	0.2429	0.1846	0.1406	0.1073	0.0822	0.0630	0.0485	0.0374	0.0289	0.0224	0.0174	0.0135	0.0105	0.0082	0.0064	0.0051	0.0040	0.0031	0.0025	0.0020	0.0015	0.0012	0.0010	0.0008	0.0006	0.0005
30	0.7419	0.5521	0.4120	0.3083	0.2314	0.1741	0.1314	0.0994	0.0754	0.0573	0.0437	0.0334	0.0256	0.0196	0.0151	0.0116	0.0090	0.0070	0.0054	0.0042	0.0033	0.0026	0.0020	0.0016	0.0012	0.0010	0.0008	0.0006	0.0005	0.0004

附表 2　复利终值系数表 ——（F/p, i, n）

期数	1%	2%	3%	4%	5%	6%	7%	8%	9%	10%	11%	12%	13%	14%	15%	16%	17%	18%	19%	20%	21%	22%	23%	24%	25%	26%	27%	28%	29%	30%
1	1.0100	1.0200	1.0300	1.0400	1.0500	1.0600	1.0700	1.0800	1.0900	1.1000	1.1100	1.1200	1.1300	1.1400	1.1500	1.1600	1.1700	1.1800	1.1900	1.2000	1.2100	1.2200	1.2300	1.2400	1.2500	1.2600	1.2700	1.2800	1.2900	1.3000
2	1.0201	1.0404	1.0609	1.0816	1.1025	1.1236	1.1449	1.1664	1.1881	1.2100	1.2321	1.2544	1.2769	1.2996	1.3225	1.3456	1.3689	1.3924	1.4161	1.4400	1.4641	1.4884	1.5129	1.5376	1.5625	1.5876	1.6129	1.6384	1.6641	1.6900
3	1.0303	1.0612	1.0927	1.1249	1.1576	1.1910	1.2250	1.2597	1.2950	1.3310	1.3676	1.4049	1.4429	1.4815	1.5209	1.5609	1.6016	1.6430	1.6852	1.7280	1.7716	1.8158	1.8609	1.9066	1.9531	2.0004	2.0484	2.0972	2.1467	2.1970
4	1.0406	1.0824	1.1255	1.1699	1.2155	1.2625	1.3108	1.3605	1.4116	1.4641	1.5181	1.5735	1.6305	1.6890	1.7490	1.8106	1.8739	1.9388	2.0053	2.0736	2.1436	2.2153	2.2889	2.3642	2.4414	2.5205	2.6014	2.6844	2.7692	2.8561
5	1.0510	1.1041	1.1593	1.2167	1.2763	1.3382	1.4026	1.4693	1.5386	1.6105	1.6851	1.7623	1.8424	1.9254	2.0114	2.1003	2.1924	2.2878	2.3864	2.4883	2.5937	2.7027	2.8153	2.9316	3.0518	3.1758	3.3038	3.4360	3.5723	3.7129
6	1.0615	1.1262	1.1941	1.2653	1.3401	1.4185	1.5007	1.5869	1.6771	1.7716	1.8704	1.9738	2.0820	2.1950	2.3131	2.4364	2.5652	2.6996	2.8398	2.9860	3.1384	3.2973	3.4628	3.6352	3.8147	4.0015	4.1959	4.3980	4.6083	4.8268
7	1.0721	1.1487	1.2299	1.3159	1.4071	1.5036	1.6058	1.7138	1.8280	1.9487	2.0762	2.2107	2.3526	2.5023	2.6600	2.8262	3.0012	3.1855	3.3793	3.5832	3.7975	4.0227	4.2593	4.5077	4.7684	5.0419	5.3288	5.6295	5.9447	6.2749
8	1.0829	1.1717	1.2668	1.3686	1.4775	1.5938	1.7182	1.8509	1.9926	2.1436	2.3045	2.4760	2.6584	2.8526	3.0590	3.2784	3.5115	3.7589	4.0214	4.2998	4.5950	4.9077	5.2389	5.5895	5.9605	6.3528	6.7675	7.2058	7.6686	8.1573
9	1.0937	1.1951	1.3048	1.4233	1.5513	1.6895	1.8385	1.9990	2.1719	2.3579	2.5580	2.7731	3.0040	3.2519	3.5179	3.8030	4.1084	4.4355	4.7854	5.1598	5.5599	5.9874	6.4439	6.9310	7.4506	8.0045	8.5948	9.2234	9.8925	10.6045
10	1.1046	1.2190	1.3439	1.4802	1.6289	1.7908	1.9672	2.1589	2.3674	2.5937	2.8394	3.1058	3.3946	3.7072	4.0456	4.4114	4.8068	5.2338	5.6947	6.1917	6.7275	7.3046	7.9259	8.5944	9.3132	10.0857	10.9153	11.8059	12.7614	13.7858
11	1.1157	1.2434	1.3842	1.5395	1.7103	1.8983	2.1049	2.3316	2.5804	2.8531	3.1518	3.4785	3.8359	4.2262	4.6524	5.1173	5.6240	6.1759	6.7767	7.4301	8.1403	8.9117	9.7489	10.6571	11.6415	12.7080	13.8625	15.1116	16.4622	17.9216
12	1.1268	1.2682	1.4258	1.6010	1.7959	2.0122	2.2522	2.5182	2.8127	3.1384	3.4985	3.8960	4.3345	4.8179	5.3503	5.9360	6.5801	7.2876	8.0642	8.9161	9.8497	10.8722	11.9912	13.2148	14.5519	16.0120	17.6053	19.3428	21.2362	23.2981
13	1.1381	1.2936	1.4685	1.6651	1.8856	2.1329	2.4098	2.7196	3.0658	3.4523	3.8833	4.3635	4.8980	5.4924	6.1528	6.8858	7.6987	8.5994	9.5964	10.6993	11.9182	13.2641	14.7491	16.3863	18.1899	20.1752	22.3588	24.7588	27.3947	30.2875
14	1.1495	1.3195	1.5126	1.7317	1.9799	2.2609	2.5785	2.9372	3.3417	3.7975	4.3104	4.8871	5.5348	6.2613	7.0757	7.9875	9.0075	10.1472	11.4198	12.8392	14.4210	16.1822	18.1444	20.3191	22.7374	25.4207	28.3957	31.6913	35.3391	39.3738
15	1.1610	1.3459	1.5580	1.8009	2.0789	2.3966	2.7590	3.1722	3.6425	4.1772	4.7846	5.4736	6.2543	7.1379	8.1371	9.2655	10.5387	11.9737	13.5895	15.4070	17.4494	19.7423	22.3140	25.1956	28.4217	32.0301	36.0625	40.5648	45.5875	51.1859
16	1.1726	1.3728	1.6047	1.8730	2.1829	2.5404	2.9522	3.4259	3.9703	4.5950	5.3109	6.1304	7.0673	8.1372	9.3576	10.7480	12.3303	14.1290	16.1715	18.4884	21.1138	24.0856	27.4462	31.2426	35.5271	40.3579	45.7994	51.9230	58.8079	66.5417
17	1.1843	1.4002	1.6528	1.9479	2.2920	2.6928	3.1588	3.7000	4.3276	5.0545	5.8951	6.8660	7.9861	9.2765	10.7613	12.4677	14.4265	16.6722	19.2441	22.1861	25.5477	29.3844	33.7588	38.7408	44.4089	50.8510	58.1652	66.4614	75.8621	86.5042
18	1.1961	1.4282	1.7024	2.0258	2.4066	2.8543	3.3799	3.9960	4.7171	5.5599	6.5436	7.6900	9.0243	10.5752	12.3755	14.4625	16.8790	19.6733	22.9005	26.6233	30.9127	35.8490	41.5233	48.0386	55.5112	64.0722	73.8698	85.0706	97.8622	112.4554
19	1.2081	1.4568	1.7535	2.1068	2.5270	3.0256	3.6165	4.3157	5.1417	6.1159	7.2633	8.6128	10.1974	12.0557	14.2318	16.7765	19.7484	23.2144	27.2516	31.9480	37.4043	43.7358	51.0737	59.5679	69.3889	80.7310	93.8147	108.8904	126.2423	146.1920
20	1.2202	1.4859	1.8061	2.1911	2.6533	3.2071	3.8697	4.6610	5.6044	6.7275	8.0623	9.6463	11.5231	13.7435	16.3665	19.4608	23.1056	27.3930	32.4294	38.3376	45.2593	53.3576	62.8206	73.8641	86.7362	101.7211	119.1446	139.3797	162.8524	190.0496
21	1.2324	1.5157	1.8603	2.2788	2.7860	3.3996	4.1406	5.0338	6.1088	7.4002	8.9492	10.8038	13.0211	15.6676	18.8215	22.5745	27.0336	32.3238	38.5910	46.0051	54.7637	65.0963	77.2694	91.5915	108.4202	128.1685	151.3137	178.4060	210.0796	247.0645
22	1.2447	1.5460	1.9161	2.3699	2.9253	3.6035	4.4304	5.4365	6.6586	8.1403	9.9336	12.1003	14.7138	17.8610	21.6447	26.1864	31.6293	38.1421	45.9233	55.2061	66.2641	79.4175	95.0413	113.5735	135.5253	161.4924	192.1683	228.3596	271.0027	321.1839
23	1.2572	1.5769	1.9736	2.4647	3.0715	3.8197	4.7405	5.8715	7.2579	8.9543	11.0263	13.5523	16.6266	20.3616	24.8915	30.3762	37.0062	45.0076	54.6487	66.2474	80.1795	96.8894	116.9008	140.8312	169.4066	203.4804	244.0538	292.3003	349.5935	417.5391
24	1.2697	1.6084	2.0328	2.5633	3.2251	4.0489	5.0724	6.3412	7.9111	9.8497	12.2392	15.1786	18.7881	23.2122	28.6252	35.2364	43.2973	53.1090	65.0320	79.4968	97.0172	118.2050	143.7880	174.6306	211.7582	256.3853	309.9483	374.1444	450.9756	542.8008
25	1.2824	1.6406	2.0938	2.6658	3.3864	4.2919	5.4274	6.8485	8.6231	10.8347	13.5855	17.0001	21.2305	26.4619	32.9190	40.8742	50.6578	62.6686	77.3881	95.3962	117.3909	144.2101	176.8593	216.5420	264.6978	323.0454	393.6344	478.9049	581.7585	705.6410
26	1.2953	1.6734	2.1566	2.7725	3.5557	4.5494	5.8074	7.3964	9.3992	11.9182	15.0799	19.0401	23.9905	30.1666	37.8568	47.4141	59.2697	73.9490	92.0918	114.4755	142.0429	175.9364	217.5369	268.5121	330.8722	407.0373	499.9157	612.9982	750.4685	917.3333
27	1.3082	1.7069	2.2213	2.8834	3.7335	4.8223	6.2139	7.9881	10.2451	13.1100	16.7386	21.3249	27.1093	34.3899	43.5353	55.0004	69.3455	87.2598	109.5893	137.3706	171.8719	214.6424	267.5704	332.9550	413.5901	512.8670	634.8929	784.6377	968.1044	1192.5333
28	1.3213	1.7410	2.2879	2.9987	3.9201	5.1117	6.6488	8.6271	11.1671	14.4210	18.5799	23.8839	30.6335	39.2045	50.0656	63.8004	81.1342	102.9666	130.4112	164.8447	207.9651	261.8637	329.1115	412.8642	516.9879	646.2124	806.3140	1004.3363	1248.8546	1550.2933
29	1.3345	1.7758	2.3566	3.1187	4.1161	5.4184	7.1143	9.3173	12.1722	15.8631	20.6237	26.7499	34.6158	44.6931	57.5755	74.0085	94.9271	121.5005	155.1893	197.8136	251.6377	319.4737	404.8072	511.9516	646.2349	814.2276	1024.0187	1285.5504	1611.0225	2015.3813
30	1.3478	1.8114	2.4273	3.2434	4.3219	5.7435	7.6123	10.0627	13.2677	17.4494	22.8923	29.9599	39.1159	50.9502	66.2118	85.8499	111.0647	143.3706	184.6753	237.3763	304.4816	389.7559	497.9129	634.8199	807.7936	1025.9267	1300.5038	1645.5046	2078.2190	2619.9956

附表 3　年金现值系数表——（P/a, i, n）

期数	1%	2%	3%	4%	5%	6%	7%	8%	9%	10%	11%	12%	13%	14%	15%	16%	17%	18%	19%	20%	21%	22%	23%	24%	25%	26%	27%	28%	29%	30%
1	0.9901	0.9804	0.9709	0.9615	0.9524	0.9434	0.9346	0.9259	0.9174	0.9091	0.9009	0.8929	0.8850	0.8772	0.8696	0.8621	0.8547	0.8475	0.8403	0.8333	0.8264	0.8197	0.8130	0.8065	0.8000	0.7937	0.7874	0.7813	0.7752	0.7692
2	1.9704	1.9416	1.9135	1.8861	1.8594	1.8334	1.8080	1.7833	1.7591	1.7355	1.7125	1.6901	1.6681	1.6467	1.6257	1.6052	1.5852	1.5656	1.5465	1.5278	1.5095	1.4915	1.4740	1.4568	1.4400	1.4235	1.4074	1.3916	1.3761	1.3609
3	2.9410	2.8839	2.8286	2.7751	2.7232	2.6730	2.6243	2.5771	2.5313	2.4869	2.4437	2.4018	2.3612	2.3216	2.2832	2.2459	2.2096	2.1743	2.1399	2.1065	2.0739	2.0422	2.0114	1.9813	1.9520	1.9234	1.8956	1.8684	1.8420	1.8161
4	3.9020	3.8077	3.7171	3.6299	3.5460	3.4651	3.3872	3.3121	3.2397	3.1699	3.1024	3.0373	2.9745	2.9137	2.8550	2.7982	2.7432	2.6901	2.6386	2.5887	2.5404	2.4936	2.4483	2.4043	2.3616	2.3202	2.2800	2.2410	2.2031	2.1662
5	4.8534	4.7135	4.5797	4.4518	4.3295	4.2124	4.1002	3.9927	3.8897	3.7908	3.6959	3.6048	3.5172	3.4331	3.3522	3.2743	3.1993	3.1272	3.0576	2.9906	2.9260	2.8636	2.8035	2.7454	2.6893	2.6351	2.5827	2.5320	2.4830	2.4356
6	5.7955	5.6014	5.4172	5.2421	5.0757	4.9173	4.7665	4.6229	4.4859	4.3553	4.2305	4.1114	3.9975	3.8887	3.7845	3.6847	3.5892	3.4976	3.4098	3.3255	3.2446	3.1669	3.0923	3.0205	2.9514	2.8850	2.8210	2.7594	2.7000	2.6427
7	6.7282	6.4720	6.2303	6.0021	5.7864	5.5824	5.3893	5.2064	5.0330	4.8684	4.7122	4.5638	4.4226	4.2883	4.1604	4.0386	3.9224	3.8115	3.7057	3.6046	3.5079	3.4155	3.3270	3.2423	3.1611	3.0833	3.0087	2.9370	2.8682	2.8021
8	7.6517	7.3255	7.0197	6.7327	6.4632	6.2098	5.9713	5.7466	5.5348	5.3349	5.1461	4.9676	4.7988	4.6389	4.4873	4.3436	4.2072	4.0776	3.9544	3.8372	3.7256	3.6193	3.5179	3.4212	3.3289	3.2407	3.1564	3.0758	2.9986	2.9247
9	8.5660	8.1622	7.7861	7.4353	7.1078	6.8017	6.5152	6.2469	5.9952	5.7590	5.5370	5.3282	5.1317	4.9464	4.7716	4.6065	4.4506	4.3030	4.1633	4.0310	3.9054	3.7863	3.6731	3.5655	3.4631	3.3657	3.2728	3.1842	3.0997	3.0190
10	9.4713	8.9826	8.5302	8.1109	7.7217	7.3601	7.0236	6.7101	6.4177	6.1446	5.8892	5.6502	5.4262	5.2161	5.0188	4.8332	4.6586	4.4941	4.3389	4.1925	4.0541	3.9232	3.7993	3.6819	3.5705	3.4648	3.3644	3.2689	3.1781	3.0915
11	10.3676	9.7868	9.2526	8.7605	8.3064	7.8869	7.4987	7.1390	6.8052	6.4951	6.2065	5.9377	5.6869	5.4527	5.2337	5.0286	4.8364	4.6560	4.4865	4.3271	4.1769	4.0354	3.9018	3.7757	3.6564	3.5435	3.4365	3.3351	3.2388	3.1473
12	11.2551	10.5753	9.9540	9.3851	8.8633	8.3838	7.9427	7.5361	7.1607	6.8137	6.4924	6.1944	5.9176	5.6603	5.4206	5.1971	4.9884	4.7932	4.6105	4.4392	4.2784	4.1274	3.9852	3.8514	3.7251	3.6059	3.4933	3.3868	3.2859	3.1903
13	12.1337	11.3484	10.6350	9.9856	9.3936	8.8527	8.3577	7.9038	7.4869	7.1034	6.7499	6.4235	6.1218	5.8424	5.5831	5.3423	5.1183	4.9095	4.7147	4.5327	4.3624	4.2028	4.0530	3.9124	3.7801	3.6555	3.5381	3.4272	3.3224	3.2233
14	13.0037	12.1062	11.2961	10.5631	9.8986	9.2950	8.7455	8.2442	7.7862	7.3667	6.9819	6.6282	6.3025	6.0021	5.7245	5.4675	5.2293	5.0081	4.8023	4.6106	4.4317	4.2646	4.1082	3.9616	3.8241	3.6949	3.5733	3.4587	3.3507	3.2487
15	13.8651	12.8493	11.9379	11.1184	10.3797	9.7122	9.1079	8.5595	8.0607	7.6061	7.1909	6.8109	6.4624	6.1422	5.8474	5.5755	5.3242	5.0916	4.8759	4.6755	4.4890	4.3152	4.1530	4.0013	3.8593	3.7261	3.6010	3.4834	3.3726	3.2682
16	14.7179	13.5777	12.5611	11.6523	10.8378	10.1059	9.4466	8.8514	8.3126	7.8237	7.3792	6.9740	6.6039	6.2651	5.9542	5.6685	5.4053	5.1624	4.9377	4.7296	4.5364	4.3567	4.1894	4.0333	3.8874	3.7509	3.6228	3.5026	3.3896	3.2832
17	15.5623	14.2919	13.1661	12.1657	11.2741	10.4773	9.7632	9.1216	8.5436	8.0216	7.5488	7.1196	6.7291	6.3729	6.0472	5.7487	5.4746	5.2223	4.9897	4.7746	4.5755	4.3908	4.2190	4.0591	3.9099	3.7705	3.6400	3.5177	3.4028	3.2948
18	16.3983	14.9920	13.7535	12.6593	11.6896	10.8276	10.0591	9.3719	8.7556	8.2014	7.7016	7.2497	6.8399	6.4674	6.1280	5.8178	5.5339	5.2732	5.0333	4.8122	4.6079	4.4187	4.2431	4.0799	3.9279	3.7861	3.6536	3.5294	3.4130	3.3037
19	17.2260	15.6785	14.3238	13.1339	12.0853	11.1581	10.3356	9.6036	8.9501	8.3649	7.8393	7.3658	6.9380	6.5504	6.1982	5.8775	5.5845	5.3162	5.0700	4.8435	4.6346	4.4415	4.2627	4.0967	3.9424	3.7985	3.6642	3.5386	3.4210	3.3105
20	18.0456	16.3514	14.8775	13.5903	12.4622	11.4699	10.5940	9.8181	9.1285	8.5136	7.9633	7.4694	7.0248	6.6231	6.2593	5.9288	5.6278	5.3527	5.1009	4.8696	4.6567	4.4603	4.2786	4.1103	3.9539	3.8083	3.6726	3.5458	3.4271	3.3158
21	18.8570	17.0112	15.4150	14.0292	12.8212	11.7641	10.8355	10.0168	9.2922	8.6487	8.0751	7.5620	7.1016	6.6870	6.3125	5.9731	5.6648	5.3837	5.1268	4.8913	4.6750	4.4756	4.2916	4.1212	3.9631	3.8161	3.6792	3.5514	3.4319	3.3198
22	19.6604	17.6580	15.9369	14.4511	13.1630	12.0416	11.0612	10.2007	9.4424	8.7715	8.1757	7.6446	7.1695	6.7429	6.3587	6.0113	5.6964	5.4099	5.1486	4.9094	4.6900	4.4882	4.3021	4.1300	3.9705	3.8223	3.6844	3.5558	3.4356	3.3230
23	20.4558	18.2922	16.4436	14.8568	13.4886	12.3034	11.2722	10.3711	9.5802	8.8832	8.2664	7.7184	7.2297	6.7921	6.3988	6.0442	5.7234	5.4321	5.1668	4.9245	4.7025	4.4985	4.3106	4.1371	3.9764	3.8273	3.6885	3.5592	3.4384	3.3254
24	21.2434	18.9139	16.9355	15.2470	13.7986	12.5504	11.4693	10.5288	9.7066	8.9847	8.3481	7.7843	7.2829	6.8351	6.4338	6.0726	5.7465	5.4509	5.1822	4.9371	4.7128	4.5070	4.3176	4.1428	3.9811	3.8312	3.6918	3.5619	3.4406	3.3272
25	22.0232	19.5235	17.4131	15.6221	14.0939	12.7834	11.6536	10.6748	9.8226	9.0770	8.4217	7.8431	7.3300	6.8729	6.4641	6.0971	5.7662	5.4669	5.1951	4.9476	4.7213	4.5139	4.3232	4.1474	3.9849	3.8342	3.6943	3.5640	3.4423	3.3286
26	22.7952	20.1210	17.8768	15.9828	14.3752	13.0032	11.8258	10.8100	9.9290	9.1609	8.4881	7.8957	7.3717	6.9061	6.4906	6.1182	5.7831	5.4804	5.2060	4.9563	4.7284	4.5196	4.3278	4.1511	3.9879	3.8367	3.6963	3.5656	3.4437	3.3297
27	23.5596	20.7069	18.3270	16.3296	14.6430	13.2105	11.9867	10.9352	10.0266	9.2372	8.5478	7.9426	7.4086	6.9352	6.5135	6.1364	5.7975	5.4919	5.2151	4.9636	4.7342	4.5243	4.3316	4.1542	3.9903	3.8387	3.6979	3.5669	3.4447	3.3305
28	24.3164	21.2813	18.7641	16.6631	14.8981	13.4062	12.1371	11.0511	10.1161	9.3066	8.6016	7.9844	7.4412	6.9607	6.5335	6.1520	5.8099	5.5016	5.2228	4.9697	4.7390	4.5281	4.3346	4.1566	3.9923	3.8402	3.6991	3.5679	3.4455	3.3312
29	25.0658	21.8444	19.1885	16.9837	15.1411	13.5907	12.2777	11.1584	10.1983	9.3696	8.6501	8.0218	7.4701	6.9830	6.5509	6.1656	5.8204	5.5098	5.2292	4.9747	4.7430	4.5312	4.3371	4.1585	3.9938	3.8414	3.7001	3.5687	3.4461	3.3317
30	25.8077	22.3965	19.6004	17.2920	15.3725	13.7648	12.4090	11.2578	10.2737	9.4269	8.6938	8.0552	7.4957	7.0027	6.5660	6.1772	5.8294	5.5168	5.2347	4.9789	4.7463	4.5338	4.3391	4.1601	3.9950	3.8424	3.7009	3.5693	3.4466	3.3321

附表 4　年金终值系数表——（F/a, i, n）

期数	1%	2%	3%	4%	5%	6%	7%	8%	9%	10%	11%	12%	13%	14%	15%	16%	17%	18%	19%	20%	21%	22%	23%	24%	25%	26%	27%	28%	29%	30%
1	1.0000	1.0000	1.0000	1.0000	1.0000	1.0000	1.0000	1.0000	1.0000	1.0000	1.0000	1.0000	1.0000	1.0000	1.0000	1.0000	1.0000	1.0000	1.0000	1.0000	1.0000	1.0000	1.0000	1.0000	1.0000	1.0000	1.0000	1.0000	1.0000	1.0000
2	2.0100	2.0200	2.0300	2.0400	2.0500	2.0600	2.0700	2.0800	2.0900	2.1000	2.1100	2.1200	2.1300	2.1400	2.1500	2.1600	2.1700	2.1800	2.1900	2.2000	2.2100	2.2200	2.2300	2.2400	2.2500	2.2600	2.2700	2.2800	2.2900	2.3000
3	3.0301	3.0604	3.0909	3.1216	3.1525	3.1836	3.2149	3.2464	3.2781	3.3100	3.3421	3.3744	3.4069	3.4396	3.4725	3.5056	3.5389	3.5724	3.6061	3.6400	3.6741	3.7084	3.7429	3.7776	3.8125	3.8476	3.8829	3.9184	3.9541	3.9900
4	4.0604	4.1216	4.1836	4.2465	4.3101	4.3746	4.4399	4.5061	4.5731	4.6410	4.7097	4.7793	4.8498	4.9211	4.9934	5.0665	5.1405	5.2154	5.2913	5.3680	5.4457	5.5242	5.6038	5.6842	5.7656	5.8480	5.9313	6.0156	6.1008	6.1870
5	5.1010	5.2040	5.3091	5.4163	5.5256	5.6371	5.7507	5.8666	5.9847	6.1051	6.2278	6.3528	6.4803	6.6101	6.7424	6.8771	7.0144	7.1542	7.2966	7.4416	7.5892	7.7396	7.8926	8.0484	8.2070	8.3684	8.5327	8.6999	8.8700	9.0431
6	6.1520	6.3081	6.4684	6.6330	6.8019	6.9753	7.1533	7.3359	7.5233	7.7156	7.9129	8.1152	8.3227	8.5355	8.7537	8.9775	9.2068	9.4420	9.6830	9.9299	10.1830	10.4423	10.7079	10.9801	11.2588	11.5442	11.8366	12.1359	12.4423	12.7560
7	7.2135	7.4343	7.6625	7.8983	8.1420	8.3938	8.6540	8.9228	9.2004	9.4872	9.7833	10.0890	10.4047	10.7305	11.0668	11.4139	11.7720	12.1415	12.5227	12.9159	13.3214	13.7396	14.1708	14.6153	15.0735	15.5458	16.0324	16.5339	17.0506	17.5828
8	8.2857	8.5830	8.8923	9.2142	9.5491	9.8975	10.2598	10.6366	11.0285	11.4359	11.8594	12.2997	12.7573	13.2328	13.7268	14.2401	14.7733	15.3270	15.9020	16.4991	17.1189	17.7623	18.4300	19.1229	19.8419	20.5876	21.3612	22.1634	22.9953	23.8577
9	9.3685	9.7546	10.1591	10.5828	11.0266	11.4913	11.9780	12.4876	13.0210	13.5795	14.1640	14.7757	15.4157	16.0853	16.7858	17.5185	18.2847	19.0859	19.9234	20.7989	21.7139	22.6700	23.6690	24.7125	25.8023	26.9404	28.1287	29.3692	30.6639	32.0150
10	10.4622	10.9497	11.4639	12.0061	12.5779	13.1808	13.8164	14.4866	15.1929	15.9374	16.7220	17.5487	18.4197	19.3373	20.3037	21.3215	22.3931	23.5213	24.7089	25.9587	27.2738	28.6574	30.1128	31.6434	33.2529	34.9450	36.7235	38.5926	40.5565	42.6195
11	11.5668	12.1687	12.8078	13.4864	14.2068	14.9716	15.7836	16.6455	17.5603	18.5312	19.5614	20.6546	21.8143	23.0445	24.3493	25.7329	27.1999	28.7551	30.4035	32.1504	34.0013	35.9620	38.0388	40.2379	42.5661	45.0306	47.6388	50.3985	53.3178	56.4053
12	12.6825	13.4121	14.1920	15.0258	15.9171	16.8699	17.8885	18.9771	20.1407	21.3843	22.7132	24.1331	25.6502	27.2707	29.0017	30.8502	32.8239	34.9311	37.1802	39.5805	42.1416	44.8737	47.7877	50.8950	54.2077	57.7386	61.5013	65.5100	69.7800	74.3270
13	13.8093	14.6803	15.6178	16.6268	17.7130	18.8821	20.1406	21.4953	22.9534	24.5227	26.2116	28.0291	29.9847	32.0887	34.3519	36.7862	39.4040	42.2187	45.2445	48.4966	51.9913	55.7459	59.7788	64.1097	68.7596	73.7506	79.1066	84.8529	91.0161	97.6250
14	14.9474	15.9739	17.0863	18.2919	19.5986	21.0151	22.5505	24.2149	26.0192	27.9750	30.0949	32.3926	34.8827	37.5811	40.5047	43.6720	47.1027	50.8180	54.8409	59.1959	63.9095	69.0100	74.5280	80.4961	86.9495	93.9258	101.4654	109.6117	118.4108	127.9125
15	16.0969	17.2934	18.5989	20.0236	21.5786	23.2760	25.1290	27.1521	29.3609	31.7725	34.4054	37.2797	40.4175	43.8424	47.5804	51.6595	56.1101	60.9653	66.2607	72.0351	78.3305	85.1922	92.6694	100.8151	109.6868	119.3465	129.8611	141.3029	153.7499	167.2863
16	17.2579	18.6393	20.1569	21.8245	23.6575	25.6725	27.8881	30.3243	33.0034	35.9497	39.1899	42.7533	46.6717	50.9804	55.7175	60.9250	66.6488	72.9390	79.8500	87.4421	95.7799	104.9345	114.9834	126.0108	138.1085	151.3766	165.9236	181.8677	199.3374	218.4722
17	18.4304	20.0121	21.7616	23.6975	25.8404	28.2129	30.8402	33.7502	36.9737	40.5447	44.5008	48.8837	53.7391	59.1176	65.0751	71.6730	78.9792	87.0680	96.0218	105.9306	116.8937	129.0201	142.4295	157.2534	173.6357	191.7345	211.7230	233.7907	258.1453	285.0139
18	19.6147	21.4123	23.4144	25.6454	28.1324	30.9057	33.9990	37.4502	41.3013	45.5992	50.3959	55.7497	61.7251	68.3941	75.8364	84.1407	93.4056	103.7403	115.2659	128.1167	142.4413	158.4045	176.1883	195.9942	218.0446	242.5855	269.8882	300.2521	334.0074	371.5180
19	20.8109	22.8406	25.1169	27.6712	30.5390	33.7600	37.3790	41.4463	46.0185	51.1591	56.9395	63.4397	70.7494	78.9692	88.2118	98.6032	110.2846	123.4135	138.1664	154.7400	173.3540	194.2535	217.7116	244.0328	273.5558	306.6577	343.7580	385.3227	431.8695	483.9734
20	22.0190	24.2974	26.8704	29.7781	33.0660	36.7856	40.9955	45.7620	51.1601	57.2750	64.2028	72.0524	80.9468	91.0249	102.4436	115.3797	130.0329	146.6280	165.4180	186.6880	210.7584	237.9893	268.7853	303.6006	342.9447	387.3887	437.5726	494.2131	558.1118	630.1655
21	23.2392	25.7833	28.6765	31.9692	35.7193	39.9927	44.8652	50.4229	56.7645	64.0025	72.2651	81.6987	92.4699	104.7684	118.8101	134.8405	153.1385	174.0210	197.8474	225.0256	256.0176	291.3469	331.6059	377.4648	429.6809	489.1098	556.7173	633.5927	720.9641	820.2151
22	24.4716	27.2990	30.5368	34.2480	38.5052	43.3923	49.0057	55.4568	62.8733	71.4027	81.2143	92.5026	105.4910	120.4360	137.6316	157.4150	180.1721	206.3448	236.4385	271.0307	310.7814	356.4432	408.8753	469.0563	538.1011	617.2783	708.0309	811.9987	931.0436	1067.2796
23	25.7163	28.8450	32.4529	36.6179	41.4305	46.9958	53.4361	60.8933	69.5319	79.5430	91.1479	104.6029	120.2048	138.2970	159.2764	183.6014	211.8013	244.4868	282.3618	326.2369	377.0454	435.8607	503.9166	582.6298	673.6264	778.7707	900.1993	1040.3583	1202.0463	1388.4635
24	26.9735	30.4219	34.4265	39.0826	44.5020	50.8156	58.1767	66.7648	76.7898	88.4973	102.1742	118.1552	136.8315	158.6586	184.1678	213.9776	248.8076	289.4945	337.0105	392.4842	457.2249	532.7501	620.8174	723.4610	843.0329	982.2511	1144.2531	1332.6586	1551.6398	1806.0026
25	28.2432	32.0303	36.4593	41.6459	47.7271	54.8645	63.2490	73.1059	84.7009	98.3471	114.4133	133.3339	155.6196	181.8708	212.7930	249.2140	292.1049	342.6035	402.0425	471.9811	554.2422	650.9551	764.6055	898.0916	1054.7912	1238.6363	1454.2014	1706.8030	2002.6153	2348.8033
26	29.5256	33.6709	38.5530	44.3117	51.1135	59.1564	68.6765	79.9544	93.3240	109.1818	127.9988	150.3339	176.8501	208.3327	245.7120	290.0883	342.7627	405.2721	479.4306	567.3773	671.6330	795.1653	941.4647	1114.6336	1319.4890	1561.6818	1847.8358	2185.7079	2584.3737	3054.4443
27	30.8209	35.3443	40.7096	47.0842	54.6691	63.7058	74.4838	87.3508	102.7231	121.0999	143.0786	169.3740	200.8406	238.4993	283.5688	337.5024	402.0323	479.2211	571.5224	681.8528	813.6760	971.1016	1159.0016	1383.1457	1650.3612	1968.7191	2347.7515	2798.7061	3334.8421	3971.7776
28	32.1291	37.0512	42.9309	49.9676	58.4026	68.5281	80.6977	95.3388	112.9682	134.2099	159.8173	190.6989	227.9499	272.8892	327.1041	392.5028	471.3778	566.4809	681.1116	819.2233	985.5480	1185.7440	1426.5719	1716.1007	2063.9515	2481.9706	2982.6444	3583.3438	4302.9466	5164.3109
29	33.4504	38.7922	45.2189	52.9663	62.3227	73.6398	87.3465	103.9659	124.1354	148.6309	178.3972	214.5828	258.5834	312.0937	377.1697	456.3032	552.5121	669.4475	811.5228	984.0680	1193.5130	1447.6077	1755.6835	2128.9648	2580.9394	3127.7984	3789.0584	4587.6800	5551.7931	6714.6042
30	34.7849	40.5681	47.5754	56.0849	66.4388	79.0582	94.4608	113.2832	136.3075	164.4940	199.0209	241.3327	293.1992	356.7868	434.7451	530.3117	647.4391	790.9480	966.7122	1181.8816	1445.1508	1767.0814	2160.4907	2640.9164	3227.1743	3942.0259	4812.9772	5873.2305	7162.8241	8729.9855

参考文献

［1］王化成，刘俊彦，荆新 . 财务管理学［M］. 9 版 . 北京：中国人民大学出版社，2021.

［2］张敏，王宇韬 . 大数据财务分析——基于 Python［M］. 北京：中国人民大学出版社，2022.

［3］杨桂洁 . 财务管理实务［M］. 2 版 . 北京：人民邮电出版社，2022.

［4］付建华，刘梅玲 . 财务共享——财务数字化案例精选［M］. 上海：立信会计出版社，2019.

［5］程准中，王浩 . 财务大数据分析［M］. 上海：立信会计出版社，2022.

［6］财政部会计资格评价中心 . 财务管理［M］. 北京：经济科学出版社，2022.

［7］马元兴 . 企业财务管理［M］. 3 版 . 北京：高等教育出版社，2017.

［8］张薇 . 财务管理［M］. 长沙：湖南师范大学出版社，2017.

［9］周星煜，邓燏 . 财务管理实务［M］. 3 版 . 北京：人民邮电出版社，2021.

［10］盛锦春 . 财务管理［M］. 北京：北京邮电大学出版社，2014.

［11］楼土明 . 筹资实务［M］. 大连：东北财经大学出版社，2010.

［12］中国注册会计师协会 . 财务成本管理［M］. 北京：中国财政经济出版社，2022.